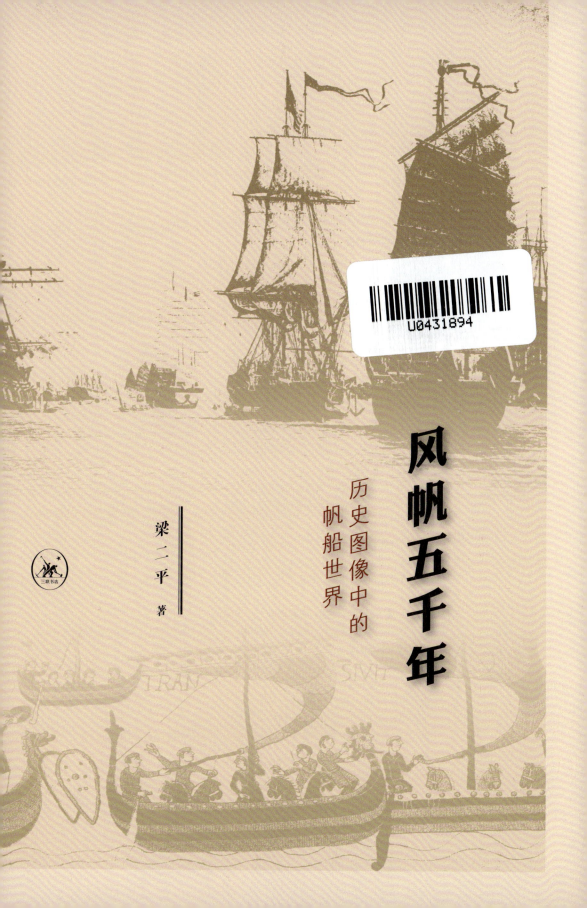

风帆五千年

历史图像中的帆船世界

梁二平 著

三联书店

Copyright © 2021 by SDX Joint Publishing Company.
All Rights Reserved.

本作品版权由生活·读书·新知三联书店所有。
未经许可，不得翻印。

图书在版编目（CIP）数据

风帆五千年：历史图像中的帆船世界 / 梁二平著. —北京：
生活·读书·新知三联书店，2021.10
ISBN 978 - 7 - 108 - 07181 - 1

Ⅰ.①风⋯　Ⅱ.①梁⋯　Ⅲ.①帆船－历史－世界②航海－交通运输史－世界
Ⅳ. ① U674.926-09 ② F551.9

中国版本图书馆 CIP 数据核字（2021）第 110646 号

责任编辑	胡群英	
装帧设计	刘　洋	
责任校对	曹秋月	
责任印制	宋　家	

出版发行　生活·讀書·新知 三联书店
　　　　　（北京市东城区美术馆东街 22 号 100010）
网　　址　www.sdxjpc.com
经　　销　新华书店
印　　刷　天津图文方嘉印刷有限公司
版　　次　2021 年 10 月北京第 1 版
　　　　　2021 年 10 月北京第 1 次印刷
开　　本　720 毫米 × 1020 毫米　1/16　印张 20.5
字　　数　180 千字　图 139 幅
印　　数　0,001 - 4,000 册
定　　价　129.00 元

（印装查询：01064002715；邮购查询：01084010542）

目录

序言　图像的证明,可视的历史 _01

❶ 桨帆初渡 _001

红海大帆船 _002
——古埃及首位女法老的红海行动

拉美西斯三世舰队 _007
——尼罗河口最古老的海上肉搏战

米诺斯桨帆船 _010
——锡拉岛阿克罗蒂里港口与船队

奥德修斯帆船 _013
——关于撞角战船与船眼的最早描绘

腓尼基商船 _020
——"上帝之树"成就一个造船王国

双层桨座战船 _023
——称霸地中海的腓尼基舰队

三层桨座战船 _026
——希腊装有金属撞角的战舰

五桨座帆船 _029
——罗马人将陆战技术与设备引入海战

❷ 维京时代 _033

维京葬船 _034
——职业海盗的冲锋舟与坟墓

龙头战船 _039
——"无骨者"伊瓦尔征服不列颠岛

诺曼舰队 _042
——"征服者"威廉的英格兰"登陆"

❸ 东方传奇 _045

边架艇 _046
——穿行于两大洋之间的南岛飞舟

螃蟹船 _049
——婆罗浮屠帆船的前世今生

婆罗门舶 _053
——"四不像"的三桅大海船

阿曼商船 _056
——苏哈尔号的"辛巴达远航"

黑石号 _061
——满载大唐瓷器沉睡海底的大食商船

❹ 环球发现 _065

柯克贸易船 _066
——汉萨同盟编织的北海大商圈

圣克里斯托旺号 _070
——发现好望角的卡拉维拉帆船

圣玛利亚号 _073
——发现美洲的克拉克旗舰还剩一只锚

I

圣加布里埃尔号与圣卡塔琳娜号 _077
——达·伽马舰船旗两次变化的不同含义

卡布拉尔船队 _080
——意外发现巴西和马达加斯加

维多利亚号 _083
——麦哲伦船队在航海图上的最后身影

"南蛮贸易"船 _087
——日本屏风画中的葡萄牙商船

盖伦船 _090
——葡萄牙率先使用新型远洋大帆船

"珍宝船队" _094
——跨越大西洋与太平洋的"盖伦航线"

金鹿号 _097
——"皇家海盗"德雷克的环球打劫之旅

五月花号 _101
——孕育了美国的"小摇篮"

❺ **长命的桨帆船** _105

加莱桨帆船 _106
——一只称霸地中海近3000年的"蜈蚣"

威尼斯加莱船 _108
——跨越地中海的朝圣之旅

弗斯特船 _111
——横行地中海的巴巴利海盗

加莱塞桨帆船 _114
——桨帆船最宏大的亮相与谢幕

查尔斯号 _118
——桨帆战舰并没有迅速退出历史舞台

❻ **真正的军用舰** _121

玛丽·罗斯号 _122
——克拉克由商船转向职业战船

大亨利号 _126
——皇家海军之父亨利八世创建真正的"军舰"

皇家方舟号 _129
——首艘低上层建筑的盖伦式战舰

无敌舰队 _132
——杂牌军舰大全的西英海战

❼ **战列舰争锋** _135

皇家亲王号 _136
——世界第一艘准风帆战列舰

海上主权号 _141
——世界第一艘火炮装配过百的战列舰

七省号 _145
——荷兰的海上"屠夫"

从皇家号到皇冠号 _149
——法国海军之父黎塞留的"万塞"舰队梦

皇家太阳号 _153
——路易十四的"太阳舰队"

至圣三位一体号 _157
——西班牙创建世界第一艘四层甲板战列舰

胜利号 _160
——英国用这场海战宣告"海权时代"到来

无畏号 _165
——一曲帆船战列舰时代的挽歌

❽ 铁甲舰竞赛 _167

拿破仑号 _168
——法国建造世界第一艘蒸汽螺旋桨战列舰

布列塔尼号 _170
——令维多利亚女王愤怒的法舰

光荣号 _173
——从浅水炮舰到第一艘蒸汽铁甲护航舰

勇士号 _176
——没参加过一次海战的世界第一艘铁甲舰

莫尼特号和弗吉尼亚号 _179
——打成平手的首次炮塔铁甲舰对决

❾ 奢华的沉没与重生 _183

瓦萨号 _184
——瑞典最为奢华的皇家级沉没

斯德哥尔摩号和哥德堡号 _186
——瑞典商船为何要从北欧远航东方

阿姆斯特丹号 _190
——"×××",缠绕阿姆斯特丹号的魔咒

皇家乔治号 _193
——英国海军最新战舰在维修中沉没

美杜莎之筏 _196
——海难激发出的浪漫主义开山之作

坚固号与印度斯坦号 _200
——战列舰"转世"成为举世闻名的利伯蒂百货大楼

罗盘号和星盘号 _203
——拉佩鲁兹接续了库克的悲壮

❿ 海上竞速 _207

卡洛琳号 _208
——作为英国快速帆船母型的王室游艇

浩官号 _211
——以中国商人命名的美国准飞剪船

瞪羚号和塔平号 _214
——飞剪船海运茶叶的跨洋比赛

卡帝萨克号 _217
——最后的飞剪运茶船

阿莱克托号与响尾蛇号 _220
——明轮汽船与螺旋桨汽船的"海上拔河"

普鲁士号 _223
——世界第一艘五桅全帆装钢质帆船

⓫ 冰海航船 _225

水星号 _226
——巴伦支用生命探索"北方航线"

前进号 _229
——挪威研制的抗冰封北极探险船

文森斯号 _233
——南极"最后被画上地图的土地"

坚毅号 _236
——沙克尔顿南极史诗之旅

⑫ 朱印渡海 _239

暹罗船 _240
——"异国渡海"贸易的先遣队"朱印船"

末次船 _244
——祈福"绘马"留住了朱印船图

末吉船 _247
——不可多得的风俗画史文献

角仓船 _250
——主营安南贸易的超大朱印船

荒木船 _253
——挂着"VOC"标志的日本商船

伊达丸 _257
——支仓访欧使节团与朱印船落幕

⑬ 西船东侵 _263

中国皇后号 _264
——向大清皇室致敬的美国商船

英使"朝贡船" _268
——从马戛尔尼到阿美士德使节团

复仇女神号与广东米艇 _272
——两个世界、两种文明的生死对决

甘米力治号 _275
——中国第一艘引进的现代战舰被击毁

康华丽号 _278
——中国人最熟悉的英国殖民者战舰

"黑船" _281
——打开日本"锁国"之门的美国舰队

从窝尔达号到巴雅号 _285
——马江海战大出风头的法军旗舰

从伯兰汉号到添马舰 _289
——香港街道中的英国战舰影子

⑭ 中国四大海船 _293

唐宋海船 _294
——海上丝绸之路的历史链条

沙船 _299
——行走在西太平洋的江海两用船

浙船 _302
——沉睡在慈溪江底的元代鸟船

福船 _304
——大明"宝船"与大清"封舟"

运木福船 _307
——"活了"185岁的宁波号

广船 _311
——红头船金万利号的种种猜想

广式兵船 _314
——创造远航大西洋纪录的耆英号

序言
图像的证明，可视的历史

本书所要讲述的是帆船与大海的故事。

从目前的考古发现看，世界上最早的帆船，诞生于可以很好地利用季风的尼罗河。这诞生于河上的帆船，为人类"发现"海洋、进一步认识地球提供了可能。海洋继而成为人类活动的重要舞台，推动着人类文明的不断进步。从这个意义上讲，我们甚至找不出比帆船更伟大的人类发明。

荷兰历史学家古斯塔夫·雷尼埃近半个世纪以前就曾指出："历史学家传统上把档案视为史料。应当用留存至今的过去的'遗迹'的观念取代'史料'的观念。"本书所要用到的重要且可信的叙述与论证材料，即过去的遗迹——历史图像；可以说，这是我又一次以图证史的历险，前一次是写作《世界名画中的大航海》。

这里选用的帆船历史图像，主要有四大来源：一是帝王陵墓中的功绩壁画，二是神殿中表现宗教故事的浮雕，三是官方或民间的叙事绘画，四是制造业的工学图像。这些历史图像借助古陶、石雕、浅浮雕、马赛克、壁画和绘画等多种材料与艺术形式，生动地记录了先民的造船与航行经验。这里说明一下，本书不讲江河上的帆船，只讲海上的帆船及其活动。

在没有摄影术的漫长时代，能在几千年的航海活动中留下历史身影的帆船是多么幸运，而借助这些仅存的帆船的身影，一点一点走进或复原那个波诡云谲的风帆时代，则是后人的幸运。

由此我们得以见到：公元前3500年绘在陶罐上的古埃及帆船、公元前1600年锡拉岛壁画上的阿克罗蒂里港船队、公元800年雕在婆罗浮屠上的南亚帆船……这些历史图像真切记录了至今人们还难以完全再现的古典风帆时代。

本书以时间为轴，借助历史图像这一线索，尝试讲述一个连贯而又完整的帆船故事，同时尽可能地横向展开，讲述各大海区分头发展的重要帆船类型，以及它们在不同时空中扮演的不同角色。独霸了地中海近3000年的加莱船，至今仍航行于太平洋的边架艇独木舟，为地理发现立了头功的卡拉维拉船和克拉克船，大航海时代跨大洋运送珍宝的盖伦船，以及中国明代之后常说的沙、浙、福、广四大海船……在纵横交错的发展历史进程中，帆船不仅突破了大海的屏障，也突破了国家的壁垒，在看似关联不大的海洋事件中，慢慢演绎出某种历史发展的规律与秩序。

本书选择较多的是文艺复兴前后的历史图像。这一时期，帆船历史图像不仅是船舶生产与航行的记录，还传达着教会与政府的教化和救赎，更是带着强烈的情感刻写时代进步与更迭。如《卡布拉尔舰队》《美杜莎之筏》《奋进号解体》《飞剪船瞪羚号和塔平号竞速》……其中，留存最多也最为精彩的是风帆战船绘画，它为后世提供了近乎录像一般多姿多彩的海上争霸场面。

本书在介绍帆船的发展历史时，也融入了一些人物与事件的介绍，试图使这些历史图像生动起来。比如费迪南德·波尔笔下的《德·鲁伊特肖像》与七省号，再如透纳笔下《特拉法尔加战役》中的纳尔逊与胜利号，等等。

风帆时代的船都是木质的，经受历史的风吹雨打，没有几条帆船能保留到今天，而保留到今天的，必是历史文化遗产，必是博物馆里的"镇馆之宝"，成为真真切切的历史形象。本书特别选取了一些文物级古船的实物图，有些还是笔者实地考察拍摄的，比如维京古船、瓦萨沉船等等。这些图像的解说，多了一些现场观察与"穿越"般的时空感受。

本书还特别关注了在世界航海史与海上贸易史中占有一席之位的东亚帆船，搜集中国帆船留下的历史图像。由于图像载体脆弱和社会动荡诸因素，最早仅敦煌壁画中留有一幅唐代的海上救难经变画像。中国海上帆船的历史图像较多出现在明清时期，本书选取了明代绘制的妈祖保佑郑和下西洋船队插画、清代绘制的妈祖保佑路允迪东航高丽等著名船画，同时还选取了日本寺院"绘马"中留下的极为珍贵的朱印船图像。

风帆时代，风没有变，但人类认识风、利用风去扬帆远航却是一个亦喜亦悲的复杂过程。赤道两侧的无风带和信风带，一直是南岛语族的边架艇要面对的航行课题；得益于大陆海洋间的季风，亚洲船队很早就进行跨洋远航；而在南纬40度至60度之间的"咆哮西风带"，则诠释了乐极生悲，迪亚士发现南非海角时，将这里命名为"风暴角"，后来葡萄牙国王为讨吉利改其为"好望角"，但风不会因为名字而改变，后来迪亚士和许多航海家还是丧命于此……帆船的历史是一部与风缠斗的技术进步史：帆船从独桅起步，后来发展到三桅，甚至更多桅，最高桅杆可达68米；快速帆船风帆的面积也越来越大，甚至达到了6800平方米；受益于制作桅与帆等技术的不断升级，帆船的航速越来越快，1860年英国快船从广州到伦敦仅用了99天。

在漫长的海上交往中，帆船还发展出了独特的"表情"符号，借以传达特殊的情感。比如，古典绘画中常常看到水手们一排排地站到高高的帆桁上，那就是著名的"站桅礼"，以示水手都不在战斗位置，传达和平友好之意，是一种舰船致敬的独特方式；再如，法国巴雅号离开台湾澎湖妈宫港时，战舰上的帆桁全部摆成交叉状，这是在报丧，也表示哀悼，因为当时船上载着法军远征军司令孤拔的遗体。

这些例子印证了历史图像的真实性与形象感，较之纯粹的文字记录，它确实是一种可信赖的风景。

本书配有160多幅古帆船历史图，力图勾勒一部极简世界帆船史。如果足够细心的话，把各个国家再做个比较，就会发现这个世界的秘密：海洋意识与帆船技术进步快的国家，海上发展与扩张也快；海洋意识与帆船技术落后的国家，海上发展也会落后，甚至会退守大陆……

如此，也就会明白：美国历史学家马汉"海权论"所表达的思想并非首创，而是源远流长。

在《伯罗奔尼撒战争史》第一卷（93节）里，修昔底德讲到提米斯托克利与雅典城防时说："他是第一位敢于对雅典人说他们必须统治海洋的人，他还不失时机地开始建立帝国的基础。"他接着评价说："我认为他知道，波斯帝国的军队从海上到达雅典比从陆上要容易得多……事实上，他总是劝告雅典人，如果有朝一日他们在陆地上受到了严重窘迫时，就应当走向比雷埃夫斯，登上舰船，独步世界。"

在《伯罗奔尼撒战争史》第二卷（62节）里，伯里克利对雅典居民说："目前整个世界可分为两个部分：陆地和海洋。其中完整的一部分几乎完全处于你们的控制之下，它不仅包括你们现在所利用的海域，还包括更大范围的海域，如果你们有意扩展，那最终的结果就是你们的舰船在海上随意驰骋，波斯王国和其他任何王国的海军都无法阻止你们……你们的这种海上势力与从土地和房屋所得到的利益是大不相同的……那些东西不过是装点大宗财富的花园和其他装饰物而已。"

古罗马政治家西塞罗在致友人阿提库斯的一封信中，谈及庞培对西班牙的经营时指出庞培的全部计划是"提米斯托克利主义"。他甚至认为"谁控制了海洋，谁就必将成为主宰"。

早在2000多年前，古希腊和古罗马的战略家就已清晰表达了"海权"思想——控制海洋，进而控制世界。

——可以说，那是风帆时代智者的共识。

是为序。

梁二平
2021年元旦

桨帆初渡

东地中海是人类文明的摇篮,它轻轻一摇就摇出了一个帆船的"摇篮期"。

扬帆出海,埃及占有领先地位,接着是米诺斯人和腓尼基人,他们的船桨帆并用,从运送货物的商船,到护航与攻击的初代战船,应有尽有。

罗马帆船史并不是最长的,罗马人却是地中海最早的海上赢家;而此时,东方的帆似乎还没升起,至少人们还不能确定中国的帆诞生于何时,是自发产生,还是从西方引进。

红海大帆船

——古埃及首位女法老的红海行动

世界上许多文明的源头，追来索去，都会来到古埃及，帆船文明也不例外。

在说古埃及的"始祖级"帆船之前，先要说清楚尼罗河刮的是什么风，以及为什么会在这里出现人类最早的帆船。

南北流向的尼罗河，受印度洋季风影响，夏吹西南风，冬吹东北风。尼罗河的源头在埃及南部，上游的船向北航行时，借助落差与水流，直接漂流而下。船逆流向南航行时，要克服落差与逆流，聪明的埃及人就在船上立根桅杆，扯上一块方帆，借助冬季的东北风吹动帆，使船逆流而上。这种天赐的季风条件，只有南北流向的尼罗河才可以享用。于是，世界上最早的帆船，就在这里诞生了。事实上，古埃及文字中"航行"一词的含义，就是"向南航行，逆流而上"，似乎"顺流而下"不配称作"航行"。顺便说一句，美尼斯（Menes）统一上下埃及，建立第一王朝，与保证尼罗河灌溉工程和上下游连续航行有着密切关系。

原本以为，最早绘有尼罗河帆船图案的那个陶罐一定在开罗博物馆，我在开罗博物馆转了几个小时也没找到。后来听说，它在大英博物馆。近年来，我两次到大英博物馆参观，也没找到这个著名的陶罐。最后是朋友帮助在大英博物馆官网上找到了它。它出土于距开罗80千米的尼罗河西岸的格尔塞（Gerzeh），因此被称为"格尔塞陶罐"。埃及史前文化共分为两个时期，其中涅伽达文化 I 期又称为阿姆拉特时期（公元前4000—

格尔塞陶罐，高 18 英寸（约 46 厘米），约制作于公元前 3500 年，绘有河流纹饰和一艘清晰的单桅方帆船，船尾还有作用尚不清楚的类似船舱的构件

前3500年）；涅伽达文化Ⅱ期又称为格尔塞时期（公元前3500—前3100年）。其文化凭借红色图案的浅黄色陶器、管形工具加工石刻、梨形权杖、波纹形薄片石刀、冶金技术以及象形文字而闻名于世。大英博物馆收藏的这件锥形陶罐，正是格尔塞时期的产物，大约制作于公元前3500年。此陶罐高18英寸（约46厘米），绘有河流纹饰和一艘清晰的单桅方帆船。这种方形帆在地中海流行了几千年，一直到公元2世纪之后大三角帆从印度洋传入地中海。这艘帆船的船尾还有类似船舱的构件，其作用尚说不清楚。仅从图像上看，考古专家无法确定它是木船还是纸莎草造的草船。但从船上安装的单杆桅来分析，它有可能是一艘木帆船，因为草扎的船很难立木桅杆。

尼罗河先民最初是用纸莎草造草船。船的首尾都向上弯成月牙形，两舷用兽皮包扎，船身系着纵横交错的绳索，船体缝隙用较短的板牙、纸莎草和麻絮填补，防止进水，也令船体更加坚固。格尔塞陶罐上描绘的单桅帆船，其造型采用了纸莎草船的船形。

必须指出的是，尼罗河先民不仅扯起了世界上最早的风帆，还是最早利用季风航海的先行者。既然季风能为尼罗河里的帆船提供动力，为什么不让帆船到海上试试呢？

历史上第一次有文献记录的人类远航事件，发生在埃及第四王朝时期。公元前2600年左右法老斯尼夫鲁（Sneferu）的书记官记录了这样的片段：一支40艘船组成的舰队抵达尼罗河三角洲，船上装载的松木来自位于利比亚以北的布鲁斯。

海上的帆船是不是古埃及人发明的，目前还找不到有力的证据，但尼罗河确实被称为"航海的摇篮"。从古代遗存的海船图像看，首先在海上使用帆船的，应当是包含古埃及的东地中海诸国家，至少在公元前1500年之前，帆船跨海进行贸易已是这一地区的常态。

古埃及至少开发了一南一北两条海上贸易通道。让我们走入尼罗河西岸卢克索的帝王谷，看一看北方海道。

这里是古埃及新王朝第十八至第二十王朝时期法老与贵族的陵墓区。其中就有古埃及唯一女法老、第十八王朝女王哈特谢普苏特（Hatshepsut）的专属神庙——达尔巴赫里（Al-deir Al-bahari）。经过3500年的岁月洗礼与人为破坏，神庙仍残存着许多珍贵壁画和雕像，为人们形象地讲述着哈特谢普苏特的故事……这位女法老的故事有很多，但最吸引航海史研究者的是一组大约于公元前1500年绘在墙上的有平底大帆船的彩色壁画。

这里刊出的壁画，按时间顺序要由下往上，分三部分来解说。

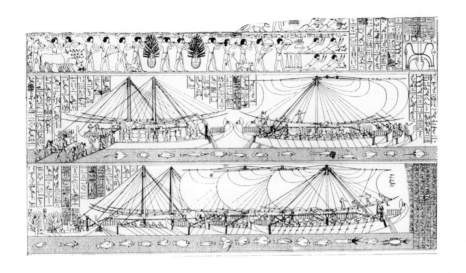

埃及达尔巴赫里神庙壁画中的船画（墨线图），大约绘于公元前1500年，是目前所知有关航海贸易的最早记载

壁画下部为启航，描绘了五艘正在装货准备出发的大帆船。画中港口据推测为红海边的加瓦西斯（Gawasis）港，考古人员在这里发现了古埃及造船用的雪松残料。埃及不产雪松，木材可能来自今天的黎巴嫩海拔1500米以上的高山。据记载，当时船队带走的埃及货物有啤酒、葡萄酒、没药、玻璃珠、首饰、小刀等。

壁画中部为归航，描绘了满载而归的五艘大帆船。据记载，埃及人换取了当地出产的香料、乌木、象牙、黄金、锑、猴子、长颈鹿，还有31株活乳香树。画中可以看到树被小心地存放于篮子里运回，这是移植外国树的首次记载。从带回来的货物看，这场交易不是"等价交易"，对方似乎屈服于强大的埃及，以半交易半进贡的方式提供了以上货物。

壁画上部为献祭，描绘的是远航成功后的献祭活动。画中最突出的祭祀品是远航带回的象牙和两人抬着的乳香树苗，还有祭祀不可缺少的牛、羊、酒……根据壁画残留的象形文字记载，此船队主要贸易货物是乳香树苗，女法老哈特谢普苏特要把它祭献给太阳神阿蒙雷；船队是到一个叫"蓬特"（Punt）的地方进行贸易。但这个"蓬特"在哪里，历史上没有相关记载。有专家推测，它在今天的也门，或是索马里北部的邦特兰地区（Puntland）。从贸易货物看，这些物产接近南部非洲。如此说来，女法老的帆船队驶出了红海，进入了印度洋。

红海偶尔会季节性地出现大片红色

005

藻类，这是其名称的一个来源；也有学者认为，古代许多民族都有以颜色指代方向的传统，红色指代南方或者西方，所以希腊人和阿拉伯人都称其为红海。它是印度洋的陆间海，是个几乎封闭的、没有什么洋流影响的内海，同时也是一个可以很好地利用季风的海。这个长约2100千米的大海西岸就是埃及，某种意义上讲，它是半个埃及海。如何开发和利用这个海是古埃及人的一个课题，女法老哈特谢普苏特就是一位了不起的破题之人。

壁画上没有记录女法老为何要发起走出红海的远航行动。后世分析说：一是她要搞一个前无古人的大动作，证明她和男法老一样有作为（她的许多壁画雕像是着男装、戴假胡须、束胸、执权杖）；二是她用海外运回宝物进行大规模献祭活动，以求得神权方面对她的支持。据史料记载，哈特谢普苏特在位的20年间（约公元前1503—前1482年），埃及社会稳定，经济发达，是古埃及历史上最好的年景之一，她也因此被后世称为"和平的女王"。

古埃及的海船，不是纸莎草船，而是木船。前些年，埃及考古工作者和欧洲古船专家根据此壁画和出土船木、绳索等线索，复原了一艘与壁画一样的红海古帆船。英国BBC电视台还为此拍了一部纪录片。

仿造古船的研究人员以画中船员平均身高1.65米来推算，这种帆船大约22米长、5米宽。船尾四分之一处有大桨，西方人称其为"四分之一舵"或"侧舵"。这种舵对方向的控制力不是很强，更多是靠宽15米的方帆调整方向。巨大的方形风帆安装在船中央桅杆上，帆桁比桅长两倍还多，有利于调控方向（今天的红海三角帆船的斜帆仍是这样）。画中还绘有船一边的15名划桨手，风力条件不利时，由船两边的30支桨提供动力。画中大帆船的尾部雕刻有莲花，而非攻城槌，表明这些船是商船，而非军舰。这些船吃水浅，使其能够在杂草丛生的红海沿岸航行。仿造的古船完全按照壁画上提供的线索等比例原样复制，经过几年的努力最终再现了女法老3500年前的壮举。在这部纪录片里，可以看到它在红海破浪前行……

达尔巴赫里神庙的这组壁画，有着非凡的意义。它是目前所知世界航海史上最早的航海贸易记载。有人说，画中的五艘船是以女王哈特谢普苏特的名字命名的，如果这个说法成立，那么给船起名号的传统就是由古埃及开启的。还有，古埃及大帆船到达的"蓬特"若是今天的也门，埃及文明的"海洋性"则由地中海扩大到了红海之外的印度洋，它是那个时代名副其实的海上强国。

拉美西斯三世舰队

——尼罗河口最古老的海上肉搏战

无论是世界"三大博物馆"的排名，还是"四大博物馆"的排名，都没有开罗博物馆。颇为讽刺的是，大英博物馆、美国国会博物馆、法国卢浮宫都有东方厅或埃及厅，也就是说，这些世界著名博物馆抢掠别国宝贝，特别是埃及宝物，充了自家门面。开罗博物馆刚好相反，30万件文物全都是自家文物，更有一系列自家祖宗的真身——法老木乃伊。

开罗博物馆的木乃伊专题馆在二楼，另外收费，但值得一看。我正是在这里分别"拜见"了古埃及几位著名法老。这里要讲的是最后一位骁勇善战的法老拉美西斯三世。原本拉美西斯三世安睡在帝王谷的石棺里，雕刻着许多文字与绘画的大石棺后来被法国人掠到卢浮宫，拉美西斯三世木乃伊没被掠走，后来移入了开罗博物馆。

拉美西斯三世是古埃及第二十王朝法老，此时埃及的国际影响力已经下降。据莎草纸文献记载，由于外国势力阴谋瓜分埃及土地，很多埃及人流离失所，或揭竿而起，来自东地中海的"海人"（有专家认为是克里特诸岛联盟）借机侵扰埃及。

拉美西斯三世为了抵制这种威胁，在巴勒斯坦南部建立了防御线，又从塞浦路斯王国进口了许多船只，来保护尼罗河入海口。埃及的战略物资矿石和雪松全都依靠海上贸易，如果丢失了港口，则国家难保。"海人"的目标，自然也是通过打击埃及海军，占领尼罗河入海口，

进而攻入埃及。尼罗河入海口的海战，就是在这样的背景下开打的。拉美西斯三世亲自组织海陆部队，最终在尼罗河口将入侵的海上民族击败。

历史评价拉美西斯三世是一位能征善战的法老，他的自我评价也是如此。拉美西斯三世的陵墓是帝王谷中最长的一座。在120米长的祭殿里，完好地保存着刻画世俗场景的大型浮雕。1828年，"埃及学之父"商博良带领法国、意大利联合考古队来到帝王谷，临摹了拉美西斯三世陵墓中的所有壁画。考古工作者根据画上题记和画上的内容将其中一幅命名为《拉美西斯三世与海上民族的尼罗河口战役》。这是世界古代海战史上存留下来的最古老的海战纪实画。

这幅巨大的石灰石浮雕纵5.6米，横15米，大约制作于公元前1170年，距今已3100多年。此画分为三层，研究者多用商博良团队当年临摹的墨线图来分析浮雕的内容。

画的第一层为画的主体，最重要的人物是戴着高帽子（古埃及人有夹长头的习俗）的拉美西斯三世。他从战车上下来，身先士卒，正向敌人射箭，侍者举着法老伞盖立在身后。法老正前方，

大约制作于公元前1170年的浮雕,描绘了拉美西斯三世的海军打败"海人"的场景

描绘的是海上激战,参战的船只皆为当时东地中海通用的单层桨座战船。这是一种桨帆船,有桨有帆,画面反映的是近距离开战,所有的帆全卷系于桁上。船上桨手负责行船,弓箭手和长枪手负责向靠近的敌船投射。细看高高的桅杆上,似有桅盘,有身材小巧的战士在上面观察战况。有些战船装有狮头撞角,还撞翻了敌船。

画的第二层是岸上守军和后备军,他们手持弓箭、盾牌和长枪,随时准备投入战斗。

画的第三层表现战果,有些俘虏正被带走,有一些俘虏被就地斩首……显然,拉美西斯三世的军队取得了胜利。

此役过后,除了再次与利比亚人发生过冲突之外,拉美西斯三世的其余统治时间多是和平,红海出海口的对外贸易港蓬特也得到恢复。古埃及在海洋上的领先地位维持了上千年,这中间有海上贸易的助力,也有它的战船优势,但内部分裂最终使这个国家难以团结一心。公元前525年,埃及被波斯征服,此后,埃及自身特色的帆船与海上贸易活动渐渐衰落,爱琴海的海上民族统治了东地中海。

米诺斯桨帆船

——锡拉岛阿克罗蒂里港口与船队

希腊圣托里尼岛上的壁画《锡拉岛阿克罗蒂里港口与船队》(局部),描绘了3600多年前爱琴海上繁忙的贸易景象

古希腊文明的源头——米诺斯文明,亦称克里特文明——在一次超级火山喷发引起的海啸中,或沉入海底,或埋在火山灰下。人们一直在求证那场火山是何时喷发的,以确认这个文明的终结时间。

2006年4月28日出版的美国《科学》杂志,发表了丹麦奥胡斯大学教授瓦尔特·弗里德里希(Walter Ludwig Friedrich)的研究成果。他和同事经反复测试一根来自爱琴海锡拉岛的小小橄榄枝,终于测算出它确切的死亡时间:公元前1627—前1600年间,它在炽热的火山灰覆盖下,窒息而死。这不仅仅是一棵小橄榄树的死亡时间,而且是那个伟大文明的终结时间。

这个喷火的锡拉岛在南爱琴海,距米诺斯文明的核心克里特岛只有100多千米,在那次火山喷发中,它们一同消亡了。1207年,为纪念圣·爱莲(Saint

Irene），这个荒岛改称圣托里尼。这个被火山灰覆盖的米诺斯王国，在黑暗中默默度过了3000多年，一直到1867年，才被法国地质学家发现。

从1895年至1900年，德国考古学家来到这里发掘锡拉古城遗址。但它的身份被广泛确认与发掘已是1967年。在厚厚的火山灰下是保存极好的地下文物，它们如同刚刚离去，又像刚刚回来……现在这里已是世界级度假胜地，濒海壁立的危崖上，聚集着标志性的白房子。游客在圣托里尼岛博物馆可以看到3600多年前被火山喷发覆盖的米诺斯文明。这个博物馆的主要展品是壁画，它们原来散落在贵族庄园里，后来集中移入博物馆。

米诺斯壁画与文艺复兴时期的湿壁画，在技术层面有很多相似之处。首先用泥浆和稻草覆盖墙壁，然后在上面薄薄地涂上石灰膏，最后涂上一层薄薄的灰泥。画的色调由白色（石灰膏）、红色（有色稀土和赤铁矿）、黄色（黄赭石）、蓝色（埃及蓝或蓝铜矿）和黑色构成。米诺斯艺术家充分利用了这些颜色：黄色用于狮子或年轻人的皮肤，画植物用绿色和蓝色。深蓝色也被用来表示深绿色的常春藤、莎草、百合、芦苇和棕榈树。白色表示女性苍白的皮肤，而红色则被用于日晒的男性深色皮肤。这里的壁画，在艺术风格上受古埃及影响，但表现内容却和神秘而庄严的埃及绘画不同，米诺斯绘画主要表现的不是神，而是人，画面多以表现人们的舒适生活为主。

这幅表现港口和船队的壁画原本没有名字，人们根据画中内容称其为"锡拉岛阿克罗蒂里港口与船队"。锡拉岛的阿克罗蒂里港口，是塞浦路斯和克里特岛之间的战略港口，也是一个铜贸易中心，持续繁荣了约500年。

这段壁画保存得相当完整，画面也磅礴大气。它表现了米诺斯的海洋文明，特别是布满画面的桨帆船。大约在公元前2000年，南爱琴海的克里特岛和锡拉岛就用柏树造出了一种有木桨和风帆的海船。近岸用桨，远航用帆，提速时可桨帆并用。

最初的划桨船，希腊人称为"gauloi"（意为"桶"），由此派生出"桨帆船"（galley）一词，通常译为"加莱船"，外号"地中海蜈蚣"。事实上，当年的"地中海蜈蚣"只是在东地中海的小小海区航行。这里几乎没有什么风浪，岛屿间特别适合桨帆船航行，所以发展出了最为丰富的桨帆船文化。

米诺斯王国时期，米诺斯的桨帆船已进入成熟阶段，船首和船尾高翘，船尾有艉楼，左右各有一个水手操舵桨，两舷有多名桨手。这种平底帆船的中部立有高大桅杆，桅杆可以放倒和卸下。画中进入港口的桨帆船，已用生牛皮编成的帆索将巨大的风帆卷了起来。船上似乎没有装甲板，堆有货物，看上去都是商船。画中还绘有大陆，有通海的河流，有动植物，有楼房，有集市……表现出3600多年前爱琴海上繁忙的贸易景象。

遗憾的是，画中描绘的南爱琴海先民的航海梦，后来被锡拉火山爆发终止了，只在火山灰中为后世留下了珍贵的图画。这些壁画再次证明，米诺斯的海洋文明已经相当成熟，这种经济与技术上的优势，为后来的希腊在海上崛起做了很好的铺垫。

奥德修斯帆船

——关于撞角战船与船眼的最早描绘

公元前800年左右，行走在东地中海的盲人歌手荷马整合了多个民族的英雄传说，吟唱出两部宏大的史诗：其一叫《伊利亚特》，描绘的是特洛伊战争；其二叫《奥德赛》，描绘的是特洛伊战争后奥德修斯在海上漂泊的故事。后世将它们称为《荷马史诗》。

《荷马史诗》反映的是迈锡尼文明——它由伯罗奔尼撒半岛的迈锡尼城而得名，时间跨度在公元前1600年至前1200年。迈锡尼文明继承和发展了米诺斯文明。伯罗奔尼撒半岛上的这些先民，当时被称作阿卡亚人（那个时候还没有"希腊人"这个称呼），他们在半岛的中部和南部建立起第一个奴隶制国家——迈锡尼王国。公元前12世纪，迈锡尼王国为了争夺海上霸权，与小亚细亚西南沿海的国家发生冲突，最著名的就是特洛伊战争。

虽然《荷马史诗》神话色彩很浓，但还是可以了解到东地中海水军建设的基本模样，在《伊利亚特》第二卷，诗人用了一半的篇幅叙述从特洛伊出发到希腊的战船数量，哪个城镇、哪位将领、所带哪一种战船、各有多少……这段看上去有些絮絮叨叨的以船的数量来衡量权力大小的"船录"，被认为是人类历史上首次表现海上霸权的经典，也可以视作希腊"海权思想"的先声。

此外，人们还可在《奥德赛》中了解奥德修斯造船的全过程，这是一大段接近史实的描绘：

海岛尽头耸立着桤树、杨树、直指天穹的杉树，早已风燥枯干，适可制作轻捷漂浮的筏船……奥德修斯动手伐木……他一共砍倒二十棵大树，用铜斧剔打干净，劈出平面，以娴熟的工艺，按着溜直的粉线敷排……在每根树料上面，用木钉和栓子把它们连固起来，像一位精熟木工的巧匠，制作底面宽阔的货船，奥德修斯手制的航具，大体也有此般敞宽。接着他搬起树段，铺出舱板，插入紧密排连的边柱，不停地工作，用长长的木椽完成船身的制建。然后，他做出桅杆和配套的桁端，以及一根舵桨，操掌行船的航向，沿着整个船面，拦起柳树的枝条，抵挡海浪的冲袭，铺开大量的枝干。其时，卡鲁普索，丰美的女神，送来大片的布料，制作船的风帆。奥德修斯动作熟练地整治，在木船的舱面安上缆绳、帆索和升降索。最后，他在船底垫上滚木，把它拖下闪光的大海……

——《奥德赛》第五卷（北京燕山出版社1999年版）

这是奥德修斯自己造的海船，后来，这条船被海神波塞冬制造的风浪摧毁了，奥德修斯"幸好抱住弯翘的海船，它的龙骨，漂游了九天"，来到一个岛上，岛上的女神送他一条"拼造坚固的木船"。

这一次，他的海上航行又被海神波塞冬摧毁了。他又漂流到一个岛上，"手握权杖的王者……选出五十二名青壮年……在乌黑的船身上竖起桅杆，挂上风帆，将船桨放入皮制的圈环，一切整治得清清楚楚，升起雪白的风帆……"

从诗歌的描述看，海上漂泊20年间，奥德修斯换了许多船，这些船是木制船，有龙骨，漆过乌黑的船身，有可装卸的桅杆，有配套的桁端，有布做的风帆，大船要52名青壮年操控。这是爱琴海古帆船的详细"索引"。

据专家推测，《荷马史诗》在公元前6世纪已经有了文字版本，但都失传了，现存最早的是10世纪的抄本。但《荷马史诗》的美术样式，却借助陶器得以保存，并留下了大量的古帆船历史图像。

其中就有撞角船的描绘。撞角船是古代海战的重要发明，人们猜测它可能是在公元前1200年由埃及人发明的，后来被古代腓尼基、希腊和罗马的桨帆船广泛采用。不过，考古发掘中并没有看到古埃及撞角船的历史图像与文献记录。

雅典国家考古博物馆收藏一件希腊南部锡罗斯岛出土的公元前3000年的祭祀物品（也叫"煎锅"），上面饰有一条安有15对桨的海船，船头还伸出一个尖脊，爱琴海船正是在这条脊梁的基础上建造起来的，它当时的作用是加固船体

希腊南部锡罗斯岛出土的公元前3000年的祭祀物品（也叫"煎锅"），上面饰有一条安有15对桨的海船，船头伸展出一个尖脊，此种船极可能就是"撞角"的雏形

和破浪，极可能就是"撞角"的雏形。

现存最早的撞角船图像来自在古代伊特鲁里亚的卡勒城（今意大利切尔威特里）的考古发掘，这是一尊大约制造于公元前675年的彩陶双耳喷口杯（酒杯，或调酒缸）。一面绘有《荷马史诗》中奥德修斯弄瞎海神之子独眼巨人波吕斐摩斯的场景，另一面（图左）描绘了一艘带有撞角以及搭载战士的升高甲板的战船，正在追赶一艘帆船。这是地中海西部最早的撞角船历史图像，它甚至早于希罗多德对撞角船的文字记载。

公元前6世纪，腓尼基成为西地中海的强大城邦，并将其势力扩展到北非。公元前535年，腓尼基人与意大利北部的伊特鲁里亚人联合起来，在科西嘉岛

公元前 675 年的彩陶双耳喷口杯，绘有最早的撞角船，记录了地中海战船特有的船眼

阿拉利亚海面，打败希腊人的殖民地马西利亚派出的一支舰队，阻止了希腊人向西地中海的渗透。

伊特鲁里亚的造船者是最早在船上装配两根桅杆的人，描绘这种船只的最早图像可追溯到公元前 5 世纪 50 年代，发现于一处墓葬的墙壁上，位于第勒尼安海沿岸的奇维塔韦基亚（Civitavecchia）附近的塔尔奎尼亚（Tarquinia）。他们也使用撞角，关于撞角的最早记录出现在希罗多德对阿拉利亚战役的记载中。

值得注意的是，公元前 675 年的彩陶双耳喷口杯不仅有最早的撞角船的图像，同时它还记录了地中海战船特有的船眼。有人猜想地中海战船船眼源自"荷鲁斯之眼"（The Eyes of Horus）。荷鲁斯是古埃及神话中法老的守护神，是冥王奥西里斯和伊西斯的儿子，其形象是鹰头人身。他的眼睛是太阳和月亮，是辨别善恶、捍卫健康与幸福的护身符。埃及第十八王朝的法老图坦卡蒙（公元前1341—前1323年）的木乃伊上就绘有荷鲁斯之眼。但广泛使用荷鲁斯之眼的埃及人没有把它绘在船上。地中海进入泛希腊化时代和罗马帝国时期，希腊和罗马的船头上出现了神一般的船眼，甚至成为战船的必备标志。当然，船眼的眼形与造型独特的荷鲁斯之眼有着很大不同，所以法国历史学家费尔南·布罗代尔在《地中海考古》一书中认为它是"海豚眼"。

《荷马史诗》中说，奥德修斯帆船有可以放倒的桅杆，但没说那船是几桅。大英博物馆中有件保存完好的公元前480年的希腊陶瓶。这个瓶上画的是《奥德修斯自缚》，画中的一艘单层桨战船（pentekonter）只有一根桅杆，缚着奥德修斯，一边船舷上画了七个桨位和四个桨手，船尾两舷各有一个侧舵，有舵手操控。

此希腊陶瓶画描绘奥德修斯乘的是单桅船，与我在突尼斯巴尔多国家博物馆考察时看到那幅著名的《奥德修斯自缚》壁画却有所不同。这幅马赛克壁画约有1米高、3米宽。据馆员介绍，此博物馆的古罗马壁画有两个来源，一是古代宫殿遗址，二是贵族家宅遗址，创作时间是2—3世纪。这幅壁画比前边说的那个陶瓶画晚了几百年，但它是目前所能见到的最早的表现奥德修斯自缚的大型壁画作品。

这幅巨大壁画的主体是帆船，画上的奥德修斯帆船是两桅船，首桅挂着一面小帆，主桅挂一面大帆。与后来的平头帆不同，这两个帆的上部是等腰三角形的，看上去很有美感，帆上系有缭绳。从画中绘的船头观察窗来看，此船还是艘大船。但船上没画诗歌中提到的50多人。此船前边，还绘有一条渔船，没有帆，说明这是近海打渔的小船。

壁画还详细表现了史诗中描绘的海妖岛场景。这里顺便说一下古典航海时代绕不过去的文化符号——海妖塞壬。

半人半鸟的海妖塞壬的故事，源自两河流域的民间传说。塞壬原本是河神埃克罗厄斯的女儿，是从他的血液中诞生的神鸟，因与缪斯比音乐落败，被缪斯拔去翅膀。缪斯用塞壬美丽的翅膀为自己编扎了一顶王冠，作为胜利的标志。失去翅膀的塞壬，只好在海岸线附近游弋，变幻为鸟或美人鱼，用美妙的歌声吸引过往的水手……

在泛希腊化时代，海妖形象和海妖故事在东地中海广泛流传；到了泛罗马时代，这个故事流传到了整个欧洲和北部非洲，成为海洋国家十分熟悉的文

突尼斯巴尔多国家博物馆的壁画《奥德修斯自缚》,创作于2—3世纪

化内容。在突尼斯东北部的哈马马特(Hammamet)古城堡前,我还看到了当代突尼斯人创作的塞壬雕像。这尊仿青铜的雕像由三条美人鱼构成。她们手中都举着一枝突尼斯的国花茉莉。这花显然是现代人的想象和民族化的结果。

回过头来再看壁画中的海妖岛:花丛里,塞壬一边弹奏竖琴,一边起劲地唱着诱惑人心的歌。以往,她们都会把过往船只引向礁石,撞得船毁人亡。但是,从战场上归来的奥德修斯遵循女神喀耳刻的忠告,令人把自己绑在桅杆上,并吩咐水手们用蜡把耳朵塞住。尽管海妖的歌声不断飘来,水手们仍驾驶帆船一直向前,顺利地通过了海妖岛。

有意思的是,这个吓唬西方水手的神话,几百年后吓住了中国派往西方的使者。那是汉和帝永元九年(97年),班超遣甘英出使大秦,抵条支,临大海,欲渡,而安息西界船人谓英曰:"海水广大,往来者逢善风之月乃得渡;若遇迟风,亦有二岁者。故入海人皆带三岁粮。海中善使人思土恋慕,数有死亡者。"甘英听到海妖的故事,吓得停下了脚步,访问大秦的使命就此终结。这是古代中国使节走得最远的一次,也是最失败的一次。

甘英最终于哪个海边止步不前?这是一直没说清的悬案。有人说他到了波斯湾,也有人说他到了地中海东岸;总之，甘英错过了进入地中海与欧洲交流的机会。

不过，更值得探讨的是塞壬捕获水手的"工具"。诗人荷马没有描绘那是什么歌声。从画面上看，塞壬用了竖琴，但弹的是什么曲、唱的什么词，则是千古之谜。

为什么荷马要抵抗音乐呢？哲学史家把它解释为希腊理性思维的萌芽。奥德修斯把自己绑在桅杆上，为了忠于他的爱情。但另几位水手呢，他们是不是被奥德修斯"道德绑架"了呢？如果有那种妖媚且含有逻辑的声音、音乐，让你服从她和她带来的美与情感，那不正是漂泊人生的妙处吗？随她远走又何妨？中国古人说的"花下死"，更像一种反西方神话的"理想死亡"。

事实上，奥德修斯离开特洛伊后，曾漂流到一个海岸，一些船员吃了"忘忧果"之后，便流连忘返，不想再回家了。传统上，古代职业水手就是"四海为家"，在哪个岛都能安家，同时，来了哪班船，又能随之漂流四海。那一次，奥德修斯为了防止水手逃跑，就是把他们绑在船上继续航行的，路上还刺瞎了波塞冬的儿子，结果被波塞冬举着三齿叉子一路追杀。这是漫长而又受罪的旅程，谁又愿意耗在这里面？

最后说说突尼斯哈马马特古城堡的塞壬手持的茉莉花。其实，哈马马特城的别称叫"叶斯敏·哈马马特"，阿拉伯语中"茉莉"的发音是"叶斯敏"，因为这里风光旖旎，突尼斯人便用茉莉花来称呼它。当然，塞壬手中的茉莉花也不是突尼斯艺术家简单加上去的，它也有独特的含义，至少是对这场诱惑做了一个情感补白。在神话中，塞壬三姐妹中的大姐帕耳塞洛珀深爱着奥德修斯，当奥德修斯的船只拒绝诱惑驶过之后，她二话没说，转身自尽。如果真爱得不到呼应，它就不值得存在。

突尼斯为何会保留塞壬的形象与历史记忆？因为它离塞壬的故乡太近了，这个国家的最北端离意大利南部海岸只有140千米。传说塞壬就住在意大利那不勒斯至萨莱诺一带的海岸上。在波西塔诺（Positano）海岸不远处，可以看见三块光秃秃的礁石从海面穿出。它既是塞壬的化身，也是爱的温柔乡。

腓尼基商船

——"上帝之树"成就一个造船王国

一直想去腓尼基的老家——大体上讲是今黎巴嫩、叙利亚沿海一带；可战乱不停，只好退而求其次，去考察它最后的灭亡之地——迦太基，这里尚可见到罗马人公元前146年铲平的始建于公元前8世纪的迦太基城的一点点残垣断壁。突尼斯城郊的这个古城遗址，现称为"迦太基城邦遗址"。

迦太基城被罗马人摧毁后，腓尼基人随之消失了。腓尼基人创造的字母成为后世希腊字母、拉丁字母以及现代西方文字系统的基础和来源，但他们没有留下任何文献。

腓尼基人自称闪米特人，也被称作迦南人。这些东地中海沿岸的人，会用海蚌提取颜料染成高贵的紫布贩卖。"腓尼基"的意思就是"绛紫色的国度"。其实，贩卖高贵的紫布并不是腓尼基人的大宗生意。腓尼基人临海而居，几乎没有什么耕地。但其身后的群山遍布茂密的森林。当时，迅速发展的埃及王国和美索不达米亚等地区，都急需大量坚实的木材造船，腓尼基人就将这里的木材发展为大宗出口贸易。

腓尼基的故乡黎巴嫩与叙利亚地区盛产"黎巴嫩雪松"。这种松树生长在海拔1300—3000米的高山上，材质坚硬，纹理细密，耐腐抗虫，还散发清香。《圣经》把雪松称为"植物之王"，古代腓尼基人说雪松是上帝所栽，称它为"上帝之树"或"神树"。今天的黎巴嫩国旗中央就绘有一棵雪松。

黎巴嫩西顿古港发掘出的腓尼基大理石棺，棺身雕刻着公元前6世纪左右腓尼基的希波船形象

腓尼基的天然资源，刺激了他们的海上贸易热情，也促进了他们航海技术的发展。腓尼基人要扩大与埃及的木材贸易，靠原始的木筏运送很受局限，要运输更多的木材，就要造更大的船。据说当时腓尼基的西顿、推罗和巴勒贝克等港口的造船工人，会运用腓尼基字母表（今天人们熟悉的26个英文字母，源头是腓尼基人的22个字母，后来被希腊人学去，一路向西传播），将船体主要构件都标注不同字母，每个组件都要按字母安放在船身的既定位置。通过这种技术快速而有序地组装船只。更为重要的是他们对龙骨的发明。龙骨是贯穿船只

首尾的一整块竖直厚板或一组厚板，构成船的脊柱。有了这种结实的龙骨（通常用钉子固定，腓尼基人最早将铁和其他金属用于造船），船就能装载更大、更重的货物了。有人称，龙骨的发明"与陆路运输的轮子同等重要"。

公元前10—前8世纪是腓尼基城邦的繁荣时期。"腓尼基人"几乎就是"航海家"和"商人"的代名词，他们驾船踏遍地中海的每一个角落，每个港口都能见到腓尼基商人的踪影。新亚述国王萨尔贡二世（约公元前722—前705年在位）宫殿墙上的浮雕，为我们提供了腓尼基人航海活动的鲜活实证。公元前721年，萨尔贡二世消灭了以色列，占领了叙利亚，所以，宫殿浮雕上有了腓尼基人运送造船良材雪松的图画（此浮雕现藏巴黎卢浮宫亚述厅）。这种运送雪松原木的船，叫马头船，没有桅杆，没有帆，从画面上的海龟等海洋生物看，这是一艘近岸航行的小型划桨船。雪松是腓尼基出口的重要物资，尽最大能力多多运载。这些小船除了在船上堆放一些木材外，船后边还拖带了一些木材。公元前716—前713年的这幅浮雕船画，似乎表明亚述通过对腓尼基的控制，断绝了埃及和叙利亚地区的贸易往来。

腓尼基人对世界航海的贡献，还不止于此，他们还率先研制出以帆为主动力的海上商船。这种有大帆、无木桨的远洋海船叫"希波"（hippo），起初是单桅帆船，后来演变成双桅帆船。帆取代桨成为海船主动力，这是船舶的一大进步。

1914年，西方人在黎巴嫩西顿古港，发掘出腓尼基大理石石棺，在石棺上发现了重要的浮雕船图（现藏巴黎卢浮宫）。这幅完整的浮雕船图，提供了公元前6世纪左右腓尼基"希波"船的基本形象。

此时的希波船，已添加了第二根桅杆，在船首正前方添加了一根高耸外伸的斜帆杠，两根桅杆上，各扯了一张风帆，上下两根帆桁都用转帆索拉紧，使之能顺风使帆。值得注意的是，船图上既无木桨，也无桨手。可见，这种帆船在海上航行时，只用帆，不需要划桨辅助，这是腓尼基航海文明的一大进步。从船图上看，此时的希波船还是用所谓的"四分之一舵"。

西顿港口曾是腓尼基人在东地中海地区建立的最早的城邦之一，是当时的良港和工商业中心。这里出土的浮雕船图，可以说是当时腓尼基人航海生活的真实反映。腓尼基人不仅航海技术高超，造船技术也受到海上贸易拉动，跃居世界首位。这种优势一直保持到公元前6世纪。

双层桨座战船

——称霸地中海的腓尼基舰队

虽然黎巴嫩西顿古港发掘出的大理石石棺的浮雕船图提供了腓尼基商船的形象,但人们并不知道腓尼基商船的航线在哪里。

2016年,一支潜水考古队在马耳他西北部海底110米深处发现古腓尼基人的商船,该古船可追溯到公元前7世纪,是地中海中心海域目前发现的最古老的沉船。可惜的是,此船已腐烂得没形了,仅剩下当年运载的一批双耳罐锅还沉睡于海底。这一发现,至少证明了马耳他是腓尼基人贸易路线经过地。探险者在船上发现的手工艺品有助于揭秘腓尼基商人的海上商路。

腓尼基商船度过了几个世纪的辉煌之后,公元前8世纪,希腊城邦的海上强国形象开始显现。腓尼基人立即意识到,要确保他们在地中海的贸易垄断地位,必须要有强大的武装舰队,以扫清海上的希腊劫掠船。

腓尼基舰队的历史图像已很难寻找了,只能借助其他文明遗迹来复现那段历史。这就要说一说尼尼微城(在今天伊拉克北部的摩苏尔对岸,是《圣经》上曾记载过的底格里斯河上游左岸一个古城),它曾是新亚述帝国(公元前935—前612年)的首都,尤其是在辛那赫里布(Sennache-rib)和亚述巴尼拔统治时期(Assur-bani-apli,公元前7世纪),王宫内建造了许多记载辉煌过去的浮雕。

公元前626年,居住在新巴比伦的迦勒底人和东边的米底人联合起来进攻

新亚述王宫里的浮雕，描绘了亚述尖头的楼船式战船，这是人们能看到的最早的两层桨座战船形象

亚述，于公元前612年攻克新巴比伦王城尼尼微。尼尼微被洗劫一空后，又被放了一把大火，一代名城和庞大的新亚述帝国一起从地面上消失了。

2000多年以后，考古学家发现了尼尼微遗址，此地遂成了文物"富矿带"。正是在尼尼微的亚述王辛那赫里布王宫，人们发现了约公元前720年的这块浮雕。

浮雕中雕刻着一艘腓尼基两层桨座战船，上下两排桨手交错排列，以降低船的高度。船头有一个公羊角般的撞角，盾被固定在上层桥楼边上，就像城墙上的防御工事一样。此前的海战，通常落下风帆是以人力划桨为动力，这样速度快又灵活。船上多数人在划桨，只有十几人是作战士兵。作战士兵主要使用弓箭、标枪和抛射石块杀伤敌人。腓尼基人运用建造商船积累起来的技艺，借鉴埃及战船的撞角形制，制作出世界上最早的双层桨座战船。这种战船比商船窄而长，可以容纳很多作战人员。最特别的是，在船首装备青铜撞角，可以在高

新亚述王宫里大约公元前700年的浮雕,刻画了一支完整的腓尼基船队,有商船,有护卫的战船,还有补给船

速前进中一下撞漏敌船。法国历史学家布罗代尔认为此浮雕描绘的是腓尼基提尔王卢里的战船在亚述军队的攻击下溃逃的情景。此浮雕船图现藏大英博物馆。

这种腓尼基战舰,两桅两帆,没有甲板,从船头到船尾的中轴线上有长长的天桥,它高于桨手的头顶,是弓箭手或投石车的战斗平台,船上还装备了一个"指挥台"。人们在新亚述王宫里还发现了描绘大约公元前700年腓尼基船队的浮雕。画面中已不是一艘船,而是一支完整的船队,有商船,有护卫的战船,还有补给船。

考古学者认为,亚述王宫里用腓尼基船队浮雕来装饰,似乎表明腓尼基人的海上霸业在新亚述人心目中享有较高地位。同样,在公元前8世纪,埃及人也把腓尼基人的文化成就看成一种文明的象征。后来,希腊人和罗马人都继承并发展了腓尼基战船的类似设计。

三层桨座战船

——希腊装有金属撞角的战舰

前文说过,《荷马史诗》描述的故事,并非真正的希腊人故事,而是迈锡尼故事。那么,希腊故事又从何说起呢?

大约在公元前1200年,来自今天希腊北部的多利亚人南下摧毁了迈锡尼王朝。此后300年间,希腊半岛进入"黑暗时代",一直到公元前800年,这里诞生一批新的城邦,共同创造了希腊文明。突出标志,就是用腓尼基字母创造了通用希腊文字,并于公元前776年召开了各城邦踊跃参加的第一次奥林匹克运动会。希腊文明有了自己的样式。有了文化认同,但城邦中谁当老大仍然是个问题,所以,还是要打出个高低来。此间,最著名的战争莫过于对外的希波战争和半岛上的伯罗奔尼撒战争。后一场战争,是雅典城邦联盟与斯巴达城邦联盟进行的战争。伯罗奔尼撒半岛在希腊半岛南部,雅典在希腊半岛北部,它更像一场"希腊半岛的南北战争"。

希腊历史图像,多在古陶器上。以前这些古陶器都在卫城博物馆,前些年它们多数被搬到雅典历史博物馆里。还有许多流失在国外,在大英博物馆也可看到。希腊陶器以瓶瓶罐罐为主,还有杯、碗、盘等餐具。其装饰画由剪影图案作主导,绘于腹部,或圆或方;技法上,分为黑绘和红绘。希腊陶器匠人的美术造诣特别高,他们在陶器上描出的图画,其文化分量之重,怎么评价都不为过。它不仅全方位展现了古希腊的绘画风貌,更是一部古希腊文明的百科全书。

雅典卫城伊瑞克提翁神庙出土的浮雕残片，清楚地表现了有舷外托架的三层桨座战船的结构

希腊战船较早的形象，出现在公元前530年的陶盘上，画中战船的指挥官不是军人，而是迈锡尼时期就有的酒神狄俄尼索斯，所以这艘战船的桅杆上画有缠枝葡萄。这是一艘单层桨座战船，属于撞角战船。

在希波战争期间（公元前499—前449年），雅典为应对战争赶制大批三层桨座战船。1852年，雅典卫城的厄瑞克忒翁神庙（建于公元前421—前406年，以六尊女像柱闻名于世）出土的浮雕残片（现藏于巴黎卢浮宫）清楚地表现了三层桨座战船的结构，战船上每边有三排桨，一个人控制一支桨，桨长4—4.2米。船史专家根据历史文献推算：三层桨座战船总长约37米；桨手共计170人，分上、中、下三层交错排列，上层每侧31人，中下两层每侧27人；速度8节左右（一节等于每小时1.85千米）。船上配一名船长、四个弓箭手、十几个标枪手，还有若干水手、风帆手、侧舵手等。

027

公元前520年左右的古希腊陶瓶装饰画,画上是一艘撞角战船,船侧有17名桨手

当年这种战船都是撞角船,船上无甲板,从船首到船尾有贯通的天桥相接,除可以保证船的纵向强度外,还可以作为战斗平台使用。作战时收起风帆,靠人力划桨驱动。在伯罗奔尼撒战争时,这种船已成为希腊海军的标配。

公元前480年,波斯人进犯希腊萨拉米斯海峡,但航道狭窄,波斯舰队无法展开战阵,希腊人则以三层桨座战船高速冲击敌船,其3—5米长的撞角和铜制的撞槌,可在水线下将敌船撞出一个洞,击沉敌船,或撞断敌船的划桨,使其失去机动能力。以色列国家海事博物馆收藏有从海里打捞的公元2世纪的青铜撞角,长2.25米。它是目前唯一的撞角证物。

最后说一下,伯罗奔尼撒战争从公元前431年一直打到公元前404年,中间打累了,也曾有短暂停战,最终,南方的伯罗奔尼撒联盟打败了北方的雅典联盟,斯巴达人称霸希腊半岛。但近半个世纪的战争也耗尽了南北两大联盟的人力和财力,于是,有了渔翁得利——北方夷族马其顿乘虚而入,灭了这两股势力,成为希腊霸主。

五桨座帆船
—— 罗马人将陆战技术与设备引入海战

古罗马和古希腊崛起的时间差不太多，都在公元前8世纪，但罗马的时空影响力比之希腊，就长久而广阔多了。先是罗马王国（公元前753—前509年），而后是罗马共和国（公元前509—前27年），再后是罗马帝国（公元前27—公元476年/1453年）。虽然在地中海泛希腊化时代，擅长陆战的古罗马人海战水平很低，但进入共和国时期，他们充分吸收了迦太基的战船制造技术，又融合了希腊海军的海战经验，于公元前311年组建了"青出于蓝而胜于蓝"的罗马舰队，由此打下了千年帝国的牢固根基。

公元前264—前146年，罗马挑战迦太基帝国的地中海霸权，与之展开了三次大的战争，史称布匿战争。最终，在汉尼拔带着大象军团从意大利北部攻击罗马时，罗马海军跨海进入北非，攻克了迦太基都城（今天的突尼斯城），迦太基帝国灭亡，腓尼基人千年荣耀也到此结束。

罗马的疯狂不止于此。从公元前214—前146年，罗马先后发动四次马其顿战争。公元前4世纪曾扫平希腊和波斯的马其顿帝国，最终被罗马消灭。罗马由此建成一个横跨欧洲、亚洲、非洲的超级帝国。

横跨几大洲作战的罗马，在建立强大陆军之时，也从对手那里明白了海军的重要性。在希腊人的帮助下，罗马人参照俘获的迦太基战船，建造了别具特色的罗马战船。罗马海军不仅仿制了希腊和迦太基的两层桨座战船、三层桨座战船，还建造了五桨座战船。在第一次布匿战争之前，罗马仅有10艘三层桨座战船保护它的海岸；在第二次布匿战争期间，罗马已有220艘五桨座战船。

关于什么是五桨座战船，说法不一。公元前2世纪希腊历史学家波利比乌斯（Polybius）的《历史》（The Histories）记载：一艘五桨座战船有300名桨手、120名士兵和50名水手。有历史学家认为，五桨座战船并非五层桨座，而是三层桨座；船每侧最上一层，由58名桨手划动29支桨；中间一层，由58名桨手划动29支桨；最下一层，由34名桨手划动34支桨；也就是说，上层桨、中层桨是两人划一桨，下层桨是一人划一桨，即单侧竖列，上、中、下共五名桨手，故有此船名。五桨座战船提升了推进速度与运力，可以搭载更多的士兵和武器。

虽然波利比乌斯留下了布匿战争的历史著作，但历史没留下多少罗马战船

公元前120年的罗马水神纪念碑浮雕残片，描绘了一艘两层桨座战船的船头部分

的图像文献。18世纪时，考古学家在意大利拉齐奥区普拉尼斯特（Praeneste）古城的一座神庙里，发现了一幅浮雕船图（现藏梵蒂冈博物馆的庇奥·克莱门提诺美术馆），它大约制作于公元前120年，时间接近第三次布匿战争。

此图描绘了一艘两层桨座战船的船头部分，弯弯的船首下是长长的撞角，在撞角上方水线位置，还雕刻了一条伸出头的大鳄鱼。这种装饰后来发展成一种雕有公羊头的伸出船首的前栓柱，它作为第二层级的冲撞武器，也对船头起保险杠作用。此船的舷樯不高，但也可升帆，帆是拴在帆架上的，在需要扬帆时通过固定在桅杆上的滑轮升起。因为在风向变幻莫测的地中海，要做到随时可以扬帆，就必须有360°的扬帆角度。船的前半部分，还有一个奇特的船头堡，这也是罗马战船特别的地方。在接舷战之前，战士可以通过船头堡居高观察敌情，接舷后可居高临下地用投掷武器攻击敌船。

罗马人的战船主要用于与敌船贴近作战。除了用撞角攻击敌船外，他们更乐于发挥陆上攻城技术与设备优势。他们除了在船上建立高高的船楼，还在船头建有接舷吊桥，通常悬挂于艏柱，可以旋转，用带钉钩的吊桥搭上敌船后，即可发挥罗马战士肉搏的强项，跳入敌船，消灭敌人。尽管罗马人是海战新兵，但他们创造的五花八门的海战战法，却最终消灭了迦太基。

这里还要说一句，罗马人不仅外战内行，内战也很出色。伟大军事家格涅乌斯·庞培死后，他的小儿子塞克图斯·庞培，人称"小庞培"，组建海军，在地中海与安东尼和屋大维的国家海军对抗。"小庞培"自诩为罗马海神涅普顿之子，在其发行的银币上，一面刻有自己的头像和波塞冬的三叉戟，一面刻有多桨帆船，船上还有巨大的风帆。但他毕竟面对的是两大军事首领，公元前35年，最终被安东尼和屋大维的舰队消灭。

接下来，就是屋大维与安东尼开战。公元前37年，安东尼与埃及女王克里奥帕特拉七世（俗称埃及艳后）结婚，后来公然声称将罗马东方行省部分地区赠予她和她的子嗣。屋大维怂恿元老院和公民大会宣布安东尼为"祖国之敌"，并向埃及女王宣战。公元前31年9月2日，在希腊西海岸亚克兴（Actium），罗马统帅阿格里帕（Agrippa）率领260艘战船，迎战安东尼和埃及女王克里奥帕特拉率领的220艘战船。双方都长于海战，战斗十分激烈。最终，因埃及舰队有人逃跑，引起全军败退，屋大维的舰队取得胜利，埃及最终沦为罗马帝国的一个行省。这一历史性的胜利，在公元2世纪时，

公元200年左右罗马帝国时代的两桅帆船马赛克画（后来在地中海把风帆战船用得最好的就是罗马人）

被罗马人做成大理石浮雕画，存留至今。

晚些时候，表现罗马战船的图像文献就多了。在公元100年左右，罗马城内马路上就有马赛克画表现罗马战船在埃及尼罗河中穿行的场景。罗马人视征服埃及的这段历史为一种帝国光荣。迦太基都城被罗马人铲平后，在今天的突尼斯城留下了许多罗马遗迹，其中有大量的马赛克画表现罗马文化，比如这幅公元200年左右罗马帝国时代的马赛克战船画，上面是罗马人的两桅帆船，后来在地中海把风帆战船用得最好的就是罗马人。

最后要指出的是，不论是腓尼基、希腊还是罗马，这些地中海作战用的"长船"都是平底船，只适合近海作战。

2

维京时代

东地中海人，把帆船进化成高速前进的桨帆船时，北欧的野蛮人却在自顾自地打造他们的冲锋舟——单桅的双船头小帆船。

这些维京海盗用他们的小帆船和小斧头，忽而东夺，忽而西掠，忽而南下，为自己抢出威名，也在他乡创建出一个新世界，他们不仅在法国有地盘，甚至还是英格兰和古罗斯的缔造者。

维京葬船

——职业海盗的冲锋舟与坟墓

如果说地中海拉开了世界海盗史的序幕，那么，波罗的海与北大西洋则见证了世界海盗史的第一次高潮。

如果说地中海的海盗都是"散户"的话，那么，北欧海盗则是这个行当的第一个"品牌"。

我依次考察的北欧四国——丹麦、挪威、瑞典和芬兰，中世纪时都不是民族国家，甚至连个大公国都没有。那时，斯堪的纳维亚半岛人被外界称为"维京人"或"诺斯人"。英语"维京人"意为"来自海湾的人"，而"诺斯人"指的是"北方人"。

没文化的维京人和其他北方战斗民族一样，没有自己的文字，仅有一种咒文，用的是卢恩字母（Runes），亦称如尼字母，武士会把这种字母文在身上。所以，维京人"创业期"的历史以两种奇特的方式存在：

一是残留于英格兰的史书中。9世纪，统一英格兰七国的阿尔弗雷德国王组织编撰了英格兰的第一部史书《盎格鲁-撒克逊编年史》，或许是受到丹麦维京人打击最多，英格兰人记载的最早的海盗袭击，即是793年维京人袭击了英格兰林迪斯法恩岛。

二是出土的北方古船。北欧国家大多都有一个古船博物馆。这些国家的历

考古工作者于1895年在北爱尔兰德里郡发现的一艘公元前1世纪的黄金船模，船上有桨、桨架、舵桨、桅杆、帆桁等

史似乎不是从青铜时代开始，而是一下就进入了风帆时代。北方先民从森林里进化到大海上，其领袖也由酋长变为船长，甚至连国王都是船长或船主，他们接受陆地的恩赐，更乐于海上淘金。

若想形象地记住维京历史，那就看看"活生生的"北方古船吧。

北海地区古海船的文字和图像极为稀少，但后世的考古发掘弥补了这一缺憾。1895年在北爱尔兰德里郡（Derry）进行考古的学者，发现了一艘公元前1世纪的黄金船模，后以"德里黄金船"命名。这艘金船是献给海神的祭品，上面有18支桨和1支转舵橹，特别重要的是它还有桅杆和帆桁，这是大不列颠岛上出现帆船的确切证据。这件长20厘米的黄金船模，可能代表着一艘长12—15米的航行于北海的帆船。但这个船模无法提供当时北海海船的造船技术信息，好在后来人们又在北欧发掘出20余件

奥斯堡号大约建造于公元800年,是最古老的、保存最完好的海盗船

古船实物,填补了这方面的空白。

在北欧众多出土的古船中,最大的两艘船都出自丹麦。1962年从丹麦罗斯基勒湾打捞起的格兰德拉夫海洋牧马号,船长30米,是当时发现的最长的海盗船。这个纪录后来被1996年打捞的海盗船所打破,这艘仅剩百分之二十五船板残骸的古船,专家推算它完好时大约长37米,宽4米,是以船壳板叠压法建造的,大约建造于10世纪。2013年这艘迄今发现最大的维京古船在丹麦国家博物馆正式对公众展出。

保存得最为完好的维京古船在挪威奥斯陆维京海盗船博物馆,那里展出的三艘古船,不是海底打捞的沉船,而是埋在墓地里的葬船,人船俱在,像一段看得见、摸得着的维京传奇,更加引人入胜。它们分别以出土地点奥斯堡(Oseberg)、科克斯塔德(Gokstad)、楚纳(Tune)来命名。

奥斯堡号葬船与别的葬船不同,它不是一艘使用过的海盗船,而是为下葬阿萨(Asa)女王专门定制的葬船,船长22米,最宽处5米,需要30位桨手。

维京船船头的蛇形雕像

船首长颈挺立，是典型的维京式造型，优美又霸气外露，似乎坚定了来世还做海盗的强者姿态。此船大约建造于800年，是目前能看到的最古老的、保存最完好的海盗船。

科克斯塔德号葬船1880年在与桑讷菲尤尔（Sandefjord）市同名的农场出土，船长23.3米，宽5.2米，有15个座板（每个座板2个人）。此船大约建造于890年，据推测是一位男性酋长和船主的葬船。这是一艘曾经使用过的海盗船，尽管装饰不如阿萨女王葬船华丽，但船身坚固，并且载有两艘长度7—10米的小船，小船主要用来运送船员上岸或捕鱼。

楚纳号葬船1867年在东福尔郡（Ostfold）罗夫瑟（Rolvsoy）地区出土，出土时仅存其船底部分。虽然此船是一些碎片拼起来的，但船的结构基础依然显现原有的姿态，船长15米，宽4.35米，12桨。

维京船多数没有甲板，都是露天的，只有少数船上有甲板，或建有简单的船屋。通常海盗们就坐在出海时随身带着的一个小箱子上，那里面装着衣物和武器，可以坐在上面划桨；船上的储藏室存放黄油、奶酪、啤酒、淡水、肉食和苹果，还有炊具和帐篷——船就是海盗们生前死后的漂泊之家。

参观维京海盗船博物馆的女性观众，总是浪漫地以"天鹅颈项一样挺立"来赞美维京海盗船最为抢眼的船头。其实，维京人选择船头造型时，不是选择优美，而是选择凶恶。维京船头雕像不是蛇头就是龙头（西方的龙是恶魔的化身）。这种船头雕像在北欧信仰中都是有杀气的，它可以转动，进攻时冲着前方，吓唬海中怪物和敌人；回家靠岸时要把龙头转向后方，以免吓着自家的神灵和族人。另外，高企的船头还是船员登高远望的好地方,在 11 世纪描绘维京战船的古画中可以看到相关形象。

恩格斯在《海军》(《马克思恩格斯全集》第十四卷)一文中称赞说:诺曼人的船是一种稳定的、坚固的海船,龙骨凸起,两端尖削,他们在这种船上大都只使用帆,并且不怕在波涛汹涌的北海上受到风暴的突然袭击……而诺曼人则乘这种船进行了海盗式的探险……这种敢于横渡大西洋的船只的建成,在航海业中引起了全面的革命,因此还在中世纪结束以前,在欧洲所有沿海地区就都采用新式尖底海船了。

恩格斯认为,维京船和地中海船,完全是两个造船系统,至少有四个方面维京船引领了海船革命。

一是诺曼人有"稳定的、坚固的海船"。他们细长的战船主要取自斯堪的纳维亚特有的高大笔直的橡树,细长船身不是为了优雅,而是加大它的速度,另外,狭长的造型也适合在深窄的峡湾区域活动。

二是诺曼人的海船"大都只使用帆"。他们的海船以单桅大方帆为跨海航行的动力,为抗击北部海域大风,通常是用皮革,或加进了皮革条的布制成风帆,两侧挂上麻绳编制的网,防止帆在强风中被撕裂。同时,还设计有帆脚索,可以牵动帆顶风的那一面,使船在横风

的情况下仍能顺风航行。但在维京海盗船博物馆参观时,也会看到船舷最上层的蒙板开凿了若干小孔,那是固定船桨的装置,如,科克斯塔德号每侧有 15 个桨洞,至少有 30 个桨手,扬帆不用桨时,用木栓将桨孔盖住,防止海水进入,近岸时收帆用桨。

三是诺曼人的海船"龙骨凸起,两端尖削"。他们的海船船底都有龙骨,肋骨横接其上时有平斜两种方式,因此出现了龙骨似乎看不见的平底船和龙骨凸出的尖底船两种船型。维京船是船尾没有舵,两端尖尖的"双头"船。在峡湾攻击中,不用调头,即可自如进退,实在是那个时代的冲锋舟。

四是诺曼人"采用新式尖底海船"。他们的尖底海船,船底瘦削,耐波性好,是主要渡海船型。后来欧洲所有沿海地区就都采用新式尖底海船了。

北欧海盗利用他们的跨海"冲锋舟",当年抢了多少财富,历史上没有明确的记载。2007 年 7 月 20 日的英国《每日邮报》报道:一对英国父子在农田里发现1000 多年前的海盗宝藏,有金首饰、银器具、银块,还有 600 多枚各式古钱币,最具文化价值的是这些宝贝来自斯堪的纳维亚、爱尔兰、法国、俄罗斯、阿富汗……可见当时维京人财宝之丰富,活动半径之大,影响之深远。

龙头战船

——"无骨者"伊瓦尔征服不列颠岛

从8世纪到11世纪,维京人四海征战,渐渐地也有了自己的国家,于是有了瑞典维京人、挪威维京人和丹麦维京人的名称(那时,芬兰是瑞典的一部分,1809年芬兰建立大公国,附属于俄罗斯帝国,至1917年才独立)。这几个靠着打劫起家的国家,在征战中慢慢形成了各自的战场和殖民地。

波罗的海西边的丹麦和挪威向西发展。

丹麦维京人自从向西航行到不列颠岛抢到第一桶金之后,就在那里扎下根来。1016年丹麦国王克努特(Knud)攻占了英格兰全境,当上了英格兰国王;1028年他又击败挪威和瑞典,成为挪威国王,并占领瑞典南部地区,被尊为"克努特大帝",建立了版图包括挪威、英格兰、苏格兰大部和瑞典南部的"北海大帝国"。

挪威维京人于860年先"开发"了冰岛,大约982年后,他们又"开发"了更往西和往北的格陵兰岛。离挪威更近的苏格兰,也一直为挪威维京人控制。他们进一步向西部发展,占领了爱尔兰,以都柏林作为贸易港湾。1100年左右都柏林又被诺曼人接管,这些诺曼人正是丹麦维京人在法兰西北部留下的维京后裔。

波罗的海西边的瑞典维京人主要是朝东发展。

瑞典维京人的主要攻击目标是后来的俄罗斯。他们沿着伏尔加河顺流而下,一边贸易一边打劫，用奴隶换取蜂蜜和毛皮；再顺着伏尔加河进入里海，换乘骆驼，一直来到巴格达。瑞典海盗转而成为"河盗"兼"河商"。大量涌入的维京移民被当地人称为"罗斯人"（Rus）。882年维京人奥列格（Oleg）建立基辅罗斯，自称"大公"。从这个意义上说，瑞典维京人是俄罗斯的创立者。

在描绘北欧海盗领土扩张的历史文献中，有一件古画最为史家称道，并被反复引用。那就是866年出版的《盎格鲁－撒克逊编年史》中所载的《无骨者伊瓦尔攻打英格兰》插画（第一版中不一定就有此画，但传世的至少是中世纪版"编年史"的插画）。

维京人的"西征先驱"是丹麦维京海盗首领拉格纳·洛德布罗克（Ragnarr Loebrók）。在传说中，他是个半人半神的传奇海盗，其势力范围包括今日的丹麦和瑞典南部。这位超级海盗后来被不列颠岛的诺森布里亚（Northumbria）国王艾利（Aella）俘虏，丢在"蛇塔"中。传说他在临死之时，曾扬言他的儿子们会感知他遇害，一定会来报仇。

拉格纳·洛德布罗克有四个儿子："勇士"比约恩（Bjorn Ironside）、"白衫"哈夫丹（Halfdan Ragnarsson）、"蛇眼"西格德（Sigurd Snake-in-the-Eye）和"无骨人"伊瓦尔（Ivar the boneless）。其中身体最弱的就是患有"成骨不全症"的伊瓦尔，这个必须由人抬着才能行动的无骨者，是个能征善战的怪胎，正是他发起了替父报仇的西征。

866年，伊瓦尔从爱尔兰战场上抽身，率维京船队征讨英格兰。在《盎格鲁－撒克逊编年史》的插画中，可以看到伊瓦尔的庞大船队登陆英格兰的场面。

画中的那些两端尖尖的维京船与挪威和丹麦出土的9—11世纪的长颈龙头船完全相同，只是画中的船没有画帆和桅。这应是画家的简约手法，没有帆的船渡不了海峡。在瑞典哥得兰岛（Gotland）上所留下的一系列8世纪的雕刻中，已发现帆不是一小块布，而是满面的方帆，帆面还涂有红蓝等条状色彩，成为一种夺目标识。帆的下底系得很松，没有置一根桁。

画中武士手持长枪和椭圆盾，在英格兰东海岸诺森布里亚人的地盘登陆。伊瓦尔的部队一路攻至约克城下，诺森布里亚人与邻近小国联手对抗维京人，但在乘胜追击海盗的路上，中了伊瓦尔的埋伏，不仅军队被击败，国王艾利也被杀死，诺森布里亚王国就此终结。

维京人的复仇行动并没有就此结束。869年，伊瓦尔的军队再次攻击了东英格兰，东盎格利亚王国遭到毁灭性打击，国王爱德蒙被俘。传说维京人复

《盎格鲁-撒克逊编年史》中表现丹麦海盗"无骨者"伊瓦尔在英格兰登陆场面的插画

仇是将仇人砍成老鹰形,即"血鹰"。但在《盎格鲁-撒克逊编年史》的古老插画中,爱德蒙国王是被维京武士乱箭射死的。征服了东盎格利亚后,伊瓦尔又回过头去继续劫掠爱尔兰,一直打到都柏林城下。

《盎格鲁-撒克逊编年史》充满哀伤地写道:维京人用火与剑毁灭了各处的教堂和修道院,破坏程度如此之大,使今天很难发现它们往昔繁荣的任何迹象。一个王朝覆灭了,它的宗教几乎奄奄一息,它的文化又回到了愚昧阶段。然而,比这些血泪记载更可悲的是,丹麦维京人在西征之时,一部分人开始南下,攻入了法兰西北部,留了下来,成为诺曼人。正是这部分维京人200年后再度北征,统治了英格兰。

诺曼舰队

——"征服者"威廉的英格兰"登陆"

前文说过,维京人扩张可简单地分为三个方向:挪威人西进,瑞典人东征,丹麦人先是西进,继而南下。来到南方的这部分维京人,后来成为今天法国北部的诺曼人(Norman,又称诺曼底人)。这些人其实就是日德兰半岛和斯堪的纳维亚半岛远征到西欧的"北方人"。

现代人都知道"二战"中有个诺曼底登陆,很少有人知道,正是这个诺曼底上的诺曼人,在1000年前有一次英格兰登陆。那场战事也改写了历史,至今仍是教科书的重要一章。

9世纪中叶,丹麦维京人不断向南扩张,四次围攻巴黎,911年时,西法兰克王国国王查理三世[昏庸者](Charles Ⅲ le Simple)与诺曼人首领罗隆(Rollon)签订条约,将西北部沿海地区赐予维京人,罗隆在此建立了诺曼底公国。诺曼人接受了法语、基督教和法国的政治制度,过上了文明生活。但是,一个政治事件改变了诺曼底,也改变了英格兰。

这是一场错综复杂的恩怨,当年英格兰内乱之时,诺曼底大公威廉曾经收留流亡至此的英格兰王位继承人——忏悔者爱德华。爱德华为表示感谢,许诺自己去世后将英格兰王位的继承权转让给威廉。1066年忏悔者爱德华去世后,英格兰"贤人会议"推选哈罗德为国王。诺曼底大公威廉的英格兰国王梦落空。这一事件令维京人跨海北征的血液沸腾,这一次不是劫掠财宝,而是夺取王位。当年威廉即发动了入侵英格兰的战争。

巴约挂毯（局部），描绘了1066年诺曼底公爵"征服者"威廉攻打英格兰的场景

非常幸运的是，这场改变历史的战争被一幅超级挂毯从头到尾以绘画的形式记录下来，它就是至今尚存的巴约挂毯。

关于巴约挂毯的制作者，有两个说法。一说是，威廉征服英格兰后，参加远征的同母异父弟弟厄德被封为肯特伯爵，同时还担任法国巴约大主教，成为英格兰的诺曼王朝中权势最大的贵族和最富有的人。1066年厄德在法国诺曼底修建了巴约城主教座堂，为纪念那场攻战英格兰的战争，他指挥织女们在八块亚麻布上织出战争画卷，最后拼接成一幅巨大的史诗挂毯，挂在教堂内。所以，此挂毯被称作巴约挂毯。不过，也有人说是威廉的妻子马蒂尔达王后组织人编织了此挂毯，因而，也有人叫它"马蒂尔达挂毯"。事实上，不论是同母异父弟厄德还是王后马蒂尔达，他们制作这个巨幅挂毯都得益于11世纪巴约城的繁荣，那时这里盛产挂毯、瓷器，是一个商贸重镇。

巴约挂毯原长70米，宽0.5米，现残存62米，收藏于法国诺曼底小镇巴约的挂毯博物馆。挂毯中共织有623个人物、202匹战马、41艘船，其中还包括1066年4月出现在天空中的哈雷彗星。挂毯上约有2000个拉丁文字。巴约挂毯之所以成为史家津津乐道的史诗级巨作，不仅是它延续了西方美术的写实主义传统，更重要的是它的制作人巴约的厄德直接参加了那场战争，令这一宏大叙事更接近历史真实。

1066年9月29日，诺曼底公爵威廉率领诺曼军团，并联合布列塔尼军团和法国与佛兰德军团，组成万人联军，跨海西征。挂毯的画面中，诺曼底军团用的依然是维京式兽头船，船上不仅载有持椭圆盾的武士，还有战马。这一点与相关史书完全相符，也就是说诺曼底人的运兵船很大很多，连人带马一并运往对岸，而英格兰部队只有步兵没有骑兵，机动力量显然不如诺曼底军团。

威廉的庞大军团在英格兰南岸顺利登陆，哈罗德国王率军向南驰援，双方在黑斯廷斯展开战斗。挂毯图画展示了威廉军队的三线配置：弩手、步兵和骑兵。弩手首先投入战斗，然后步兵和骑兵开始进攻。英格兰军队以战术盾墙抵抗，其后是正规军，最后是农民兵。对抗中，威廉命令部分部队佯装战败而逃，引得敌人尾随追击，从而影响了英格兰军队的战斗队形，随后分而制之，各个击破。威廉的弓箭手箭如雨发，哈罗德中箭阵亡。在挂毯画面上，有位中箭的军官，据说是哈罗德国王。

随后，威廉的联军来到伦敦城下，伦敦贵族见大势已去，只好表示服从威廉的统治，这位诺曼底来的威廉在伦敦加冕为英格兰国王。诺曼人侵占英格兰，这是英格兰的耻辱，但它却被英格兰人看作另类的"荣光"，因为黑斯廷斯战役是外国人对英格兰最后一次成功入侵，此后再也没有人能成功征服英格兰。

诺曼底的大公成了英格兰的国王，结束了英格兰几百年的列国征战，国家由此走向统一。"征服者"威廉成为英国诺曼王朝的首位国王，这位国王也给英国埋下日后征服海洋、称霸世界的基因。

正因为威廉国王同时拥有法国贵族的身份，使得英格兰国王也有权利争夺法国王位，并在法国占有广阔领地的权利。英、法这种复杂关系后来又引来了争夺法国王位的百年战争，那又是另外的故事了。

3

东方传奇

  这是一个与事实比较接近的传说时代。借助对神和英雄的描绘，那个时代的风帆渐渐清晰起来。古典意义上的"东方"，有多少海上传奇，辛巴达一共出了几次海，显然说不清了，但有些传说还是有据可查的。在辛巴达时代，阿拉伯的船队曾不止一次东航中国，边架艇穿行于南太平洋诸岛之间……在世界的东方，三角帆与方帆齐舞，成就了最繁荣的世界级大商圈，不经意间，又杂交出新的船舶体系。

边架艇

——穿行于两大洋之间的南岛飞舟

在夏威夷、菲律宾、香料群岛等太平洋诸岛旅行时，我常常见到一种在船舷一边或两边加挂一个或两个浮架的奇特帆船，南岛语系称其为"邦嘎"（Bangka，即"船"的意思）。它的学名叫边架艇独木舟（亦称双体独木舟），分为单边架艇独木舟和双边架艇独木舟。它几乎是帆船史上寿命最长的一种帆船，至少有2000多岁了，是南岛语系地区的代表性帆船。

南岛语系主要分布于南太平洋群岛，包括马来群岛、菲律宾、新西兰、越南南部，甚至远及马达加斯加岛和复活节岛。讲南岛语系的先民，从几千年前就使用一种穿行于大海之上的独木舟。正是它将南岛语系的各部落先民散播到南太平洋和南印度洋的岛屿间。

以帆船而论，在那个久远的年代，还没有任何一种帆船能像这种简单得不能再简单的小帆船，在半个地球的洋面间，在复杂的洋流与季风中，来去自由地进行移民活动。这种了不起的海上独木舟没留下更早的历史影像，一直到大航海时代，才被环球航海的西方人发现并记录下来。

那是1520年11月28日，麦哲伦船队从美洲南部的海峡艰难地进入太平洋，又在太平洋上漂荡了三个多月，终于遇上了一个岛屿——马里亚纳群岛的关岛。这是他们进入太平洋后停靠的第一站。此时，麦哲伦的五艘探险船只剩下三艘。麦哲伦船队在这里得到了淡水和其他补给。由于船上的东西不断被岛民偷走,麦哲伦的船员们把这个群岛称为"盗贼群岛"。他们在这个岛上休整了几个月。

当初作为"船长的杂勤人员"登上麦哲伦旗舰特立尼达号的威尼斯青年作家安东尼奥·皮加费塔(Antonio Pigafetta),在船队出发后就一直写探险队的航行日记,从进入美洲南部的海峡(即后来的麦哲伦海峡)起,他开始绘制海峡图与太平洋海岛图(因为进入这个海峡之前的大西洋航行图早已有人画过,所以皮加费塔没有画)。有的地图上,他除了画有村庄、小船、人物外,还标注了重大事件,例如,在麦克坦岛(Mactan Island,邻近今菲律宾宿雾岛东岸)上标注了"船长(麦哲伦)在此去世"。这样的航海图皮加费塔一共画了23幅,其中就有这幅珍贵的"盗贼群岛"图。这幅图画式的地图,不仅描绘和标注了关岛,还仔细描绘了一条南岛语系特有的边架艇独木舟,这是西方世界首次描绘这种帆船。

这是只有一边浮架的单边架艇独木舟,浮架克服了单体独木舟在风浪中容易横向摇曳的不稳定性,独木舟上设置了叉形帆(单桅倒三角帆)——通常用树叶等植物纤维编制,有的帆面两侧会捆扎两根大致等长的竹、木支架。这种独木舟不设舵,画中船的首尾共有两名

安东尼奥·皮加费塔绘制的《关岛地图》中的单边架艇独木舟。

水手,各操一桨来调整方向。手水应是土著查莫罗人,属南岛语系民族的一支。别看这小小的独木舟,人们猜测南印度洋马达加斯加岛的先民,就是乘这种船从南太平洋迁徙过去的。有民族学家观察到土著波利尼西亚人乘这类帆舟一天可在海上航行145英里(约233千米),说明它确实是一种在太平洋上航行稳定的远洋帆船。

离开关岛后,麦哲伦船队来到了今

1781年欧洲版画中有着叉形帆的波利尼西亚双体独木舟

天的菲律宾宿雾岛,由于介入土著之间的冲突,麦哲伦被杀死在麦克坦岛的海滩上。舵手胡安·塞巴斯蒂安·埃尔卡诺(Juan Sebastin Elcano)继任船长,带领维多利亚号向南行驶,不久就到了摩鹿加(今称马鲁古)群岛。皮加费塔画下了马鲁古群岛航海图,并在图中央画上了"芳香的丁香树"。这是麦哲伦朝思暮想的目的地,但他就差那么一点点,没能等到这一天。

1522年,经过3年的环球航行,从西班牙启航的5艘船,出发时的240多人,仅剩下一艘维多利亚号和18个生还的船员,以及船上装载的利润极高的香料。他们绕地球一周,终于返回了西班牙。皮加费塔把他在船上记录的笔记和绘制的原始草图作为一份郑重的礼物,献给了他所属的意大利罗得会(Knights of Rhodes,即著名的医院骑士团,又称罗得骑士团)。

要补充的是,整个探险船队有几个人留下了航海日记,比如接替麦哲伦成为船长的埃尔卡诺后来口述了《埃尔卡诺:第一位环球航行者》(Elcano: The First Circumnavigator)。维多利亚号的领航员阿尔波(Francisco Albo)也留下了一部航海日志,从1519年11月29日船队驶离巴西的圣奥古斯丁海角写起。所以,现有文献中关于麦哲伦环球航行最权威、最详尽的记叙,还是皮加费塔1525年在巴黎出版的航海记,即后来的《首次环球航行记》(The First Voyage around the World)。1555年这本书的英语简写本在伦敦出版,据说对海外故事颇感兴趣的莎士比亚曾读过这个简写本。

螃蟹船

——婆罗浮屠帆船的前世今生

8世纪左右的东南亚海船留下的唯一历史图像，在印度尼西亚的日惹。

古代日惹存在过两个王国：一个是混合了印度教和佛教信仰的夏连特拉（Shailendra）王国，另一个是信奉伊斯兰教的马塔兰（Mataram）王国。

750—850年间，深受佛教影响的爪哇人，在日惹北面的马格朗（Magelang）用安山岩和玄武岩建造了一座巨大的婆罗浮屠（意思就是"山顶的佛寺"）。佛塔下面六层是正方形，上面三层是圆形，是一座立体的曼荼罗。佛塔四周砌有大约2670块浮雕，塔基描绘的是地狱的景象，是石砌的大乘佛学教科书；第二层至第六层的浮雕，表现人间的各种生活场景，其中即有著名的婆罗浮屠帆船（Borobudur ship）。

后来，夏连特拉王国被马塔兰王国等其他王国攻破，王朝最后一位王子被迫逃往苏门达腊岛的室利佛逝王国，在那里入赘做了国王。再后来，日惹附近的火山爆发，婆罗浮屠被埋在厚厚的火山灰下，隐没于热带丛林中。英荷爪哇战争之后，英国于1811—1815年统治爪哇。托马斯·斯坦福·莱佛士（Thomas Stamford Raffles）被任命为爪哇最高长官。1815年，莱佛士根据民间关于山中有婆罗浮屠的传说，派人进入山中重新发现了婆罗浮屠。多年以后，它被人们称为亚洲四大文明奇迹之一（另三个是柬埔寨的吴哥窟、印度的泰姬陵和中国的长城）。

既然这些帆船浮雕出现在婆罗浮屠

表现印度尼西亚日惹婆罗浮屠帆船的浮雕,约雕刻于 750—850 年

中,我们就不能忽视它的宗教功能。显然,浮雕船画的创作本意,并非为了表现航海,而是演绎佛经,类似于敦煌的"经变画"。所以,在诸多研究分析中,我更愿意引述与布罗代尔、汤恩比齐名的历史学家菲立普·费尔南德 – 阿梅斯托(Felipe Fernández-Armesto)的解读。阿梅斯托认为,这十余件婆罗浮屠浮雕船画表现的是讲述佛祖在世事迹的《本生经》的内容。

《本生经》集纳了 500 多个佛教寓言,是重要的小乘"南传佛典",其中有很多公元前 3 世纪至公元 3 世纪左右的印度洋航海与海上贸易的故事,直接或间接记载了印度洋与太平洋之间的"海妖诱惑""星相引航"(历史上的婆罗浮屠,也是一个重要的占星术学习和活动中心)等被归纳为"海商本生"的故事。

婆罗浮屠浮雕中的 7 幅帆船,有 5 艘带有舷外浮架,另外 2 艘小一些的船则没有浮架。5 艘带有舷外浮架的船都是双浮架帆船,有两个"人字桅",亦称"双脚桅",为主桅,挂方形帆,船首有一根斜桅挂方形帆。主桅与后桅上有特殊的

唯一幸存的东亚海上帆船历史图像。

1873年，荷兰考古学家康拉多斯·利曼斯（Conradus Leemans）复制了7幅婆罗浮屠帆船浮雕的线描图，为更好地研究婆罗浮屠帆船浮雕提供了清晰而精确的图像。值得注意的是，这些很好地解决了平衡问题的"螃蟹船"，都没有中国帆船早就使用的船尾舵，其船舷后部两侧设有橹来调整方向。

1982年，从英国皇家海军退役的菲利普·比勒（Philip Beale）到婆罗浮屠参观，一下子被浮雕帆船所吸引，由此"扎根"日惹，进行专题研究。据比勒推测，这些婆罗浮屠帆船取材于历史上著名的"肉桂航线"的贸易船。更疯狂的是，为印证一千多年以前太平洋与印度洋之间存在这条"肉桂航线"，比勒礼聘印度尼西亚传统帆船匠师阿萨德·阿卜杜拉·马达尼（Assad Abdullah al-Madani）和他的助手，根据浮雕中的线索复建了一艘船体总长约19米的婆罗浮屠帆船。此船为拼接式木船，人字桅，双桅，舷外双浮架，船以柚木制成。

2003年8月15日，比勒带领27名船员驾驶复制的婆罗浮屠木帆船，从雅加达出发，先到达了东非海岸，到了马达加斯加，最终于2004年2月23日到达非洲西海岸的加纳，胜利完成了航行。虽然还不能靠着比勒的航行试验就确认

方形斜帆（亦称斜桁四角帆）。船有多层甲板，主甲板上部建筑为斜顶。这种东南亚帆船被后世称为"螃蟹船"。婆罗浮屠中的"海商本生"故事表现的是，希鲁在沙暴到来之前得到警示，乘船来到有孔雀徜徉的幸福海岸，他搭乘的船安有舷外双浮架。另一幅"海商本生"表现的是迈特拉坎雅卡追寻父亲海上经商脚步的故事，雕刻展示的是一场船难，画中的大船正在收帆，水手们已转移到小船上，一侧浮架上有水手似在掌握船的平衡。这些婆罗浮屠帆船浮雕虽然雕刻的是"海商本生"故事，却精细地表现了8世纪的爪哇帆船，它是这个时期

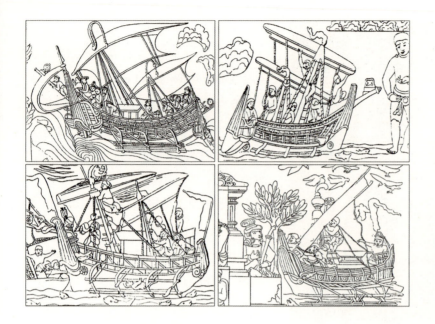

荷兰考古学家康拉多斯·利曼斯1873年绘制的婆罗浮屠帆船浮雕的线描图

古代印度尼西亚人能绕行非洲大陆,但婆罗浮屠木帆船可以做跨洋航行,这一点应没有疑问。

印度尼西亚群岛处于东西方海上交通的十字路口。自7世纪起,很多海洋势力在苏门答腊和爪哇崛起,先后建立了室利佛逝、夏连特拉、谏义里(Kediri)、信诃沙里(Singhasari)、麻喏巴歇(Madjapahit,即满者伯夷,《元史》中称麻喏巴歇)、淡目(Demak)、亚齐(Aceh)、万丹(Banten)和马塔兰等王国。这些王国繁荣一时,拥有强大船队,掌握着东西方海上贸易的控制权。这一海域的海上贸易商使用独特的双边架艇,不仅自由穿梭于东南亚海域,同时也可远航至印度,甚至到达东非海岸。

日惹为研究婆罗浮屠帆船,特意在婆罗浮屠旁边建立了一座小型的航海博物馆——萨马杜拉拉卡萨(Samudraraksa)博物馆。馆中最主要的展品,就是比勒等人复建的那艘双边架婆罗浮屠帆船。此外,这个航海博物馆还展示了十几块帆船浮雕拼接成的壁画长卷,并通过几幅图版介绍了以印度尼西亚群岛为主的东南亚海洋贸易体系。

如今这种舷外挂双浮架的帆船在印度尼西亚已很少见到了,但在菲律宾还有不少这类"螃蟹船"。远去的历史似乎离我们并不远,这是南岛文化最为独特的地方。

婆罗门舶

——"四不像"的三桅大海船

印度洋帆船的跨洋航行能力，早在中国三国时期即有记载，康泰在《扶南记》中说，印度河三角洲有大船"张七帆，时风一月余日，乃入秦，大秦国也"。唐代鉴真东渡时，漂流至广州，看到"江中有婆罗门、波斯、昆仑等舶，不知其数，并载香药珍宝，积聚如山，舶深六七丈"。但是，在历史文献中很少看到婆罗门（印度）和波斯帆船的历史图像，这一点与地中海帆船历史图像遗存大不相同。

现在能看到的古印度帆船图像，仅有印度南方的百乘王朝（Satavahana Dynasty）钱币上的双桅船图案。此船桅以"人"字杆支撑，船尾有一个侧舵。除了这一历史图像，印度古船在7世纪还留下了唯一的一件婆罗门舶历史图像，那是佛教造像在中印度结下的善果。

1819年，一队英国士兵进入印度深山猎虎时，意外闯入湮没已久的石窟群。当时，一位军官在一个支提窟（"支提"意为"塔"）的石柱上，刻下一行字："约翰·史密斯，第二十八骑兵队，1819年4月28日。"这个约翰·史密斯的偶然发现，改写了印度乃至全世界古代艺术史。这个石窟就是后来被列入世界文化遗产名录的阿旃陀（梵语意为"无想"）石窟。如果以中国艺术宝库类比，它就是"印度的敦煌"，但比敦煌更古老。

公元前3世纪，孔雀帝国的阿育王开创了凿山造窟的先例。公元前2世纪，中印度人在今天的马哈拉施特拉邦北部

7世纪，印度阿旃陀石窟壁画中融合了东西方帆船多种元素的"婆罗门舶"

的温迪亚山（Vindhya）上开凿阿旃陀石窟，这个工程持续到2世纪下半叶，由于中印度佛教发展陷入低潮而停止。460年，虔敬的佛教徒诃梨西那（Harisena）成为伐迦陀迦（Vakataka）王朝的统治者后，空寂已久的山谷中又响起斧凿之声，石窟开凿持续到7世纪。

阿旃陀石窟现有30座石窟，从东到西绵延550米，石窟集印度古代建筑、雕刻和绘画之大成，尤以壁画艺术著称于世。由于洞窟开凿年代分属不同时期，壁画内容也有所不同。有的内容为小乘佛教，有的内容为大乘佛教，而晚期的第1、第2窟，世俗性题材增多。

阿旃陀石窟最出名的壁画是第1窟的《波斯使节来朝图》，一些学者曾推断此画表现的是波斯萨珊王朝国王库思劳二世（Khosrau Ⅱ，591—628年在位）所派的使节，来访问遮娄其国王补罗稽舍第二世（Pulakeshi Ⅱ）。同样，有学者依此推断第2窟第2廊第1室的一幅海船壁画，表现的也是波斯使节乘船来朝。

但从此室整体壁画来看，它反映的仍是佛经故事，其中一部分是"贤者本生"，船画应是"海商本生"。

这幅"海商本生"讲的是海商普鲁纳的故事。普鲁纳驾船出海做生意，因经常在航行中诵读佛经，在海上遇到海怪时，得到神的救助，得以脱险。七次海外航行后，他回到故里，皈依了佛门，并把贩运香料和香木挣的钱捐给寺院，用于修缮僧舍。所以，称此画为"婆罗门舶渡海图"也许还贴切一点。当然，此船型也并非真正的"婆罗门舶"，它更似于一艘"四不像"大海船。

这幅壁画创作于7世纪左右，有些残损，但仍可见画中是一艘大海船，船员正在诵经，迎战海怪，破浪而行。这艘大海船几乎每个地方都非常独特：其船首有船头雕像，还绘有船眼，船首桅装有一前桅圆帆，三根主桅装有宽大的方帆，船尾也装有一面帆；船体圆滚滚的，近于僧伽罗（我国古代对斯里兰卡的称呼之一）风格；船尾的两支可以联动的长桨，固定于船尾"四分之一舵"的位置，同时又与一个中央机构相连，近于古埃及桨帆船的样式；船的首、尾两端有游廊，很像中国唐代海船的风格；船尾楼不高，有顶盖，呈半敞开状，里面放满了陶罐，可能是用来压舱和贩运的用苏合香树榨取的香树脂"苏合油"（这种香树主要产于非洲、土耳其、伊朗、印度等地），或者是爪哇的香料。这一点更证明它是一艘商船。最令人不解的是，此船有三根高高的桅杆，悬挂着中国式的方帆，而不是印度洋通常使用的斜桁三角帆。

这艘"四不像"的"婆罗门舶"是一艘融合了地中海、印度洋和太平洋帆船多种元素的混合帆船，较之其他海船，有更强的远航能力，能战风斗浪，甚至不畏海怪。7世纪左右的印度海船几乎没有留下可靠的历史图像，这幅佛教壁画中的大海船虽然"四不像"，但仍是极珍贵的印度洋海船史料。

阿曼商船

——苏哈尔号的"辛巴达远航"

9世纪阿拉伯商人写的《中国印度见闻录》（亦称《苏莱曼东游记》）中，曾记录大唐商船到过阿曼，经过那里的暗礁群时，大唐商船因船体太大，无法通过，改由小船才能入港。那么，问题来了。阿曼有没有商船漂洋过海到中国来呢？至少《一千零一夜》说有。

1978年12月，北京召开了十一届三中全会，中国由此拉开改革开放的大幕。很少有人注意到，就在这一年的5月，中国与阿曼苏丹国建交。即使是今天，说起阿曼也不会有多少人一下子想到这个小国在地球上的具体位置。不过，1000多年前，阿曼与中国相互并不陌生，两国间商船往来如走亲戚一样。所以，当全体中国人还在研究土地承包制的时候，一条阿拉伯仿帆船迫不及待地向中国驶来。没错，阿曼同中国建交之后，苏丹卡布斯·本·赛义德（Qabus Bin Said）就命令工匠造一艘仿古的两桅木帆船，进行一次辛巴达式的远洋航行，目的地是中国广州。

据阿拉伯史料记载，1200多年前，阿曼航海家阿布·奥贝德率领船员，驾驶双桅木帆船，从阿曼北部的苏哈尔港启航，尽历艰险，为时两年，抵达中国广州，带来亚麻、棉花、乳香和没药。返回时，则装上中国的丝绸、陶瓷、樟脑以及麝香等物品。阿布·奥贝德是有籍可查的第一个到中国的阿拉伯人。阿曼人这种联通东西的商道探索，带来了商业互通，还激发了阿拉伯的文学创作。

《哈利里玛卡梅集》13世纪抄本中画有一艘波斯湾帆船的插图。此画高度风格化,仍可看出船有三层甲板,船首系着多爪锚,船尾轴心舵是能见到的最早的印度洋船尾轴心舵形象,与英格兰伊普斯维奇1200年城市印章中的柯克船尾轴心舵的形象几乎同时面世

《一千零一夜》中那篇脍炙人口的《辛巴达航海旅行记》的故事，据说取材于他的这段经历。

阿曼的苏哈尔港是阿曼传统的造船基地，此次仿造的8世纪古帆船就是在这里按照传统造船方法建造的，并被命名为苏哈尔号。这艘仿古船长22米、高3米，共用了140吨柚木、4吨椰子纤维和7.5万只椰子壳。整船没有使用一根铁钉，船板用椰棕搓成的绳子连接起来，缝隙间涂以树胶以防渗漏。船身包含双层船体板。当年波斯湾和印度的海船都采用这种帆船缝合法，可以使得船体灵活，对于海浪的撞击有令人惊奇的韧性。

这种缝制船最早的图像保存在1237年叶哈雅·本·马哈茂德·瓦西提手抄的《玛卡梅集》中。"玛卡梅"（Maqamat）原意为"集会"，后来成为一种说唱文学体裁。10世纪哈马扎尼首创了这种文体，后来来自巴士拉的作家哈利里（al-Hariri, 1054—1122）继承了这种文体，其著作《哈利里玛卡梅集》影响极大。这个故事集在阿拉伯的文化地位不亚于《一千一夜》。13—14世纪陆续出现了一批带有插图的《哈利里玛卡梅集》抄本，其中法国国家图书馆收藏的Arabe5847号抄本最受关注，这部抄本制作者——叶哈雅·本·马哈茂德·瓦西提广为伊斯兰艺术领域的研究者所知。瓦西提于1237年誊抄了《哈利里玛卡梅集》，并根据情节绘制了插图。这部抄本一直被认为是阿拉伯绘画和伊斯兰艺术的一部杰作，其中就有一幅表现阿拉伯帆船的精美细密画。

画上许多细节都是船史研究者极感兴趣的。船头悬着一个锚，不是通常的两爪锚，而是阿拉伯商船特有的多爪锚；船侧有"四分之一舵"，这是2000多年的传统，但在船尾部还有一个巨大的轴心舵。它表明至少12世纪的阿拉伯船已有了两种方向控制系统。这种船尾轴舵的使用，很可能来自中国，并通过阿拉伯人传给了北欧的柯克船。

这是能见到的最早的阿拉伯海船画了。

为什么找不到更早的阿拉伯海船画呢？因为，受宗教方面影响，阿拉伯人很长时间没有绘画，后来有了一些植物画。现存最早有插图的阿拉伯书籍，是11世纪早期阿拉伯天文学抄本。到了12世纪，阿拉伯动物寓言集《卡里莱和笛木乃》（Kalilah wa dimnah）和《哈利里玛卡梅集》才有了受波斯人影响的细密画插画，这才有了对人和动物等形象的表现。所以，《哈利里玛卡梅集》抄本中的帆船应是阿拉伯帆船，或"辛巴达探险船"的最早图像。

1980年11月23日，没有安装任何

仿8世纪阿拉伯古船——阿曼苏哈尔号木帆船而制作的模型

现代航海设备的仿古木帆船苏哈尔号从阿曼出发,仅靠风帆动力,沿海上丝绸之路航线航行9500千米,历经七个多月,于1981年7月11日抵达广州。需要指出的是,那时联合国还没有开展"丝绸之路——交流之路综合研究"大型国际考察项目,中国的丝绸之路热也没有兴起。可以说,阿曼的苏哈尔号广州之行,是海上丝绸之路的首个考察实践活动。或许过于先觉了,当时的团队并没有打造一个纪念物。又过了许多年,2001年10月1日,阿曼苏丹卡布斯才向中国赠送了国礼苏哈尔号木船模型,此时"丝绸之路"研究已成显学。

古代中国与阿曼的交往在双方的历史文献中都有记载。10世纪,阿拉伯著名历史学家马苏第(Al-Masudi)在编年史著作中曾记载,8世纪以前,阿曼苏哈尔就有商船经常前来广州贸易。唐朝宰相贾耽著《皇华四达记》中"广州通海夷道"(欧阳修等撰《新唐书》予以转载)说:由广州东南海行,经过印度半岛南部,便可来到阿拉伯半岛东南的萨伊瞿和竭国(今阿曼卡拉特)和没巽国(今阿曼苏哈尔)。

但唐代没有留下任何阿拉伯船的绘

画作品，所以，阿曼所赠仿古船苏哈尔号船模，显得十分珍贵。但作为国礼的苏哈尔号船模，普通大众是见不到的。又过了许多年，我才在广州博物馆见到了和国礼一样的苏哈尔号船模——两桅斜桁大三角帆船。老馆长黄庆昌自豪地说：1995年，广州博物馆为筹展海上丝绸之路专题展，曾向阿曼求了一件不足一米长的苏哈尔号船模。后来，阿曼朋友看到这个船模觉得太小，回去后，又发来了一件两米长的苏哈尔号船模。于是，这个馆就有了两件珍贵的苏哈尔号船模。

几年前，我在迪拜的一个古船模展上见到许多当代制作的7—19世纪的阿拉伯船模，了解到阿拉伯人造船本没有什么天然条件。阿拉伯有长长的海岸线，但巨大的半岛上却缺少树木，几乎无木材可以造船。阿拉伯造船的木材全靠从印度运来，地处阿拉伯半岛南端的阿曼是当年阿拉伯帝国的重要造船基地，也可以说阿曼的木船就是阿拉伯船的代表。苏哈尔号船模十分贴近古阿拉伯船的原始模样，为人们研究唐代来中国的阿拉伯船提供了很好的样本。

阿曼是古代的"乳香之国"，当年向中国出口了大量的乳香。乳香乃树脂，阿曼人浪漫地将其称为"树之泪"。宋朝称阿曼为勿巡国，赵汝适《诸蕃志》称作瓮蛮国。据周去非《岭外代答》记载：广州入冬后，乘北风扬帆，前往麻离拔国（即阿曼米尔巴特）购买乳香、龙涎香、珍珠、琉璃、犀角、象牙、珊瑚、木香、血竭、阿魏、苏合油等。不过，现在中国熏香人多用沉香，很少进口乳香了。我在迪拜买了一些，500克合7美元左右。

元朝时，据陈大震《南海志》记载，广州和瓮蛮（即阿曼）连续保持贸易往来。到了明朝，在今阿曼南部的佐法尔（Zufar）兴起。郑和舰队七下西洋，多次访问佐法尔。明朝中期以后，由于西方殖民者的侵扰和明清海禁，广州和阿曼极少往来了。

虽然往事如烟，但中阿两国都很珍视这传承千年的友谊。1995年，阿曼苏丹国民族遗产文化部在中国文化部协助下，在唐代阿曼航运船舶在广州登陆的洲头咀，竖立一座"阿曼苏哈尔号木帆船马斯喀特—广州航行"纪念碑，再现了苏哈尔号双桅木帆船的航行图，永志两国友好。2008年4月，北京奥运圣火海外传递第九站，也是唯一的阿拉伯国家站，就选在了阿曼首都马斯喀特一个人工环岛上。当年苏哈尔号仿古木船从广州回来后，即被安放在这里，作为阿曼航海史上的"纪念碑"和中阿友谊的象征。所以，北京奥运圣火在苏哈尔号前点燃，辛巴达的故事又添新内容。

黑石号

——满载大唐瓷器沉睡海底的大食商船

既然《一千零一夜》描述过阿拉伯人到中国做买卖，那么，总该有些实证留在海上丝绸之路上。船史专家一直期盼着，某一天水下考古有某种奇迹出现。1998年，专门从事海底寻宝的德国一家打捞公司，在印度尼西亚西部、马六甲海峡南边的勿里洞岛外海海底发现了一艘沉船。人们无法考证它原来的名字，只好根据沉没地勿里洞岛有个黑礁石，称它为"黑石号沉船"（bangkai kapal Batu Hitam），也有人根据它出现在勿里洞岛外海海域，称其为"勿里洞沉船"（bangkai kapal Belitung）。这一沉船的打捞被考古学家称为20世纪末最重要、年代最久远的深海考古发现之一。

1998年发现这艘沉船后，这家德国公司先是保密发掘，而后是悄悄研究，最后才寻找买家，公开叫价出让。直到2005年寻到买家之后，才对外宣布这一重大考古发现——这是一艘阿拉伯赴大唐进行贸易的沉船。

唐代文献称阿拉伯帝国为"大食"，这个帝国第一个王朝为倭马亚王朝，因尚白衣，亦称"白衣大食"，第二个王朝为阿拔斯王朝，因尚黑衣，亦称"黑衣大食"。阿拉伯帝国兴盛的七百年，前半期正是中国的大唐盛世，是古代中国国力最强盛的朝代，也是最为开放的朝代。大食与大唐两大稳定的商圈，通过海路与陆路融合，构成了东方商贸最为活跃的黄金时代。那么，这一时期的海上丝绸之路主要运送的是什么商品呢？黑石

新加坡海事博物馆展出的黑石号船模

号给了一个明确的回答：瓷器。

有西方人曾经说，中国人太聪明了，他们用三种最简单的东西，赚了全世界无数的钱：一是虫子吐的丝（丝绸），二是树叶（茶叶），三是泥土（瓷器）。因此，也有人把中国的瓷器称为"变土为金"。早期的中国瓷器，在阿拉伯帝国是贵族享用的商品，有些贵族可以拥有一个金碗，却不一定能有一个精美的中国瓷碗。

由于瓷器不适合车马反复转运，大宗瓷器贸易要走海路。此时，大食帝国一统西域世界，大唐王朝结束了中国乱局，保证了海上贸易的稳定发展，海上丝绸之路转而变为以大宗瓷器贸易为主的"海上瓷器之路"。海路是海面上看不见的路，但在海底却有古船遗骸印证曾经有过的海上商路。

早在 2002 年，中国博物馆界已得到黑石号沉船的消息，扬州、上海、湖南等地的文博单位提出了购买意向，日本一些机构也有此意。但打捞方叫价太高，还提出"宝藏必须整体购买"，中国买家只好放手。后来，新加坡"圣淘沙"（Sentosa Leisure）机构先购买了被打捞文物的数年展览权，随后筹资购得这批贵重文物，被打捞文物于2005年分批完整落户新加坡。

由于没有被泥沙覆盖，黑石号木质船体几乎全都烂掉，但残存构件仍可看出不产木材的阿拉伯所用造船材料来自多个国家，并且用材质量很好。比如，船体主要使用的是非洲桃花心木，龙骨使用的是喀麦隆缅茄木，支撑甲板的横梁用的是印度柚木……船壳上还有平底锅和碗的印记，并显示出精细雕刻的线条。专家推测，此船很可能建造于波斯湾，船长20—22米，横梁长8米，船体深度超过3米。它是一艘单桅的阿拉伯缝合船，制作船体时不使用铁钉。

1000多年前，黑石号是怎么在马六甲海峡南端沉没的，沉船上没有留下任何线索，唯有沉船上的货物间接地显示了它的身份。它是一艘装满中国货物开往西亚的商船，船上98%的货物是陶瓷，共有6万多件。其中，一批长沙窑瓷碗透露了这艘船的沉没时间。这批瓷碗上不仅写有"湖南道草市石诸孟子有名樊家记"的字样，同时还有"唐代宝历二年"的铭文。考古专家结合对船上八角茴香的碳十四测定，推定沉船年代应为9世纪上半叶。

我于2006年在新加坡考察时，此船文物刚刚卖给圣淘沙集团，还没有公开展览，后来我才购到新加坡考古专家整理出版的《黑石号沉船宝物》大型画册。黑石号的出现，开启了一座藏在海底的唐代瓷器博物馆的大门，它是目前所能见到的最完整的唐代瓷器展示。

唐代瓷器没有宋代那么讲究，但产地与品种都极为丰富。黑石号出土的瓷器烧造于中国的多个窑口，其中长沙铜官窑数量与品种最多，有5.6万多件。这些外销瓷器以碗为主，其次为执壶，其他有杯、盘、盂、盒、罐、熏炉、油灯和少量生肖瓷塑。令考古专家兴奋的是，这些瓷器上的款识明确记载了用途和生产商，不用猜想与争议了。

长沙窑瓷器大量采用文字做装饰，既有汉字，也有阿拉伯文，这在当时是一大创举。最令海上交流史专家感兴趣的是一大批产品带有鲜明的阿拉伯艺术风格。这表明，当时的中国瓷器生产厂家已经按阿拉伯客户来样定制产品。

黑石号除瓷器引人关注外，还有一种宝物值得关注，它就是中国古货币之宝"开元通宝"。据史料记载，钱币在唐代才开始出现"通宝"的字样。因为"开元"是唐玄宗李隆基的年号，很多人误以为

"开元通宝"铸造于唐玄宗在位时期。实际上,早在唐高祖李渊在位时就已经有"开元通宝"了。中国币制由此脱离以重量为名的铢两体系,发展为"通宝"币制,此后历朝铸币依此标准,沿袭近1300年。

阿拉伯船上出现这么多大唐铜钱,再次证明大唐经济繁荣、货币稳定,不仅南洋小国使用中国铜钱,连阿拉伯商人也用大唐铜钱。此时,中国铜钱就是南洋和印度洋贸易的"硬通货",船上的大唐铜钱应是船家的"外汇储备"吧。

此外,船上还发现了唐代著名的铜镜——江心镜。这面铜镜,尽管锈蚀明显,上面的铭文"唐乾元元年戊戌十一月廿十九日于扬州扬子江心百炼造成"仍可辨认。唐乾元元年即758年。铜镜装饰有青龙、白虎、朱雀和八卦纹。此镜不仅是生活用品,还可能是从事法事活动的道具。据唐代日本僧人圆仁的《入唐求法巡礼行记》记载,当时船在出海之前,要祭神,铜镜是法器之一。

2014年以来,湖南省在长沙铜官古镇,先后建立了铜官古窑国家考古遗址公园和长沙铜官窑博物馆,不仅展示了铜官窑作为"外销第一窑"的历史,还展示了从当年打捞黑石号的德国收藏家蒂尔曼·沃特法(Tilman Walterfang)手里回购的162件(套)文物,同时还复制了一艘黑石号古船,为人们建构了一个穿越千年的海上瓷器之路的梦幻空间。

4

环球发现

这边葡萄牙刚刚庆祝完迪亚士靠着小巧轻快的卡拉维拉帆船绕过好望角,那边西班牙引进热那亚的哥伦布驾着笨头笨脑的克拉克帆船发现了新大陆,接着西班牙又派出葡萄牙出生的麦哲伦,率领5艘帆船完成了震惊世界的环球航海,随后西班牙又开拓了运送珍宝的"盖伦航线"……大航海"发现"了新大陆,催生了美国,填补了世界版图,也改变了世界的政治、经济和文化格局。

柯克贸易船

——汉萨同盟编织的北海大商圈

郑和下西洋首次航行始于永乐三年（1405），末次航行结束于宣德八年（1433），共计七次，船队有大小船舶200余艘，其中大型宝船62艘。它是15世纪末欧洲地理大发现之前规模最大的跨洋航海活动，拜访了30多个国家和地区，最远到达东非、红海。大明皇帝朱棣派船队编织他的东西洋朝贡圈时，日臻完善的汉萨同盟正用笨拙的柯克船（cog）架构一个北海大商圈。

汉萨（Hanse）一词，德文意为"公所"或者"会馆"。这个所谓的会馆，从13世纪起，先在德语城邦中逐渐形成一个商业联盟，以维护德语城邦沿波罗的海南岸扩展的商业利益。1293年德意志北部的吕贝克（Lubeck）成为汉萨同盟总部所在地，吕贝克法律成为当时的同盟之共同法律。1370年汉萨同盟战胜丹麦，订立《施特拉尔松德条约》，垄断波罗的海地区贸易，并在西起伦敦、东至诺夫哥罗德的沿海地区建立商站，主要贸易货物为布、盐、鲱鱼、咸肉、粮食、啤酒、葡萄酒、呢绒、羊毛、皮革、牲畜、草木灰、鲸油、木材、大麻、树脂、蜂蜡、弓料、砖、香料、桶板、铁、铜、锡和金属制品，沟通了原料产地与制成品产地之间的联系，形成一个巨大的北海或北欧商业帝国。

波罗的海地区最早的商船称为诺尔船（knorr），是一种单桅帆船，船身较宽，也深，是北方最早的风帆动力海船。这种船后来发展成柯克船，12世纪末开始

从左往右依次为伊普斯维奇、施特拉尔松德和埃尔宾三个汉萨同盟城市的印章，图案均为柯克船，制作年代分别为 1200 年、1329 年和 1350 年

活跃于北欧及低地德语国家。这种单桅船，平底，圆舭，外形肥硕，长宽比为 2∶1 或 2.5∶1，是中世纪以帆为动力的大船典范。

早期的柯克船没有使用尾舵，通常是用一对长桨，在船舷控制船的走向。需要指出的是，13 世纪之前，欧洲帆船都没有船尾轴舵，目前的考古证据显示，欧洲帆船的船尾轴舵完全脱离于地中海，诞生于大西洋与波罗的海。

欧洲帆船船尾轴舵的历史图像，最早出现于英格兰伊普斯维奇（Ipswich）1200 年的城市印章中。这个海港小城紧邻伦敦，1200 年 5 月国王约翰授予它第一份宪章，该镇新成立的政府设计了这个城镇印章，图案是一艘载有城堡的战船。此船与当时伊普斯维奇商人所使用的小型沿海船有很大的不同，它是早期的柯克船。这一印章的价值是，其船尾部有一个船尾轴舵，它是已知欧洲第一个有船尾轴舵的船的例子。此后的几百年里，英格兰人都称它为"伊普斯维奇舵"。需要进一步说明的是，此类有船尾轴舵的柯克船城市印章，并非孤证。德意志北部城市施特拉尔松德（Stralsund）1329 年的城市印章、波兰埃尔宾（Elbing）1350 年的城市印章，都以有船尾轴舵的柯克船为图案，有的还绘出了长长的舵柄。这些以柯克船图案为城市印章的城市，都是汉萨同盟城市，可见柯克船当年的先锋性和重要性。

我特别注意了 14 世纪地中海船画中

1962年德国人在疏浚不来梅河道时发现一艘柯克船的残骸,此船大约制造于14世纪80年代,为目前能见到实物的年代最早的柯克船

的尾舵。在1332年的威尼斯名画《圣徒尼古拉从国王船上盗取粮食的神迹》中,看到的仍是一对船舷舵。14世纪的宗教画已注重写实了,画家从现实中取景融入神话之中,那几艘国王的运粮船应是有所本的商船。稍晚些的14世纪70年代,表现海上救难的宗教画上,可以看到地中海帆船开始用标准的船尾轴舵了,说明此时真正的船尾轴舵已在欧洲普及了。

柯克船是后来的克拉克帆船的祖先。克拉克帆船出现之前,柯克船就是近海运输最好的货船。有别于维京瘦长的桨帆船,柯克船短、宽、平底,也被称为"圆船"。这种船型提高了船的稳定性和船舱容积,其封闭的甲板能保障坏天气时舱内货物不致泡水。后来,柯克船成为英格兰和德语城邦在北海和波罗的海进行贸易的主要船种。

13世纪末,汉萨同盟的柯克船已经有了统一的标识,都挂长长的三角旗,并以不同的色彩表示它们属于什么城邦,如,贝吕克是红色与白色;汉堡是红色;罗斯托克是灰色、白色和红色……这幅画是1497年的吕贝克与汉堡签订的"航运法"封面画。画中描绘的船就是汉萨同盟的主要海上运输船——汉萨柯克帆船,船桅上都飘着长长的三角旗。1962年,人们在德国北部港口不来梅疏浚河道时,发现一艘柯克船。考古专家认定:它应是14世纪80年代的柯克船,船长23.5米,宽6.20米,深3.5米,排水量约130吨;船壳由数片外板交叠铺成,是搭接结构;船底是橡树的平接板,5根强力甲板梁突出船体外,以加固船体;龙骨长15.6米,用以加固船底,船底中部几乎是平的;主要船材是橡树,这是北欧较好的船材,受到船匠们的青睐。

资料显示,1386年,柯克船在吕贝克有846艘,汉堡为598艘。为了护航,汉萨同盟的柯克船常常要装备军事力量,船上装有投石器及弹射器,石头是此时重要的攻击性武器。为了投射得更准、更远,船加高了艏、艉楼。晚些时候,柯克船又演化出船桥(指挥作战的甲板),并使用轻型旋转炮。1991年,瑞典南部马尔默附近的斯卡诺(Skanör)港外,发现了一艘保存完好的柯克船遗骸。这艘船大约于14世纪90年代在德意志北部的梅克伦堡地区建造,它的甲板上发现了至少4座中世纪火炮,是目前发现的最古老的装备有火炮的商战两用船。

1400年后,柯克船的尺寸有所增加,船总长达30米,宽8米,吃水3米,排水量约280吨,这已是搭接结构柯克船的载重极限了。

注意,这里讲的"排水量"都是后世的推算。大航海时代到来之前,欧洲海船根本没有容积和载重量的科学计算标准。

15世纪初,欧洲主要海上贸易品之一是酒类,英格兰就用装多少酒桶来表示船的容积,并依此收税。如果一艘商船能装100个酒桶,就叫作100吨。这个"吨",据说来自用木棍敲打酒桶数数时发出的声音"Ton"。但"吨"也非当时统一的计量标准,荷兰人就以船甲板宽度计算船的容积。为了少交税,当时的荷兰产生了一批甲板很窄的"大肚子"商船。以船的排水量计算其载货重量,是更晚些时候的事情。

排水量理论很早就诞生了,它就是阿基米德定律:一个物体所排开水的重量等于这个物体的重量;也就是说,一艘舰船浮在水面时的重量,就是这艘舰船的排水重量。具体到商船与战船,这个排水量就更复杂一些。大体可分为轻载排水量、标准排水量、正常排水量、满载排水量、超载排水量。通常人们说的排水量多是指船的轻载排水量。

15世纪后半期,北欧人才采用欧洲南部的平接法造船,应用平接法的柯克船越造越大,最大的排水量可达400—500吨。不过,采用单桅横帆的平底柯克船,只适合固定的近海航线,更远、更复杂的跨洋航行还需要进行新的改进,历史把这个任务交给了葡萄牙人。

圣克里斯托旺号

——发现好望角的卡拉维拉帆船

东方的郑和宝船到底有多大，一直是个谜；葡萄牙的卡拉维拉帆船到底有多小，却是有案可查，早期的卡拉维拉帆船至多有两根桅杆，船长不足30米。

澳门海事博物馆不大，却很专业，不仅有很好的藏品、很好的展线设计，连小文创店的书都很专业，有的书还是这个馆的学术研究作品，比如《古代澳门地图集》，还有接下来要讲的葡萄牙达·安德拉德写的《发现世界的卡拉维拉船》。

2011年，我又一次参观此馆时，买了《发现世界的卡拉维拉船》，十分赞同澳门人将此船译为"卡拉维拉帆船"。这种船是葡萄牙人发明，葡萄牙语称其为"Caravela"（意为"橡木材"），不应当用英语"Caravel"译为"卡拉维尔"。

世人都认为欧洲帆船很厉害，其实，一直到14世纪，欧洲帆船都很落后。当时的驳船仅限于在地中海，或沿海岸航行。地中海几乎是个封闭的海，风浪少，甚至没有潮汐。那些只有一根桅杆和一个固定方帆的地中海船，完全无法应对大西洋的强风和多变的洋流。

面朝大西洋的葡萄牙，为应对大西洋上的复杂海况，发明了卡拉维拉帆船。这种船的帆装特征是将一根长桁的中部挂在桅杆上端，桁靠船头那端向下倾斜，并用绳索固定。另一端向上翘起，可以围绕着桅杆从船的这边转向另一边。这样一来，帆自身就能有效地取得平衡，借助风自由地转向，并使得船能够在逆风条件下戗风航行。这种帆是从阿拉伯人那里学来的，曾在地中海广泛使用，也被称为"拉丁帆"。早期的卡拉维拉帆船的前、后两桅都用三角帆，后来改进为三桅，仅后桅用三角帆，其余桅用横帆。这种改进的船型，称为卡拉维拉方帆船（Caravela Redonda），也作为军事用途船，所以也称"舰队船"。

卡拉维拉船是欧洲平接结构船的源头，比北欧搭接结构的柯克船先进得多。早期的卡拉维拉帆船，船长和船阔比例为3.5:1，排水量在100吨左右，这使得它平衡力极高，可以在浅水中航行，速度及机动性亦可以并存。

15世纪中后期，欧洲经济在战争中受损，趋于萧条，各国都不造大船，小、快、灵的卡拉维拉船得以普及，在大航海初期，它在跨洋探险方面起到了决定性的作用。

存世文献没有详细记述卡拉维拉船开发的经过及明确的时期，至少葡萄牙人在1427年驾驶着卡拉维拉船进入了未知的大西洋，发现了亚速尔群岛。

卡拉维拉船最早的历史图像出现在西班牙航海家、制图家胡安·德·拉·卡索（juan-de-la-cosa）1500年绘制的《世界航海图》上，作者在美洲与印度洋海面画了许多插着葡萄牙旗的卡拉维拉船。当时的卡拉维拉帆船多是两桅，一个前桅，一个主桅，挂多面斜桁帆。

虽然葡萄牙著名航海家巴托洛缪·迪亚士发现好望角时，没留下图像文献，但历史文献中明确记录了1487年8月他沿非洲西海岸探险至非洲最南端好望角时，所用旗舰圣克里斯托旺号（葡萄牙语为São Cristóvão，取自圣徒克里斯托弗）就是卡拉维拉帆船，船队第二艘船圣潘塔莱昂号（São Pantaleão），也是卡拉维拉帆船，第三艘船是个小横帆补给船。

一直没能找到早期描绘圣克里斯托旺号的插画，只找到1887年的一幅插画《迪亚士的两艘卡拉维拉帆船：圣克里斯托旺号和圣潘塔莱昂号》。这幅画有些夸张，事实上，迪亚士的圣克里斯托旺号只有两桅，没有那么多斜桁帆，即使装备了几门炮，也不会是大炮，画上的那一排炮窗，是后世的夸张之笔。

迪亚士出身于葡萄牙航海世家，他的父亲迪尼什·迪亚士、祖父若昂·迪亚士都是追随葡萄牙恩里克王子的航海家。迪亚士是皇家骑士，担任皇家仓库的主管。他本人就是圣克里斯托旺号的船主。

当年，葡萄牙在非洲西部主要开发"三大海岸"：胡椒海岸、象牙海岸和黄金海岸。葡萄牙设在西部非洲沿岸最大的据点是黄金海岸的米纳（今加纳）。迪亚士的船队是沿着葡萄牙人已经很熟悉

1887年绘制的插画《迪亚士的两艘卡拉维拉帆船：圣克里斯托旺号和圣潘塔莱昂号》

的非洲西海岸航线向南航行，1487年12月，船队在非洲大陆最南端遭遇风暴，被向南推去，并远离海岸线。风暴结束后，船队已经看不到非洲大陆海岸了。于是，他们转向北航行。1488年2月3日，海岸线再次出现在船队面前，迪亚士确认自己绕过了非洲大陆最南端，通往印度的航线就在眼前。迪亚士想要继续航行到印度，但船员拒绝继续冒险前行，迪亚士只能返航。1488年12月，经过16个月的长途航行，迪亚士探险船队完好无缺地返回里斯本港。从某种意义上讲，是卡拉维拉帆船成全了迪亚士的探险梦，它被实践证明是一种很好的跨洋探险船。

葡萄牙人发现好望角后，卡拉维拉帆船又做了改进，以三桅代替两桅，并把横帆和三角帆混合使用，提高了远洋航行所需的速度。

1960年葡萄牙政府在里斯本建了一座发现者纪念碑，以此纪念航海家恩里克王子逝世500周年。这个标志性建筑的总体形象就是一艘卡拉维拉帆船，船头向着特茹河，向着大西洋。

圣玛利亚号
—— 发现美洲的克拉克旗舰还剩一只锚

葡萄牙的卡拉维拉帆船风风光光绕过好望角时，另一种大帆船悄然崛起，它就是克拉克帆船（carrack）。它是第一种有据可查的完全风帆化的跨洋帆船，也是第一种将船楼结构并入船体的大帆船。

大航海初期，克拉克帆船是一种颇受宠爱的海船，它有足够大的空间可供大量船员居住，以及容纳返航时搭载的货物。它和卡拉维拉帆船一样，也为地理大发现立下了汗马功劳。其中，最为著名的克拉克帆船就是那艘圣玛利亚号（Santa Maria），1492年它担任了克里斯托弗·哥伦布首次西航的旗舰。

克拉克帆船葡萄牙语称为"Nau"，西班牙语称为"Nao"，法语称为"Nef"，都是"船"的意思。英语称为"Great Ships"，意思是"大船"。克拉克帆船是从柯克船改良而来的，是14—16世纪上半叶西方大型远洋风帆船的代表性船型。

1400年前后，排水量最大的柯克船也只有280吨；而1500年前后，克拉克船的排水量已达到800吨。如果说葡萄牙人发明的卡拉维拉帆船是轻型远洋帆船，那么，克拉克帆船则是欧洲第一款重型远洋帆船。

1492年8月3日，哥伦布为他的西航计划四处游说了十几年后，终于得到了卡斯蒂利亚女王伊莎贝拉与国王费迪南多的支持。这一年，西班牙人赶走了格达纳达城最后一批摩尔人，还有犹太人。哥伦布的西航计划被列入这个国家的振兴计划之中,也是教廷征服异教徒的计划——带着"天主教双王"给印度君主和中国皇帝的国书,哥伦布从西班牙西南部的塞维利亚巴罗斯港扬帆出海。

克拉克帆船大有大的好处,比以前的轻型船更适合跨越大洋航行,但也有大的难处。它的缺点很明显:一是它的庞大船身需要很多人同时操作,成为一种人力负担;二是它的庞大船身吃水深,不适合行走于地中海一带的狭长海域,很容易出现触礁的危险;三是庞大的船身和过高的重心,如遇到飓风,会倾覆。所以,哥伦布选择了圣玛利亚号这艘中小规模的克拉克帆船作为旗舰(排水量只有120吨)。另外两艘船是平塔号(Pinta)和尼尼雅号(Niña)两艘多桅快船,船队共有87人(一说90人)。

哥伦布船队先在西班牙所属的伸入大西洋最远的北纬30°左右的加那利群岛休整了一个月,9月6日,船队借助冬季的东北季风,朝着同一纬度的、他认为在正西位置的"日本"航行。

"大西洋"这个中文名称,最早来自万历十一年(1583)意大利传教士利玛窦在广东肇庆所翻译的一本名叫《山海舆地全图》的世界地图册,其英文名称是取自柏拉图曾经提出的至今未明确发现的"亚特兰蒂斯"(Atlantis)。这个最宽处达4000多千米的海,在西方传统认识中是谜一样的海,西谚云:"向西走,什么都可能发生。"

哥伦布按照预定计划,顺风一天可航行160千米的速度航行。但是,地理学先师托勒密的错误,旅行家马可·波罗的夸张,还有其他地理学家的不实推算,不久就都显现出来了。足足航行了一个月后,哥伦布仍没见到大陆,粮食和补给已经见底了。在这片已没有任何海图指引的航程里,哥伦布自己也不知道还要航行多远才能到达"日本"。

幸运的是,在他们离开加那利群岛西航的第36天,即10月12日,哥伦布终于见到了一个岛屿(即今天的巴哈马群岛),哥伦布为感谢神的保佑,将它命名为"圣萨尔瓦多",意为"神的恩宠"。

哥伦布在圣萨尔瓦多登陆后,他驾着船在诸多岛屿中寻找想象中的日本。10月28日,船队到达古巴。12月6日,他们登上大安的列斯群岛的一个岛屿。哥伦布在此举行仪式,命名此岛为伊斯帕尼奥拉岛(Hispaniola,意为"西班牙"岛)。哥伦布还为它画了一幅地图,它就是加勒比海中仅次于古巴岛的第二大岛海地岛。而后,他继续在周边海域寻找他的日本。12月24日这天,已经好几天没睡个好觉的哥伦布,在晚上11点就躺下睡觉了(传说,哥伦布受印第安人启发,发明了船上用的吊床,船员可不

最早表现哥伦布航海的画作《航海者的圣母》,由费尔南德斯绘于1531—1536年,现由塞维利亚王宫收藏

睡甲板上了。16世纪后,这种方法被广泛使用)。

这是一个平静的夜晚,但不是一个平安的夜晚。舵手看船长睡了,没什么大事,也去睡觉,只留下一个男孩掌舵。前面说过,克拉克船吃水深,不适合沿岸探险,圣玛利亚号恰是被这一缺点所断送。掌舵的男孩在平静的海湾驾船前行,但他无法预知水下的礁石有多危险,船行到一个浅滩,还是搁浅了。

圣玛利亚号有三根桅杆,长约23.66米,船宽7.84米,吃水1.98米,仅有一层甲板,甲板长约18米,排水量约120吨。这艘旗舰不算太大,但想把它从海里弄走,就不算小了。进不得也退不得的圣玛利亚号,第二天就沉没了。为了不造成更大的浪费,哥伦布下令把船就地拆了,将船上能拆下的木材都剥下来,就在今天的海地角附近建了一个堡垒,哥伦布叫它"拉纳维达"(圣诞节),沉船那天刚好是圣诞日,于是,拉纳维达堡垒就成了西班牙在新大陆的第一个殖民据点。

最终,将哥伦布带回西班牙的是随

行的两艘卡拉维拉帆船平塔号及尼尼雅号。这里多说一句,这一次,带哥伦布回到西班牙的尼尼雅号已是改进的卡拉维拉帆船,艏楼及艉楼增高,提供远洋航行所需的稳定性,横帆和三角帆混合使用,大大提高了远洋航行所需的速度,这种改进的船被称为"圆帆卡拉维拉"。此后,卡拉维拉帆船的分工是,纵帆装的卡拉维拉用于沿海岸航行,横帆装的卡拉维拉用于跨洋航行。

大约在1531—1536年间的某个时候,西班牙艺术家阿莱霍·费尔南德斯(Alejo Fernández)接到并完成了一份为塞维利亚贸易院小礼拜堂创作一幅祭坛画的订单。这幅画被命名为《航海者的圣母》,它被艺术史家认定为最早描绘哥伦布的重要画作之一。

在塞维利亚考察时,我拜谒过塞维利亚大教堂里的哥伦布墓之后,就去参观塞维利亚王宫的《航海者的圣母》。它已不在塞维利亚贸易院小礼拜堂了,移到了王宫会见厅里,这里更宽阔,便于参观。

这幅画是大航海时期资本影响王权与神权的代表作之一,有着鲜明的被海商订制和赞助的印记。画上的圣母玛利亚被塑造成掌管航海的神祇。特别要提出的是,不仅画左侧画出了哥伦布,主画中央还画了艏楼和艉楼高高的、圆形船尾的克拉克帆船。在翼画中,那位圣徒手中还托着克拉克船模,护佑航海。无法确认画家画的是不是哥伦布的旗舰圣玛利亚号,但看上去那一定是克拉克帆船。画下方,为了方便观众了解古船,特地摆放了一件2米长的克拉克帆船模型。

哥伦布的旗舰圣玛利亚号,最终"留"在了海地岛,几百年过去,那木头建的堡垒早已不见了,只剩下一只铁船锚。据说,圣玛利亚号应该有六只锚,其他的再也找不到了,现存的这只锚是圣玛利亚号唯一存世之物,由海地太子港收藏。

哥伦布死后,葬在西班牙塞维利亚大教堂。塞维利亚港是他西航探险的始发港。他的旗舰圣玛利亚号的锚,永久留在了新大陆海地太子港。这是哥伦布灵魂的双重安息,诗化了时间与空间。

圣加布里埃尔号与圣卡塔琳娜号
——达·伽马舰船旗两次变化的不同含义

1495年葡萄牙若昂二世去世，阿方索王储早年坠马而死，只好由他的堂弟唐·曼努埃尔一世即位。新国王即位后，停顿数年的印度航行再次启动。曼努埃尔一世任命28岁的达·伽马担任印度洋探险船队指挥官，组建探险船队。

探险船队由4艘船组成，其中两艘是新造的船，排水量皆为120吨，各配有20门射石炮；它们分别以船头雕像的两个圣徒命名：一艘叫圣加布里埃尔号（São Gabriel），属于克拉克帆船，作为达·伽马旗舰；另一艘叫圣拉斐尔号（São Rafael），由达·伽马的哥哥保罗·达·伽马（Paulo da Gama）任船长；还有一艘排水量约50吨的贝里奥号（Berrio），由尼古劳·科埃略（Nicolau Coelho）任船长；此外，还有一艘小补给船，船长是达·伽马的朋友科卡罗·纳尼斯（Gonçalo Nunes）；4艘船共载有170人，包括水手、士兵、翻译和十来个囚犯。

这次航行得到了罗马教廷的批准。在1566年出版的葡萄牙《舰队备忘录》（*Memórias das Armada*）中，可以看到描绘达·伽马第一次印度航行的舰队插图，其中就绘有旗舰圣加布里埃尔号。画中的圣加布里埃尔号主桅上，飘扬着一面印有红色十字架的白色旗帜。史料记载，葡萄牙国王曾赐给达·伽马一面十字旗，让他代表基督去征服异教徒国家。据说，船上还携带着石制标柱，上面刻有葡萄牙王室的徽章以及十字架。探险船队要在印度洋新发现的地方竖立这样的石标

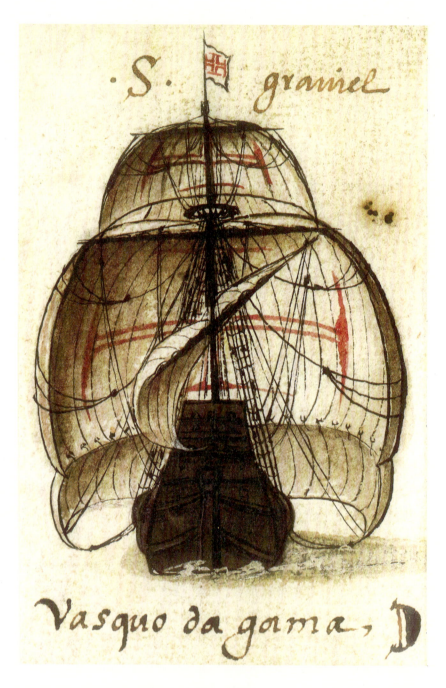

展示达·伽马首航印度的旗舰圣加布里埃尔号的画作,原载于 1566 年版《舰队备忘录》

柱和十字架，表明此地已归葡萄牙和教会所有。旗舰上有国王的科学顾问为达·伽马提供最新地图和他们所能收集到的地理资料，还有宫廷天文学家送给达·伽马的一些航海仪器。

1497年7月8日，达·伽马船队从里斯本出发，沿着迪亚士开辟的航线行进，顺利绕过好望角。1498年4月13日，船队抵达了东非的马林迪。据说，达·伽马在这里找到阿拉伯著名航海家艾哈迈德·伊本·马吉德（Ahmad ibn Mājid），船队由他领航，于1498年5月20日完成了横跨印度洋、直抵印度西海岸卡利卡特的跨洋航程。但阿拉伯人不相信马吉德引狼入室的这个说法，历史上也没有留下任何文献证明是阿拉伯人引领葡萄牙人进入印度，抢占了阿拉伯人做生意的地盘。

1498年8月29日，达·伽马率领船队开始返航，1499年9月9日旗舰圣加布里埃尔号抵达里斯本。探险船队出发时的4艘船，只回来两艘，船员死了一半，其中就有达·伽马的哥哥保罗·达·伽马。

葡萄牙国王十分满意这次探险，因为它打通了直达印度的水路，并带回了一大批赚钱的货物，价值是远征费用的60倍。1502年和1524年，曼努埃尔一世两次派达·伽马远航印度，后一次还将达·伽马任命为印度总督。但达·伽马运气不好，到达印度果阿不久就染上了热带疾病，于1524年12月24日死在印度科钦。

这最后一次将达·伽马带到印度的旗舰，是圣卡塔琳娜号（Santa Catarina），画家约阿希姆·帕提尼尔（Joachim Patinir）大约在1540年创作了名为《达·伽马第三次航行的船队》的油画，画中央就是圣卡塔琳娜号。

达·伽马的这次航行任务已不是探险，而是掠夺财富，或者说是贸易。他的旗舰圣卡塔琳娜号是商战两用的大克拉克船，1520年下水，排水量达800吨，长38米，宽13米，两层甲板列有火炮，有两根桅杆，配有140门火炮。

对比达·伽马第一次印度航行的船画，就会发现圣卡塔琳娜号桅杆上已不是十字旗，而是葡萄牙国旗，说明葡萄牙人已不再强调为基督教远征，而是代表本国利益经略印度洋贸易。这不仅表达了葡萄牙大帆船对殖民地的武装压迫，也间接说明，此时的印度洋航线已经很不太平了，即使是武装到牙齿的达·伽马旗舰圣卡塔琳娜号，还是在返回葡萄牙的途中消失了。据不确定的消息，它被法国海盗在西非海岸掠走并销毁了。达·伽马和他的旗舰，最终都消失在危机四伏的印度洋。

卡布拉尔船队

—— 意外发现巴西和马达加斯加

哥伦布前后四次远航美洲，却未到过巴西，谁"发现"巴西的，没有定论。

一般认为，葡萄牙航海家佩德罗·阿尔瓦雷斯·卡布拉尔（Pedro Alvares Cabral）在1500年4月22日登陆巴西。葡萄牙文献将那次地理发现描述成一场意外。

意外是这样开场的：1498年达·伽马的船队到达印度，证明印度香料与西方市场存在着20多倍的差价，这大大平衡了葡萄牙人没能拥有美洲的巨大失落。印度的利益，更加看得见、捞得着。达·伽马返回葡萄牙之后，曼努埃尔一世（此时，他已将自己的封号改为"埃塞俄比亚、印度、阿拉伯、波斯的征服、航海、通商之王"）即刻发出命令，派一支强大得足以震慑住阿拉伯人和印度人的船队，前往印度，建立永久的商业关系，必要时用武力来达到目的。

新组建的船队被称为葡萄牙第二舰队，由13艘船和1200人构成，32岁的贵族船长卡布拉尔被任命为总指挥。其规模虽然不能与前文提到的中国大明王朝派出的郑和船队相比，但相比以前的葡萄牙探险船队，不仅船舶数量空前，阵容也是空前的，有发现好望角的巴托洛缪·迪亚士，还有曾在达·伽马旗舰圣加布里埃尔号当船长助理的他兄弟迭戈·迪亚士，还有达·伽马首航印度的领航员尼古劳·科埃略。

卡布拉尔船队1500年3月9日从葡萄牙出发，先是沿非洲西岸航行，而后，为了利用季风，远离海岸，以"之"字形向南航行。4月22日，船队在南纬17°"意外"地登陆一片未知陆地。卡布拉尔将这片陌生土地命名为"圣十字地"，宣布它归葡萄牙所有。

这里要特别解说一下，根据此前由教皇主持的《托德西利亚斯条约》，在大西洋的中间划了一条葡萄牙与西班牙的势力分界线，此线以西的未知土地属西班牙，此线以东的未知土地属葡萄牙。此地恰在归属于葡萄牙的一边，卡布拉尔宣布它归属葡萄牙后，立即派一条船回国报告这一喜讯。

后来，葡萄牙人发现"圣十字地"盛产价值极高的红木，便开始商业采伐，"红木"（Brasil）一词不久就代替了"圣十字地"成为这里的新地名——巴西。葡萄牙就这样"意外"地占有了一块比自己国土大得多的殖民地，它也是美洲唯一讲葡萄牙语的国家。

不过，在西班牙航海家、制图家胡安·德·拉·卡索1500年绘制的《北美航海图》中，巴西位置上已注记"1499年，这个海角被卡斯蒂利亚（今西班牙中部和北部）发现者维森特·耶兹（Vicente Yez）发现了"。西班牙人相信，葡萄牙可能也在早些时候发现了这块土地，只是找到一个适当时机，才宣布这个"意外发现"。

现在说说卡布拉尔船队的另一场"意外"。

离开"圣十字地"，卡布拉尔率领12艘船，继续他远征印度的航程。1500年5月，船队在过好望角时，被风暴吹散了。其中，迭戈·迪亚士的船于8月10日漂到非洲东海岸外的一个大岛，这天刚好是圣劳伦斯节，迭戈·迪亚士将其命名为"圣劳伦斯"，即今天的马达加斯加岛，他成为第一个发现非洲最大岛屿的欧洲人。但另几艘船就没这么幸运了，4艘船在过好望角时被风暴吞没，其中就有1488年发现好望角的巴托洛缪·迪亚士。

卡布拉尔的旗舰与另几条船总算绕过了好望角，继续向印度航行，并于1500年9月到达印度卡利卡特港。在卡利卡特，他们遭到垄断印度洋贸易的阿拉伯人和印度人的攻击。卡布拉尔船队又损失了50多名水手。船队只好转到与卡利卡特港有竞争关系的柯钦、坎纳诺尔等小城进行贸易。1501年夏季，卡布拉尔船队带上在印度洋采购的商品，启程回葡萄牙。6月，卡布拉尔舰队在塞内加尔遇上了与舰队失去联络、漂泊数月被迫返航的迭戈·迪亚士的船，当时他只剩下6名船员。

此次航行，卡布拉尔船队损失了一半的船和一半的水手，还有几位著名航

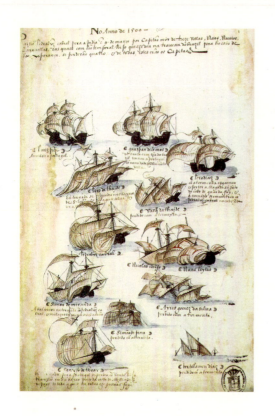

1568年塞巴斯蒂安出版的《舰队备忘录》中的一页插图，记录了卡布拉尔的12艘船的生与死，上方写着船队出发的时间——1500年

海家，成为葡萄牙大航海时代损失最惨重的船队。1568年塞巴斯蒂安（Sebastião）出版的《舰队备忘录》中，专门记录了这12艘船的生与死。插图上方写着卡布拉尔船队启航的时间：1500年。船队所有风帆上都挂着红色空心的、有脚的十字，它是"基督骑士团十字"（Order of Christ Cross）。1312年教皇克莱门特五世曾宣告取缔圣殿骑士团，但对葡萄牙网开一面，因为在葡萄牙收复失地运动中，骑士团功不可没。它拥有富足的财产和众多骑士，葡萄牙亨利王子曾长时间担任掌门人，骑士团遂成为这位航海家发展葡萄牙航海事业的重要力量，其

船队才有了"基督骑士团十字"徽纹。

插图右上方，那艘像蝴蝶一样的船就是发现马达加斯加的迪戈·迪亚士的船。它是侥幸回来的几艘船之一。虽然卡布拉尔船队蒙受巨大损失，但带回的商品赢利超过了投入的2倍，所以，葡萄牙政府决定进一步加大印度洋贸易投入，开往印度的葡萄牙商船载重量越来越大。达·伽马开启印欧航线时，旗舰圣加布里埃尔号克拉克帆船排水量只有100多吨，到1500年，卡布拉尔的克拉克旗舰已提高到240—300吨，而到了1503年，阿尔布克尔克的舰队至少有一艘克拉克大商船排水量达到了600吨。

维多利亚号

——麦哲伦船队在航海图上的最后身影

这里一定要写出麦哲伦的两个名字：一个是葡萄牙语的 Fernão de Magalhães，一个是西班牙语的 Fernando de Magallanes。为什么要写出他的两国语言名字拼写？因为他死后，葡、西两国都想争他的国籍。麦哲伦确实是生在葡萄牙，后来娶了西班牙塞维利亚军械官巴波萨（Barbosa）的女儿，获得了西班牙国籍，他率领的西班牙船队发现了美洲南部海峡，并完成了环球航行。说他是西班牙航海家，也不无道理。

麦哲伦在西班牙准备环球航行时，来了一位不速之客，要求参与航行。他没有任何商业目的，只想记录这次航行。事实上，没有这个人，麦哲伦环球航行将失去最为宝贵的原始记录。这位全程用文字与地图完成了《首次环球航行记》的人叫安东尼奥·皮加费塔。这部航海日志包括 23 份绘制精美又有些滑稽的彩色航海图。

据文献记载，1519 年 9 月 20 日，麦哲伦率领由旗舰特立尼达号（Trinidad，排水量 110 吨，船员 55 人）、圣安东尼奥号（San Antonio，排水量 120 吨，船员 60 人）、康塞普西翁号（Concepción，排水量 90 吨，船员 45 人）、圣地亚哥号（Santiago，排水量 75 吨，船员 32 人）和维多利亚号（Victoria，排水量 85 吨，船员 42 人）5 艘中小型帆船组成的船队启航。船队中唯有旗舰特立尼达号是一艘卡拉维拉帆船，其他 4 艘都是克拉克帆船。1522 年 9 月 6 日，唯一返回西班

马里斯·帕奇菲奇 1567 年左右绘制的《太平洋地图》中的维多利亚号

牙的是幸运的克拉克船维多利亚号。西班牙语中"维多利亚"是"胜利"的意思，这也是一次克拉克帆船的胜利。

虽然麦哲伦死在了半路，最终没能回到出发地，人们仍乐于将这次航行称为"麦哲伦环球航海"。此说在地理学意义上也说得通：1511年占领了马六甲的葡萄牙人，当年即登陆摩鹿加（今马鲁古）群岛，由西向东开辟了香料群岛的航线。麦哲伦的人生终点在香料群岛北部、今天的菲律宾宿务岛，此岛位于今天的东经124°线上，麦哲伦已经越过了位于东经128°的摩鹿加群岛。可以说，人类由东向西与由西向东的探险航行，在这里已经完成了地理上的汇合，以实际行动证明了世界都是"通"的，地球是圆的。

维多利亚号到达西班牙后，欧洲地图师都想描绘这最为重要的环球航行地图。最先完成这一航海图的是威尼斯共和国制图师巴蒂斯塔·阿格尼斯（Battista Agnese）。此图不是画给公众的航海图，而是献给以西班牙国王身份支持麦哲伦西航行动的神圣罗马帝国皇帝卡尔五世的礼物。他当然愿意看到这次远航的成功，更乐于将这一伟绩传扬给他的接班人，指导他们称霸世界。因此，卡尔五世决定在皇太子菲利普（后来的西班牙国王菲利普二世）16岁生日之时，送给他一本新的世界地图集。

这部豪华的波托兰航海图集，交由阿格尼斯绘制。这位热那亚出生的制图家长期在威尼斯工作，长于制作纤细优美的装饰用地图。这些地图册并不是为海员之类的普通民众绘制的，而是为王公贵族、富商大贾们专门绘制的。这些地图用墨水绘制在羊皮纸上，配有各种插图，色彩鲜艳，制作考究，价格不菲。

在这部世界地图集中，就有一幅西班牙人引以为傲的《麦哲伦船队环球航行图》。它是第一幅在世界地图上绘出麦哲伦船队环球航行线路的航海图，大约绘制于1544年。此图特色是用长长的线条清楚地标出了麦哲伦船队环球航行的全部路线。但图上没有研究帆船的人想看到的帆船。

不过，亚伯拉罕·奥特里乌斯（Abraham Ortelius）1589年再次出版的《世界概观》（首版为1570年），收入了马里斯·帕奇菲奇（Maris Pacifici）1567年左右绘制的《太平洋地图》。此图为了向麦哲伦的伟大航行致敬，特意在太平洋中央画了一条船，前边还有个小天使为其领航，一群飞鱼跃到了船上。它就是唯一幸存下来的维多利亚号。在这艘伟大的船边，作者还刻了一首诗：

我第一次用帆环绕世界，

《从北极视角描绘麦哲伦环球航线图》,既画有维多利亚号,也描绘了18位幸存者回家后奔向教堂的情景

携带你,领袖麦哲伦,通过新海峡。

因此,我理直气壮地叫维多利亚(胜利的意思)。

以帆为翼,我与大海战斗,带着战利品,那是我的荣耀。

地图上写诗是极少见的,平添了一些人文趣味。当然,图中最重要的是新航海信息。此后一段时间内,麦哲伦环球航线都是全景化世界航海图描绘的热点,一直到1700年左右,耶稣会会士谢勒·海因里希(Scherer Heinrich)还绘制了一幅《从北极视角描绘麦哲伦环球航线图》。这是一个全新的环球航行视角,虽然南北方向的大陆与海洋被压扁了,但几块大陆的关系得以俯视,也是有趣的事。更有趣的是地图上的插图,左边描绘了唯一回到西班牙的维多利亚号,右边描绘了返回家园的18位幸存者怀着感恩的心情跑到塞维利亚教堂礼拜的场景。

"南蛮贸易"船

——日本屏风画中的葡萄牙商船

克拉克探险船维多利亚号并不是很大，因为它的任务是探险，不是运输，但东印度航路开辟后，克拉克船又有了升级版，即专门从事远洋贸易的排水量在500吨左右的当时的"大型"商船。这种克拉克商船载货量大，经得起跨洋航行的大风大浪。葡萄牙人正是驾驶着大克拉克商船进入了东亚贸易圈。贩运回去的中国瓷器，因此被称作"克拉克瓷器"。

古代日本在许多方面学习中国，连狂妄自大也从中国学来了——"南蛮"本是中原文明对南方不同文化族群的歧视性称呼，后推而广之，对外国人也称"蛮"。日本也学此称呼，将南洋诸岛称为"蛮"，推而广之，也将活跃在南洋的葡萄牙、西班牙等世界一流海洋强国称为"蛮"，与其贸易遂称为"南蛮贸易"，其船称为"南蛮贸易船"。

最先进入日本的西方之"蛮"是葡萄牙人。1511年葡萄牙人打通马六甲航路后，一方面侵占香料群岛，另一方面开始探索与中国和日本的贸易可能。因中国的明朝廷实行海禁，他们就寻求与琉球贸易，但琉球人得知葡萄牙船队攻击并占领了马六甲，拒绝与他们交易。1543年，可能是由中国海商带路，葡萄牙人来到日本南部的种子岛。在这里葡萄牙人与日本人做了最初的，也是最有影响的贸易——西式火绳枪，日本由此步入热兵器时代。

当时忙于内战的织田信长与丰臣秀

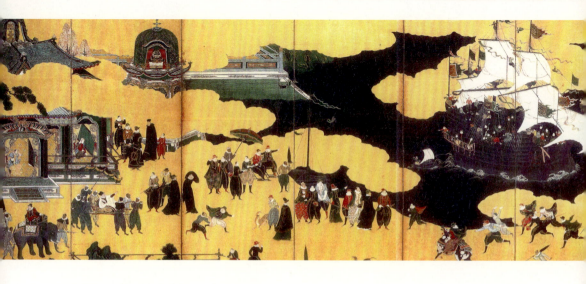

狩野内膳的《南蛮贸易》屏风画，此为左屏

吉都对南蛮贸易表示认可。1550年，葡萄牙商船在松浦隆信领下的平户建立了贸易点。1561年葡萄牙人将贸易据点迁往长崎。日本画家狩野内膳的《南蛮贸易》（亦称"南蛮渡来图"，也有类似的画叫"南蛮人来朝之图"）六屏风画（一对，十二屏），略带喜剧风格地描绘了当时长崎的贸易场景。

狩野派是日本历史上的一个宗族画派，也是日本绘画史上最大、实力最强的画派，主要服务于将军和武士阶层。狩野内膳是狩野派的代表人物，是丰臣家族的御用画师。这幅《南蛮贸易》是其传世名作，由于描绘的是东西方贸易，亦受西方追捧。在里斯本古典艺术博物馆，我看到一对当年不知名画家的狩野内膳《南蛮贸易》对屏仿品（只有个别细节略有不同），被当作宝物收藏并展示。狩野内膳的屏风画《南蛮贸易》当年创作了几个版本，说不清楚，只知道除了日本神户市立博物馆收藏的原件外，2011年3月纽约佳士得拍卖中，还有一对狩野内膳《南蛮贸易》对屏，以478万美元成交，创造了当时日本古画拍卖纪录。狩野内膳这对屏风画，主要表现了东西方海上贸易的特殊历史场景。前一幅"入港图"，描绘的是葡萄牙克拉克帆船在印度装载着珍宝，万里迢迢运到日本，由西方传教士收货，然后再与日本人交易。后一幅"出港图"，讲的是葡萄牙克拉克帆船载着从日本购入的货物，高高兴兴地离开港口的场面。文献记载，当时葡萄牙人将枪支、生丝、绸缎和南洋香料运进日本，在日本换取白

狩野内膳的《南蛮贸易》屏风画，此为右屏

银、铜、漆器和刀剑等。

此时的长崎是最早信仰基督教的大名大村纯忠的领地。1570年大村纯忠将长崎开放为对外贸易港，一些不满松浦氏待遇的葡萄牙商船遂将贸易点从平户移到长崎港，使长崎港逐渐发展起来。狩野内膳的《南蛮贸易》对屏，正是这一阶段长崎贸易繁荣的真实写照。

《南蛮贸易》屏风画中的南蛮船都有高大的艏楼和艉楼，侧看船身类似一个U形，是典型的克拉克商船。狩野内膳笔下的克拉克商船都画成了黑色。1543年葡萄牙商船到达日本时，因船体乌黑，即被日本人称为"黑船"；后来，1853年美国佩里船长驾着蒸汽明轮来到日本，也被称为"黑船"；两次"黑船"来航，都深刻地影响了日本社会的历史走向。

狩野内膳的《南蛮贸易》屏风画中，最显眼的就是载重量较大的三桅和四桅的克拉克大帆船，它是一种专门为远洋贸易发展出来的大商船，差不多是当时葡萄牙航行最远的贸易船了。进入16世纪50年代，葡萄牙已有了排水量900吨的"海上巨兽"，但这种克拉克船不仅成本高，而且重心太高，巨大船楼会导致被风拖着走的危险，不适合跨洋远航。至少有三艘这样的超级克拉克船在南部非洲海岸消失了。其中，最大的失事克拉克船排水量已达到1000吨，建造于1556年，沉没于1559年。

艏艉楼过高的U形克拉克大帆船，到了不得不改革的时候了。

盖伦船

——葡萄牙率先使用新型远洋大帆船

像克拉克船取代柯克船一样,克拉克船最终也被新型船所取代,这种革命性的帆船叫盖伦船。

长久以来,西班牙人一直说盖伦船是他们的创造,人们也一直用"西班牙大帆船"来指称这种船。不过,有证据表明葡萄牙先行一步,创造出盖伦船。至少是葡萄牙第四任印度总督若昂·德·卡斯特罗(João de Castro)在1541年左右编撰的《葡萄牙舰队图录》(Mappa de Portugal Antigo e Moderno)中就已有描绘盖伦船的插画,这是目前可以看到的最早的盖伦船的历史图像。

这个若昂·德·卡斯特罗,曾是葡萄牙著名数学家和地理学家P.努内斯(Pedro Nunes)的学生。毕业后参军,在北非生活了近20年。1538年,他乘船去印度西部,参加了葡萄牙军队与奥斯曼、印度联军的战斗。1540—1541年,他经红海到达苏伊士,此间编写了航海著作《葡萄牙舰队图录》。2018年,我在澳门海事博物馆参观时,看到了重新出版的对开本《葡萄牙舰队图录》。

在这本书的"葡萄牙无敌舰队图"中,可以看到当时葡萄牙派往印度洋的部分舰队,图的左侧画面,似乎要讲清楚那个时代帆船的巨大变化,特别描绘了时代更迭中同时存在的几种帆船。显然,盖伦帆船是这个图录要突出表现的新帆船,同时也明确了盖伦船、克拉克船、卡拉维拉船和加莱船之间的区别。

"盖伦"在西班牙语中为"galeón",

葡萄牙人若昂·德·卡斯特罗 1541 年左右编撰的《葡萄牙舰队图录》，明确了盖伦船（右上）、克拉克船（左上）、卡拉维拉船（右下）和加莱船（左下）之间的区别

在英语中为"galleon"，人们通常将它翻译为盖伦帆船，也有译为加利恩帆船的。它如同"佛盖特"（frigate，护卫舰）、"布里格"（brig，双桅船）一样都是中世纪出现的船舶词语。当时它是指某些特定的加莱排桨帆船。在 12—13 世纪的《热那亚编年史》中，将 80 桨、64 桨和 60 桨快速战船和探险船都称为"盖伦"。一直到 16 世纪，法国国王弗朗索瓦一世下令建造一批新战船，其文件还是将加莱桨帆船（galères）和盖伦拿屋船（galions-nefs）混用，以致后世无法弄清楚在 16 世纪早期法国人的"盖伦"与伊比利亚人的"盖伦"有着什么不同的定义。

不过，16 世纪后半叶，"盖伦"的意思逐渐清晰起来，特指伊比利亚和西北欧等海洋强国所发展出的纯粹风帆动力船，而不再指称桨帆船了。新盖伦帆船吸取了卡拉维拉帆船与克拉克帆船的优点，在适航性与载重性方面更为出色。

新型的盖伦船突出的特征是，降低了前船楼，并移至船首后部，艉楼很高。早期的盖伦船是四桅，前面两桅挂横帆，后两桅挂三角帆，后改为三桅，有多层

大英博物馆收藏的 1583 年制作的黄金盖伦船模

通长甲板。同时,还用方形的平船尾取代了克拉克帆船的圆形船尾。这样新设计的船型相对狭长,航速较快,在逆风中操纵性极佳,欧洲人将它广泛用于洲际贸易和海战。

16 世纪后半叶的木制盖伦船模,没有保存至今的,但在大英博物馆和维也纳艺术史博物馆,我发现了几件 16 世纪后半叶的金、银盖伦船模型。这些模型也可以看作当年最精细的艺术作品,是难得的历史图像,记录了早期盖伦船的宝贵信息。

英国国家航海博物馆的盖伦船金模型摆在了时钟展区,因为它本质上是一架半自动的音乐盒和闹钟。这架盖伦大帆船模型,船壳由黄金打造,船上安有三个弹簧传动装置,一个用于操作钟表,一个用于操作音乐,一个用于操作船底的小轮子。

这艘金壳盖伦船模,显然不是为建造大船而制作的,它的功用是在宫廷聚会中宣布宴会开始:先是船内弹奏出动听的音乐,同时,船上小人会列队敲鼓行进;而后,金壳船要在大长桌上"航行";

维也纳艺术史博物馆收藏的16世纪下半叶制作的银制盖伦船模

当它停下来时,船头加农炮会自动点燃一根导火线,引燃船上其他的火炮,轰轰的炮声告诉来宾——宴会正式开始了,皇室的荣耀与欢乐都同这条船联系在一起。

维也纳艺术史博物馆有一艘黄金打造的盖伦船模和一艘白银打造的盖伦船模,这两艘船模都不是半自动的音乐盒一类的船模,而是纯粹的艺术品。这一金一银的盖伦船模,其主桅上都有神圣罗马帝国双头鹰旗帜,船模的缆绳都是银线和珍珠链制成。可以推想,新型盖伦船横空出世的年代,它在欧洲大陆外面的英格兰和统治着欧洲大陆的神圣罗马帝国,都享有极为尊贵的地位。

事实上,16世纪下半叶欧洲各航海大国都着手改进克拉克帆船,以提高航速和操纵性。英格兰、西班牙、法国、丹麦与荷兰都发展出各自独有的设计。盖伦帆船大体上被分为3种具有代表性的尺寸:小型(排水量100—400吨)、中型(排水量500—800吨),以及大型(排水量900—1200吨)。大帆船的制作与装潢,主体部分漆为深色,边角和船楼绘有亮丽的色彩,边缘有时会镶嵌金属。其后,还要为大船进行"洗礼",即命名仪式,重要的大帆船,一般以圣人和圣女或其他宗教人物命名。

"珍宝船队"

——跨越大西洋与太平洋的"盖伦航线"

西班牙人一边在美洲疯狂掠夺，一边创造性地开辟了一条新航线：从墨西哥出发，利用东北季风，南行抵达菲律宾，再从菲律宾利用西南季风北上，而后顺着黑潮经日本，再向东航行至美洲，最后又回到墨西哥。西班牙人利用这条航线，把在美洲掠夺的白银带到菲律宾，在这里换成丝绸、瓷器、香料后，将这些商品运回墨西哥；再从加勒比海跨大西洋，最终回到西班牙的塞维利亚这个泛着金光的港口。由于这条航线上使用的都是盖伦大帆船，因此被称为"盖伦航线"。

因为看了西班牙画家阿隆索·桑切斯·科洛（Alonso Sánchez Coello）大约绘于1576年间的《塞维利亚城瓜达尔基维尔河上的造船厂》，我到塞维利亚考察时，特别选在夕阳西下时去看仍然健在的黄金塔，一点一点走入16世纪后半叶瓜达尔基维尔河的画面。河中央加莱桨帆船还在像蜈蚣一样"爬行"，河岸已是一派热火朝天的造船工地，那艘斜躺在河边基本完成船壳的大船，和几艘已完成涂装的大船，都是西班牙当时最需要的大帆船——盖伦船。

这种新盖伦帆船的长宽比一般为4∶1，比老式的克拉克帆船和卡拉维拉帆船更为修长，其速度和灵活性都大为提高。从画中可以清楚地看到盖伦帆船的一项重大改进，就是将克拉克帆船滚圆的船尾改为窄长的方形船尾。这样不仅增加了航速，而且可以支撑更大的

《塞维利亚城瓜达尔基维尔河上的造船厂》，西班牙画家科洛，约1576年

艉楼。

西班牙人为何要突击建造这么多的盖伦帆船呢？此时，西班牙人在美洲已建立了许多殖民地，那里的大量财宝等着更大的帆船将其运回国。当时西班牙用的盖伦帆船主要来自葡萄牙，后来西班牙大力自行制造盖伦大帆船。

从1522年塞维利亚的贵族们恳求西班牙国王为大西洋航运提供保护之后，1526年卡洛斯一世（也就是神圣罗马帝国的查理五世）开始提供到新大陆的定期护航。每年8月从塞维利亚到北美大陆，4月到新西班牙（墨西哥）。随着加勒比海盗日益猖獗，由原来每个船队提供一艘军舰作为旗舰，到1555年每个船队的护航军舰上升到四艘。

1545年，西班牙殖民者在秘鲁的波托西（今玻利维亚）找到当时世界上最大的银矿，西班牙有了重要的贸易资本，跨洋贸易越做越大，西班牙的盖伦大帆船也慢慢发展成运送财宝的武装商船，被称为"珍宝船队"。

1550年时，西班牙"珍宝船队"只有17艘船，到了16世纪末已有超过50艘盖伦大帆船。"珍宝船队"一般由富有海上经验的贵族担任指挥，舰队有一个监督官代表国王的利益，一名书记官记录所有登船货物的移动。每艘船的船长都是行政和军事的双重首长。如果是秘鲁—西班牙航线的运银船队，则旗舰必须搭载一名西班牙商贸院指定的掌银官，并且在每艘船上配属一名押运官，而"珍宝船队"就是由西班牙商贸院在塞维利亚组建的。

1580年葡萄牙王室姻亲被并入西班牙（直到1640年才摆脱西班牙统治），使其大帆船的队伍更加壮大，到了1588年西班牙组建无敌舰队时，已经拥有10艘左右排水量为800—1000吨的盖伦大帆船。后来，西班牙运送财宝的船队中，甚至使用了排水量为1200吨的大船。

西班牙为运财宝的船配备比欧洲其他国家更多的士兵，通常会有125名士兵登船。一般只有20—30名水手的加勒比海盗船，并不是西班牙财宝船的重大威胁，最主要的防范对象是英格兰和荷兰私掠船。这些私掠船的大小和西班牙盖伦帆船不相上下，往往配有比西班牙更多的士兵和火炮。正是他们直接引出了打劫"珍宝船队"的著名故事。

金鹿号

——"皇家海盗"德雷克的环球打劫之旅

"盖伦航线"是一条让西班牙享受财富的航线，也是让英格兰妒忌得肝火上升的航线。美洲当时受最先发现新大陆的西班牙人控制，他们封锁大西洋美洲沿岸，甚至另一边的太平洋也变成了西班牙的私海。

1559年，伊丽莎白一世正式继承王位，这位女王通过为英格兰海盗颁发"私掠许可证"的特殊政策，挑战西班牙的海上霸权。其中，有一位名留史册的领军人物弗朗西斯·德雷克（Francis Drake），还有一艘名留青史的盖伦帆船——金鹿号（Golden Hind），值得一说。

先说说德雷克。这位出生在英格兰德文郡农民家庭的孩子，10岁出海，17岁当上船长。1572年，32岁的德雷克怀揣伊丽莎白女王签发的"私掠许可证"，率领表兄霍金斯出资购置的两艘武装商船和70多名水手，进入加勒比海，开始了他的私掠生涯。在1572—1574年的美洲远征中，他多次袭击西班牙"珍宝船队"，夺得几万磅金银财宝，成为英格兰的英雄。

1577年，尝到打劫甜头的德雷克再次从英格兰出发，这一次他的目标明确：经过麦哲伦海峡，到南美的西海岸对西班牙港进行劫掠，最后通过北极圈西北航路返回英格兰。除最后一项任务以外，可以说，他胜利完成了所有任务。

由五艘船组成的德雷克私掠船队进入美洲后，沿美洲东岸一路打劫西班牙商船。西班牙人迅速派船一路南追,德雷克驾船南逃,受大风的影响,他的船没有进入麦哲伦海峡,而是向南漂去,意外地绕过了美洲大陆最南端,进入了太平洋,发现了合恩角和后来以德雷克的姓氏命名的海峡。

人们一直认为麦哲伦海峡以南是传说中的南方大陆,德雷克的这次航行,向世人宣告"传说中的南方大陆并不存在"。当然,德雷克自己也不知道,他穿过了世界上最宽、最深的海峡。后世测量表明,德雷克海峡宽度达970千米,最大深度为5248米,所以,想到天尽头海底打捞当年沉没财宝船的梦想,至今没人能实现。

1580年9月26日,德雷克回到普利茅斯,成为第二个环球航海家,也是第一个活着回来的环球航海家。德雷克1577年从英格兰出发时是五艘船,进入太平洋时仅剩下旗舰,德雷克将这艘唯一幸存的船更名为金鹿号,因为此船赞助人英格兰政治家、大法官海顿爵士的家族纹章是一只金鹿。

接下来说说金鹿号。一种资料称,此船始建于法国,后被英格兰的霍金斯家族购买,当时不叫金鹿号;另一种资料称,金鹿号于1567年在英格兰的普利茅斯下水首航,最初叫作鹈鹕号(Pelican)。不论哪一个说法,都证明金鹿号原本不叫金鹿号。

金鹿号没留下原始图纸,伦敦科学博物馆复原金鹿号船模技术数据为:总长22.88米,宽5.80米,排水量100—150吨,3桅;前桅和主桅撑横帆;后桅撑三角帆,斜杠帆。每一舷侧装载7门4磅炮,在船首与船尾部的炮位各拥有2门2磅炮。船上定员80人左右,属早期英格兰盖伦船(比西班牙盖伦船小很多)。

据传,金鹿号带回的财宝价值16万英镑,这个数字相当于英格兰穷政府一年的收入,在还清所有债务之后,仍然有4万英镑剩余。金鹿号为其投资者每1英镑的投资带来47英镑的收益。作为资助者之一,女王也得到了她的红利。所以,1581年4月,伊丽莎白一世亲自登上金鹿号,赐德雷克皇家爵士头衔(此后,德雷克名字中多了一个"Sir",但它不是公、侯、伯、子那样的爵位,不能世袭,只是极大的荣誉),9月德雷克成为普利茅斯的市长。不过,德雷克在西班牙则有另一种"头衔"——"El Draque",就是"龙"的意思。这可不是李小龙、成龙的那个英雄之龙。西方的龙,通常代表着恶魔。

金鹿号的环球航线很长时间没有绘在航海图上。大航海时代是一个注重发现的时代,也是一个注重保密的时代。伊丽莎白女王颁布命令,禁止参与过此

上图：洪第乌斯 1590 年绘制的《世界航海图》画了五个时间节点上的金鹿号

下图：洪第乌斯 1590 年绘制的《世界航海图》中位于下方正中的金鹿号，这是此船目前唯一可见的历史图像

次航海行动的任何人绘制相关航海图。这条重要航道还留着给德雷克在南美打劫专用呢。这是德雷克海峡很晚才在航海图上出现的历史原因。

1589年,也就是德雷克第一次环球航海回到英格兰10年之后,著名制图家吉哈德斯·墨卡托(Gerardus Mercator)的孙子墨克·墨卡托(M. Mercator)把德雷克环球航行路线制成了银牌航海图,是个直径7厘米的圆形银牌饰品。1590年,佛兰德斯的年轻雕刻工洪第乌斯(Jodocus Hondius)制作了一幅全新的双球世界航海图。此图描绘环球航行的两条航线,即德雷克1577—1580年间环绕地球航行的路线和托马斯·卡文迪什(Thomas Cavendish)1586—1588年间再次环绕地球的航线。这幅航海图首次以全球的视角描绘了绕过美洲的新航线。

有趣的是,受伊丽莎白女王登船欢迎德雷克的影响,人们都来参观金鹿号,这些观众中就有地图制作大师洪第乌斯。他把这艘令他终生难忘的金鹿号绘在了新版双球《世界航海图》上,在地图的中部与四角都绘有金鹿号装饰图案,四角分别是金鹿号在摩鹿加群岛(图左下)、西里伯斯岛的暗礁群(图右下)、开始返航的爪哇岛(图左上),以及加利福尼亚港(图右上)。此图是金鹿号留存最早的图像记载。

1596年1月28日,德雷克在西印度征战途中,因痢疾病逝于巴拿马。伊丽莎白一世下令将金鹿号保存在位于伦敦东南的皇家德普福德船厂,但用以保存该船的船篷始终没有建起来,金鹿号在那里停放了将近100年,1660年因腐烂而报废。20世纪,英格兰人复建了金鹿号,船头雕有金鹿,船尾绘有金鹿。其实,原来的金鹿号没有这些装饰。

歌德在《浮士德》中,曾通过靡非斯特说出"战争、贸易、海盗三位一体,不可分割"这句名言。歌德没有注意到德雷克私掠活动的"副产品",否则他会将这句名言修正为"战争、贸易、海盗和发现四位一体,不可分割"。这正是后人不断复制金鹿号仿古船要展示的历史复杂性。

五月花号

——孕育了美国的"小摇篮"

在驶往新大陆的诸多帆船中,有两艘改写了历史:一是西班牙的克拉克帆船圣玛利亚号,哥伦布指挥它发现了美洲;二是英格兰的盖伦帆船五月花号(The Mayflower),它在某种意义上缔造了一个新国家——美国。

1882年美国海洋画家威廉·哈尔索尔(William Halsall)画了这幅著名的《五月花号在普利茅斯港》(现藏美国马萨诸塞州普利茅斯朝圣馆),画中停泊在积雪与浮冰中的五月花号,是一艘三桅的英格兰盖伦船。后世估算它长28米,宽7.6米,吃水3.35米,排水量180吨,大约拥有25名船员,可以搭载100名左右的乘客。1620年9月6日,它载着以清教徒(属基督教新教的一个派别)为主的

102名英格兰移民由普利茅斯启航,于11月21日到达美洲达科德角,即鳕鱼角(今美国马萨诸塞州普罗文斯敦),新移民将这里称作普利茅斯。

此前,1607年5月,伦敦弗吉尼亚公司曾将一批英格兰清教徒送到北美弗吉尼亚(Virginia,意为"处女地",以歌颂当时"把贞操献给国家"的伊丽莎白一世),建立了名为詹姆斯顿(以表达对国王詹姆士一世的敬意)的定居点。这是英格兰在北美大陆上设立的第一个殖民地,也是其在海外建立的第一个殖民地。

1608年8月,又一批英格兰清教徒来到荷兰,这批分离主义派清教徒是清教中最激进的一派,由于受英格兰国教

《五月花号在普利茅斯港》,哈尔索尔 1882 年绘制

(即盎格鲁教会或主教会,基督新教三个原始宗派之一)的残酷迫害,其中一部分教徒决定迁居北美,并与伦敦弗吉尼亚公司签订移民合同。1620 年 9 月 16 日,这批分离主义清教徒和另外一批工匠、渔民、贫苦农民及契约奴,在威廉·布拉福特(William Bradford)率领下乘五月花号前往北美。

说五月花号创造历史,并非指它 66 天有惊无险的航程,而是指这艘船上的移民在登上新大陆之前,于船舱中签署的那份规范未来生活的"公约":

以上帝的名义,阿门。我们这些签署人是蒙上帝保佑的大不列颠、法兰西和爱尔兰的国王——信仰和捍卫者詹姆士国王陛下的忠顺臣民。为了上帝的荣耀,为了增强基督教信仰,为了提高我们国王和国家的荣誉,我们漂洋过海,在弗吉尼亚北部开发第一个殖民地。我们在上帝面前共同立誓签约,自愿结为一民众自治团体。为了使上述目的能得到更好的实施、维护和发展,将来不时依此而制定颁布的被认为是这个殖民地全体人民都最适合、最方便的法律、法规、条令、宪章和公职,我们都保证遵守和服从。据此于耶稣纪元1620年11月11日,于英格兰、法兰西、爱尔兰第十八世国王暨英格兰第五十四世国王詹姆士陛下在位之年,我们在科德角签名于右。

这部"公约"后来被越来越多的北美移民社区采用,成为英格兰移民缔造政治社会的模范。正是这份强调平等、自由、自治的"公约",为美国的最终独立埋下了种子。所以史家称其为美国历史上第一份政治性契约,美国几百年根基就建立在这短短几百字之上,信仰,自愿,自治,法律,法规……几乎涵盖了美国立国的基本原则,其意义可与英格兰《大宪章》、法国《人权宣言》、美国《独立宣言》相媲美。有人甚至认为,这一"公约"是陆地法向海洋法过渡的古老"海洋法"的代表。

这都是后话,其实在1793年之前,它不叫"五月花号公约",而被称为"协会合同"。外国人重视美国历史,是法国人托克维尔1840年出版《论美国的民主》之后;美国人重视自己的历史,是在南北战争结束之后。

1863年在宾夕法尼亚出生的让·莱昂·杰罗姆·菲利斯(Jean Leon Gerome Ferris),从小就喜欢画画,后来考取了宾夕法尼亚州艺术学院。在整个国家都宣扬"美国梦"的气氛中,他选择了历史画为自己的创作方向,到1895年时,菲利斯已获得了历史画家的声誉,开始创作规模宏大的系列历史画。

1899年菲利斯创作的《五月花号签署公约》,大约基于这样的背景:"五月花号公约"最权威的记载莫过于威廉·布拉福特(他是"公约"的起草人)的北美最早的编年史《普利茅斯垦殖记》(Of Plymouth Plantation)。1621年,布拉福特接替死去的第一任总督约翰·卡弗(John Carver)成为普利茅斯殖民地的第二任总督,连选连任30年之久。他的外甥默顿(Nathaniel Morton)在这本书的基础上写成了后来流传甚广的《新英格兰回忆录》(New England's Memorial)。美国独立战争期间,这本书流入英格兰,经过长达几十年的外交努力,官司惊动了维多利亚女王。最终,这本关于美国起源的书,才于1897年由一个宗教法庭判给美国。此书"回归"时,波士顿举行了隆重的庆祝仪式。

菲利斯的《五月花号签署公约》是表现这一题材的较早作品,也是最精彩的一幅。

此画还原了当年签约的场景,船舱

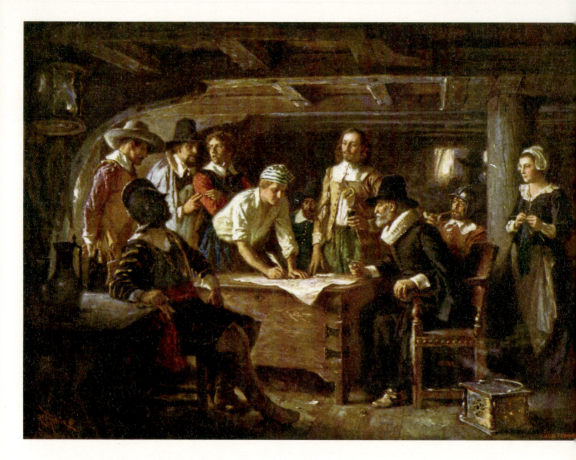

《五月花号签署公约》,菲利斯 1899 年绘制

画得高了一些,差不多两米了。实际上这种小盖伦船,其船舱通常仅有 1.5 米高。当时的船舱挤满了从英格兰带来的狗和家禽等,但画中没有表现。人们猜测画中人物应当有普利茅斯殖民地第一任总督卡弗、第二任总督布拉福特和第三任总督爱德华·温斯洛(Edward Winslow)。当时,船上有 41 名成年男性乘客签了字,立在画中的女人只能是旁观者,那时妇女还没有政治权利。乘客中有一半的人,登陆不到半年便相继死去。

菲利斯画完这幅画,并不急于出售它,而是先出售了它的复制权,出版公司可以依此制作印刷品、明信片、日历等出版物。五月花号的故事就这样走向了世界。正如托克维尔所言,"考察一个民族的成长,应当追溯它的过去,应当考察它在母亲怀抱中的婴儿时期,应当观察外界投在他还不明亮的心智镜子上的初影"。

5

长命的桨帆船

　　谁能想到"地中海蜈蚣"(加莱船)会有3000年的生命力,甚至在中世纪后期,仍然能见到它的身影。这种桨帆船是最早的商船,也是最早的战舰,自然也是商战两用的混合船。1570年勒班陀海战是桨帆船最宏大的亮相与谢幕,这之间交织着真正的"军舰"悄然崛起。

加莱桨帆船

——一只称霸地中海近 3000 年的 "蜈蚣"

前文讲过,公元前 1000 多年时,地中海就有了米诺斯桨帆船和腓尼基桨帆船,没人会想到这种船会称霸海上近 3000 年,甚至到了中世纪后期,仍充当商船与战船的角色。这种桨帆船后来被人们称作"加莱船",或"加利船",绰号"地中海蜈蚣",是一种平底桨帆船,分为商用与军用两种,也有的是商战混用。

火炮诞生之后,加莱战船在保留撞角的同时,在船头增设了一门 4—6 磅的火炮,左右两舷上下甲板,也增设了轻型炮 2—3 门。这种火炮很小,近乎火铳。至 15 世纪时,加莱战船仍是单桅,斜桁大三角帆。战斗时,不用船帆,完全依靠划桨动力,充分发挥自身的机动性。

加莱战船干舷(吃水线以上的船舷)低,吃水浅,速度快,但船舷受破坏后,船会迅速翻覆。

火炮诞生之后的加莱战船,战斗时以船头炮发起攻击,两侧杀伤敌兵用的是轻型炮。战术阵列是横队,迅速冲向敌船;然后,从两翼绕到敌舰舷侧,快速推进,用船头青铜撞角撞毁敌船船腹。再用弓箭和火铳射杀敌兵。同时,配有枪和剑的士兵们跳上敌船,进行白刃战,以歼灭敌人。

商用加莱船,船体较宽,干舷高,载货能力大。人们从"罗得岛的迈克尔"(Michael of Rhodes)大约在 1401—1445 年间留下的手稿中的一份造船契约上,有幸见到那个时代的商用加莱船。罗得

"罗得岛的迈克尔"手稿中15世纪初的商用加莱船

岛是希腊第四大岛,这位"迈克尔"应是个希腊商人。此份手稿记录了他与威尼斯商人打交道时的经历,主要记录商业数学、天文学、造船技术与航海实践等内容,并附有航海插图、日历图表和占星术图纸。手稿曾一度"丢失",在不知名的人手中保存了400多年,直到19世纪才全部翻译。

手稿中的这幅插画绘于1434年,画中的商用加莱船没有画排桨,甚至没有画水手,它只是记录这种商用加莱船的基本面貌。从船尾插的旗帜看,是威尼斯的商船,画中突出了大帆,还有船尾的"四分之一舵"。它并不是船尾中心轴式舵,西方人也称它为舷边操舵桨。此"四分之一舵"不用时绑到船舷上,用时解开绳子放入水中,说明此时加莱船的转向功能还十分原始。这是较少被绘画记录下来的15世纪初商用加莱船的珍贵文献。

威尼斯加莱船
——跨越地中海的朝圣之旅

这幅精美的插画出自德意志贵族康拉德·格伦纽伯格（Conrad Grunenberg）1487年的游记《从康斯坦茨到耶路撒冷进行朝圣》，此书现藏巴登地区图书馆。此画的名字叫《威尼斯三桅大帆船带着朝圣者去耶路撒冷》，表现的是康斯坦茨到耶路撒冷朝圣途中的海上航行。

康斯坦茨是今天的德国南端与瑞士交界的一座宗教气氛很浓的古城。格伦纽伯格是康斯坦茨市长的儿子。文献记载，1465年他曾为神圣罗马帝国皇帝腓特烈三世（Frederick Ⅲ）服务过一段时间，去朝圣之前的两年担任过军职。1486年4月，他从康斯坦茨出发，前往威尼斯，而后乘威尼斯大帆船，经过克里特岛、罗得岛、法玛古斯塔（Famagusta），于7月24日抵达雅法（Jaffa）。

雅法古港今属以色列的特拉维夫，现在是个旅游城市。我在此地考察时，专门去参观了那个沉降在海里仅露出一点点石基的古港遗址。格伦伯格当年就是在这里登岸，而后换乘驴子，踏上去耶路撒冷和伯利恒等圣地的旅途。最后，在雅法乘船返回威尼斯，并于12月回到康斯坦茨。后来，他将这33个星期的朝圣之旅写成了这部书，并签上了自己的名字。在书中，他记录了30位同行者，在9位的名字旁边标注了"死亡"。

这部书很像现代的旅行书，插图特别多，画得极为精美。这幅手绘的《威尼斯三桅大帆船带着朝圣者去耶路撒冷》让人们领略了那个时代威尼斯大帆船的

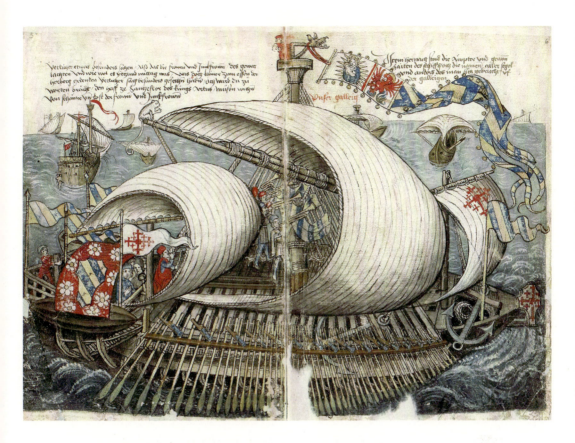

15 世纪后期威尼斯建造的三桅加莱桨帆船,升级版的商战两用加莱船

非凡气派。画面突出了完全升起的大帆和飘飞的旗帜,艏柱、艏帆和艉旗上都绘有"耶路撒冷十字架",即大十字架四个角各有一个小十字架环绕,象征福音从耶路撒冷传向地球的四极,突出了朝圣船的使命。在主桅的顶端飘飞的旗帜上绘有一串纹章。

欧洲纹章文化源远流长,最初用于盾牌与旗帜,在 12 世纪时已形成城市印章、族徽、君王徽记等应用广泛且相对规范的徽记体系。在这部游记最后一页插图上,绘了许多纹章,其中就有康拉德·格伦纽伯格的家族纹章。这个旗帜上的首个纹章绘有圣母抱圣婴,表明这是天主教的朝圣船,接下来是神圣罗马帝国的单头鹰皇帝纹章(此时,神圣罗马帝国已换双头鹰纹章了),而后的蓝黄条纹与艉旗、席棚上的纹章相同,应是勃艮第公国纹章。在马克西米连一世1477年和勃艮第的玛丽结婚后，法兰西和神圣罗马帝国瓜分了勃艮第公国，勃艮第公爵的头衔也随之到了哈布斯堡王朝身上……这里大大小小的纹章，最终都归于神圣罗马帝国权力之内。

这是一艘威尼斯建造的三桅加莱桨帆船，已是升级版的加莱商战两用船，有三桅，其主桅上建有大桅盘，上面立有观察航向的水手，长长的桁由两段桁木绑接在一起。此船有58个桨位，每个桨位有3支不同的桨，桨手共计174名。划桨手的上一层配有轻火器，火铳类的小炮……船可载120名乘客和用于贸易的货物。

从阿拉伯大军7—8世纪进入地中海之后，古老的地中海经济圈就崩溃了，东罗马帝国想依靠海上航线维持帝国的统一和贸易往来，但是，随着10世纪地中海海盗显著增多，地中海商人们不得不用更大的船和更多的船员来保证航行安全。于是，亚平宁半岛的城邦担当起造大船的任务，威尼斯、热那亚、比萨这些重商的沿海城邦国家，也由此成为东地中海上的主要航运力量。

1290年，威尼斯共和国开始批量生产这种大型加莱桨帆船，用于从东方运送利润丰厚的奢侈品，比如香料、丝绸以及宝石。从14世纪上半叶起，威尼斯把加莱桨帆船提升到了其发展的最高阶段，它的设计、保养和划桨技术都达到了近乎完美的顶点。威尼斯人专门成立了一些承担成批制造和保养加莱船的复合职能的兵工厂。这里储存着大量的备件，到了战时，在两天时间里就可以配备完整的船。同时，在这些兵工厂的造船厂中，还建立"国家企业和私人公会的商人联合体"，双方联手造船，一起开展海上贸易，实现国家与商家、军品与民品的"双赢"。

威尼斯商战两用加莱桨帆船，比后来的各国战船都大，长可达46米，排水量在200吨左右；有150—180名不等的桨手；这种船配有轻型武器，保证能抵抗来自海上的攻击。因此，这种大船既会被贸易方雇用，也会被军事方雇用。后来，它迅猛发展的另一个动力，源于欧洲前往耶路撒冷朝圣的人大量增加，朝圣大帆船甚至独立成一种专门的运输船。它吸引着威尼斯和欧洲其他地方的富人到圣地做一次长达33个星期的朝圣旅行。

弗斯特船

——横行地中海的巴巴利海盗

1492年，摩尔人从伊比利亚半岛被迫迁出后，一部分人以北非突尼斯城为据点，开始了沿北非巴巴利海岸打劫的生涯，这伙人因此被称为"巴巴利海盗"（Barbary Corsair）。我考察巴巴利海岸时，在突尼斯城的港湾，参观了用于文化旅游的巴巴利海盗船。此船不大，十几米长，两桅，有一个突出的船尾灯，船头立一个真人大小的海盗人偶，供游客合影。这艘仿古海盗船的母本应是巴巴利海盗晚期用的弗斯特船，相对先进了一些。它的可靠样板还要到历史文献中去找。

这里介绍的弗斯特船画，出自范·林斯霍滕（van Linschoten）1596年在荷兰出版的《旅程：范·林斯霍滕前往东方或称葡属印度的航程，1579—1592》（*Itinerario: Voyage ofte schipvaert van Jan Huyghen van Linschoten naer Oost ofte Portugaels Indien, 1579-1592*，简称《东印度水路志》）一书。这个范·林斯霍滕是荷兰人，作为葡萄牙派往印度的大主教的助理，来到印度。他窃取了葡萄牙人的多种文献，编写了这部最早描绘"东印度"的笔记，打破了葡萄牙人和西班牙人长久以来对欧洲前往印度的航线的信息垄断，直接促成了荷兰成立东印度公司。

这幅小画题记用了两种语言，荷兰语为："弗斯特是一种葡萄牙人用来与他们的敌人在马喇巴斯（印度西南海岸，当时阿拉伯商人控制的地区）进行贸易

突尼斯城的港口用于文化旅游的仿古巴巴利海盗船

或打仗的船。"拉丁语为:"此船是用于战争和运输货物的弗斯特帆船,或者拜耳莫斯船。"画中的船,大致上有 11 对桨,单层甲板,有一根桅杆,一张阿拉伯风格的三角斜桁帆,是一种轻型桨帆船。此船上携带了 3 门有轮架的火炮,船尾有葡萄牙式棚子。

弗斯特船轻便灵活,吃水浅,具备无风移动的能力以及在浅水中航行的能力,深受北非巴巴利海岸劫匪的欢迎——这些优点对于在打击过路商船之前悄悄躲在沿岸水域中至关重要。所以,这看上去貌不惊人的桨帆船,成为北非巴巴利海盗当年驰骋海上的标准座驾。当然,画中的船不是北非海盗的,船上插着十字套十字的葡萄牙"基督骑士团十字旗"。范·林斯霍滕当年的印度之行,搭乘的就是葡萄牙人的船。

接着说说喜爱弗斯特船的巴巴利海盗。

1500 年左右,两个突厥海盗头目——乌鲁兹·雷斯(Oru ccedil Reis)和席兹尔·雷斯(Hizir Reis)来到阿尔及尔,招募摩尔人,组成了自己的海盗团伙,开始打劫欧洲商船。地中海东岸的奥斯曼帝国很快注意到了巴巴利海盗,

1596年出版的《东印度水路志》中描绘弗斯特船的插画

为了打击基督教世界,向西地中海扩张,奥斯曼帝国和雷斯兄弟结成联盟,并向雷斯兄弟提供必要的武器和物资。突尼斯的各个酋长为了筹措资金,也支持巴巴利海盗,甚至把地中海加贝斯湾中的杰尔巴岛卖给了雷斯兄弟。

巴巴利海盗以杰尔巴岛为根据地,将海盗团伙训练成一支正规海军。1510年以后,他们占据了阿尔及尔,宣布成立巴巴利王国,后来成为奥斯曼帝国的一个自治省份,海盗头目接受苏莱曼的任命,成为帝国的"卡普丹帕夏"(海军上将)。原本就不太平的地中海局势,因巴巴利海盗又添了更多变数。此后,神圣罗马帝国与奥斯曼帝国的几场重要海上战争,都能见到这个海盗帝国的帆影。

加莱塞桨帆船

——桨帆船最宏大的亮相与谢幕

威尼斯共和国与奥斯曼帝国的矛盾，从1453年奥斯曼苏丹穆罕默德二世攻克君士坦丁堡的那一刻就开始了。威尼斯与东方进行贸易的商路被土耳其人切断了，这种损失几经修补，仍无法从根本上解决。而且，奥斯曼帝国沿地中海东岸不断向西扩张，直接侵占了威尼斯属地，双方冲突不断升级。

从1463年起，威尼斯与奥斯曼帝国连续爆发七次海上战争，这里要讲的是第四次战争，它为世界海战史留下了一场经典战役——勒班陀海战。

1571年10月，在希腊勒班陀海域爆发的这场海战，是海战史上排桨战船最多的一场海战，也是排桨战船的最后一次大海战，神圣罗马帝国经过此战夺回了地中海东部海权。当时西方许多大画家都描绘了这场大海战，比如，提香和他的弟子委罗内塞的《西班牙拯救了宗教》和《勒班陀战役的寓言》，还有瓦萨里的《勒班陀战役》，不过，从展现战场的真实视角来看，我更乐于选择无名画家1571年创作的这幅《勒班陀海战》。

这幅《勒班陀海战》展现了那场前无古人、后无来者的加莱桨帆船的大混战。仅看船上的旗帜就够热闹，奥斯曼帕夏旗舰上有三日月旗帜，威尼斯方面是狮子旗，热那亚方面是红色圣乔治十字架旗帜，西班牙方面是城堡狮子旗，奥地利方面和哈布斯堡方面是双头鹰旗帜。史载，当时的神圣同盟海军，包括西班牙王国、威尼斯共和国、教皇国、

《勒班陀海战》，佚名，1571年

萨伏依公国、热那亚共和国以及马耳他骑士团等的多国舰队，有近300艘加莱战船、1.3万名水手、近3万名步兵。奥斯曼帝国组织了222艘加莱战船，以及64艘北非海盗的弗斯特船，还有一部分小型船，总共近300艘战船，以及1.3万名水手、3.4万名步兵。

从画面上看，双方战船挤撞成一团，实际上，双方开战时，都有精确的战阵。

神圣同盟联合海军分为四支分舰队，由南至北伸展成纵向的阵线。在北端（左翼）部署了53艘威尼斯的排桨战船，中央主力为26岁的唐·胡安（Don Juan）率领的62艘排桨战船，南端（右翼）为热那亚的53艘排桨战船，还有一支由38艘排桨战船组成的预备队，每支分舰队配备了2艘加莱塞（Galleass）战船。神圣同盟联合海军还部署了大大小小不同的侦察船队及补给船队等。

奥斯曼帝国也排出了强劲阵容，其主力舰队的北端（右翼）由52艘排桨战船和6艘快速排桨船组成，舰队的南端（左翼）部署了63艘排桨战船和30艘快速排桨船，中央主力为61艘排桨战船和32艘快速排桨船，由米埃津札德·阿里帕夏（Pasha Ali Mouezinzade）亲自统领。此外，在中部主力舰队的后方，还部署了一支由8艘排桨战船、22艘快速排桨船和64艘弗斯特船组成的预备队。

战船方面，最值得一提的是已进入

创作于 1636 年的《黑海战斗中的土耳其帆船》

16世纪后期了,加莱船在这一海战中仍是主要战船,特别引人注目的是加莱船有了它的升级版——加莱塞桨帆船,即加莱船的地中海改进型。

在这幅画的中央和右侧,画家突出描绘了加莱塞桨帆船,这种新型地中海战船已将桅杆增加到三根,张挂斜桁大帆,大大提高了扬帆行船的能力,同时也加大了船体,舷侧安装了更多火炮,可以进行船侧炮击。画中加莱塞桨帆船的船头，改建成两层的封闭式炮舱，正在开火。细观此画，还会发现，双方在武器上有着很大差别。据说，此役神圣同盟的战船配备了1800门火炮，奥斯曼帝国的战船只配备了700多门火炮。所以，画面上的土耳其士兵多是弓箭手。

1571年10月7日早上，神圣同盟海军总司令唐·胡安指挥中央舰队和左翼舰队前面的4艘加莱塞战船，以猛烈的炮击开战，炮弹命中了包括阿里帕夏旗舰在内的许多奥斯曼帝国的加莱船，其中的几艘很快就开始沉没。这天下午，神圣同盟的旗舰与土耳其的旗舰接舷。唐·胡安指挥士兵用火绳枪射击，奥斯曼军队总司令阿里帕夏被射杀，群龙无首的奥斯曼军队开始出现混乱，奥斯曼军舰中负责摇桨的基督徒奴隶纷纷向同盟军投降。下午，同盟军将奥斯曼军队总司令阿里帕夏的首级挂在神圣同盟旗舰的桅杆上，奥斯曼舰队立刻慌了手脚，溃不成军，最后被各个击破。只有乌鲁奇·阿里（Uluj Ali）的左翼舰队侥幸逃出战场，才免被全歼。

奥斯曼帝国舰队损失惨重，150艘战船被击沉，30余艘触礁，110艘失踪。大约2500名士兵战死，5000名被俘，

12000名基督教徒奴隶获得解放。虽然奥斯曼帝国战败了，但皇帝塞利姆二世直言不讳地声称："虽然威尼斯人击败了朕的舰队，但这只不过是烧了一下朕的胡须而已。而朕夺取了塞浦路斯岛，这等于切断了他的右手。"这也是事实。同样，后来一段时间，在黑海这样的内海海战中，奥斯曼帝国舰队仍然用桨帆船作战。这幅1636年的《黑海战斗中的土耳其帆船》记录下土耳其与西方战船发展并不同步的有趣一幕。

神圣同盟联合海军获胜的重要原因之一，是加莱塞船的出现，这6艘新型战船被部署在舰队的最前列，利用其威力强大的炮火大破奥斯曼人弱小的加莱舰队。以这次海战为契机，地中海海战的主角由加莱塞船取代了加莱船。地中海国家从此役得出一个重要经验：火炮才是海上战争的关键。此后，大炮成为战舰必备的武器，排桨船淡出了历史。

威尼斯和奥斯曼帝国之间后来还进行了几场海战，第七次战争打到了1718年，地点仍在伯罗奔尼撒半岛，但历史学家已不再关注它们了，因为16世纪人类文明史的重心，已从地中海移向了大西洋、印度洋和太平洋。

查尔斯号

——桨帆战舰并没有迅速退出历史舞台

加莱船的寿命真是出奇的长,即便到了17世纪下半叶,已是超级战列舰的竞争了,英格兰仍然在海军中保留了这种早已过时的桨帆船,其中最为著名的是桨帆船查尔斯号,如今在英国国家海事博物馆还能看到它的身影——油画《微风中的查尔斯桨帆战舰》。

此画创作于1677年,创作者是小威廉·范·德·维尔德,当时他正为英格兰王室同时创作几幅船画。1791年,皇家海军舰队司令约翰·福布斯(后来当了格林威治医院副院长)把这几幅画捐给了格林威治医院,以便它们能够被保存在有兴趣的海军手中,最终,它们都进入了英国国家海事博物馆。

此画完成时,"查尔斯大帆船"刚刚入役一年。这艘新战船显然不是一艘"真正的"风帆战船,而是"加莱型桨帆船护卫舰"。它长长的船首斜桅、上层甲板都像战列舰一样,那11个炮窗里是11门9磅炮,有的还探出了炮身。细看紧靠海面的下层甲板,船舷开的不是炮窗,而是20个划桨孔,保留了划桨功能,只在首尾开有炮眼。该舰长40米,甲板最宽处近9米,比较细长。此刻,它正升帆前行,所以木桨都收了回去。微风中的查尔斯大帆船,正拖着一艘驳船,驳船上面有几个人。

这艘查尔斯桨帆船是1676年建造的两艘所谓大帆船战舰(加莱塞型桨帆船护卫舰)中的一艘。已然是战列舰时代了,英格兰人为什么要造两艘古典战船

《微风中的查尔斯桨帆战舰》，小威廉·范·德·维尔德，1677 年

呢？因为它们有特殊的任务，要去地中海打击近岸攻击往来船只的北非巴巴利海盗——阿尔及尔、突尼斯、的黎波里，这三个享有自制权的奥斯曼属国——这些地中海势力善用桨帆船和划桨船。所以，英格兰人选择了这种加莱塞型桨帆船护卫舰，它当时配备 32 门火炮，被分成第四等级的战船，一直服役到 1691 年。

比英格兰人更爱加莱桨帆船的是法国人，一直到 1749 年之前，在马赛港都驻扎着一支加莱塞型巡航舰队，它和法国的大西洋舰队互不隶属，是独立的，有着自己的编制和预算。这种奇特的建制一直持续到 19 世纪初，马赛港仍保留着 15 艘加莱塞型桨帆船。显然，它已没有什么实际作战意义了，更像是作为一种战船图腾而存在。

加莱塞帆船版画,约制作于 1690 年

科内利斯·维贝克所绘《荷兰和西班牙军舰的海上相遇》

6

真正的军用舰

　　大航海初期,葡萄牙和西班牙靠着罗马天主教教皇的权力与影响,未发一炮就分割了新的陆地和市场。然而,后知后觉的英格兰和荷兰则必须以炮舰来重新确立各自的海权。亨利八世率先用克拉克船打造出大亨利号,让世界有了第一艘没有任何商业功能的"军用舰船",世界海战从此跨入军舰时代。

玛丽·罗斯号

——克拉克由商船转向职业战船

亨利八世作为英格兰国王，最为出名的就是他曾有过六个老婆，一边娶，一边离，一边杀，花边故事被拍成多部影视作品，为后人津津乐道，以至于左右了对他的历史评价，至少人们不应忽略他是"英格兰皇家海军的缔造者"。

亨利八世对英格兰海军的贡献很大程度上要归功于亨利七世，正是在亨利七世时代，英格兰的经济实力大增，1495年在朴次茅斯兴建了迄今尚存的最古老的干船坞，为亨利八氏建造战船打下了良好的基础。1509年，都铎王朝第一任君主亨利七世去世，18岁的亨利八世继承王位，同时还继承了仅有两艘战船的英格兰海军。

当上国王几个月后，亨利八世一边迎娶24岁的寡嫂西班牙公主阿拉贡的凯瑟琳，一边下令扩充皇家海军，建造快速灵活的新式战舰；同时，建立了有专属事务处、船坞及专用战船的常备皇家海军。顺便说一句，英国历史上，只有皇家海军和后来的皇家空军、皇家骑兵，没有皇家陆军。

亨利八世亲自督造过三艘专业战船：玛丽·罗斯号（Mary Rose）、彼得·石榴号和最为著名的战舰大亨利号。不过，这时的战舰还没有一个标准称谓，大致分为四个层级：帆船、桨帆船、单桅帆船和划桨驳船。即使有了这些专业战船，督铎王朝也只是称其为"大船"。

玛丽·罗斯号，也译玛丽·玫瑰号。据说亨利八世以妹妹玛丽·都铎和都铎

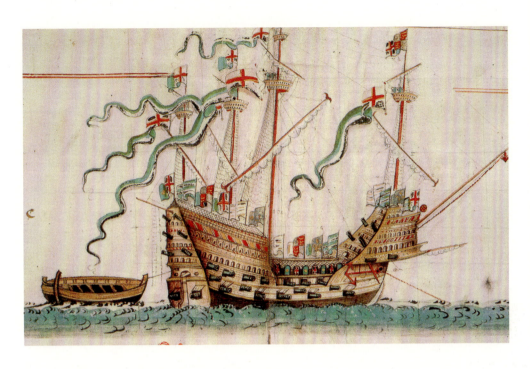

1546年编撰的《安东尼书卷》中画有玛丽·罗斯号的插画

王朝的象征玫瑰花来命名此战舰。但史学家认为,此说只是猜测,文献中没有相关记载。欧洲当时给船起名的传统,主要是用基督教相关的名字,有时也用赞助人的名字来命名。

玛丽·罗斯号由朴次茅斯船厂建造,1511年下水后,即拖到伦敦装备索具、甲板和炮火。这艘划时代的战舰,其开创意义在于,作为第一代可做到舷炮齐射的战船,它标志着英格兰海军已由中世纪时"漂浮的城堡"转变为"移动的炮楼",它被形容为"海上最美的花"。同时,战舰上配备专职的战斗水手(以前商战两用船上,手水都兼有多个身份),形成新的海上势力。

关于船舷炮的发明,有两种说法。一是,1501年为了便于商船装载货物,法国人德·夏尔日(De Charles)在船舷上开设了舷窗,也有一说是他开了炮窗。二是,英格兰人借鉴了德·夏尔日发明的舷窗之法,将其变为炮窗,从而有了舱内装炮的可能,让火炮通过两侧炮窗开炮,不使用火炮的时候,可把炮拉到后边,固定于甲板上。炮窗用铰链关闭,以防止海水渗入。这项技术的应用意味着海上炮战时代即将来临。

当时的造船匠只把设计和建造船舶的诀窍传授给儿子，通常不传给外人，所以，玛丽·罗斯号的设计图纸没能传下来。后世了解亨利八世的战船制造信息，全得益于英格兰海军安东尼·安东尼（Anthony Anthony）1546年编撰的《安东尼书卷》（Anthony Roll）。这部书由三个牛皮纸卷筒组成，以立轴形式做图文记录。它记录下了58艘军舰的大小、船员、装备等信息。1546年皇家海军将它献给国王亨利八世，1858年，《安东尼书卷》转由大英博物馆收藏。

从此书的玛丽·罗斯号插画看，它实际上是克拉克帆船的武装版。此船的排水量500吨左右，有四根船身桅杆和一根船头桅杆，有高高的艏楼和艉楼，艏楼和艉楼完全"炮楼化"了。当时火炮射程大约有183米（600英尺）。在高高的艏艉楼架炮，为的是炮能打得更远。一般来说，铜炮使用的铸铁炮弹更适合穿透船体侧面；铁炮使用的石头炮弹会在撞击时破碎，让船舷留下锯齿形大孔。画中炮口数量及艏楼上向后架设的火炮，并不完全准确，但总体描述颇具文献价值。此时海战仍然以占领敌船为主要策略，画面上表现的一张大网覆盖着船上的甲板，就是为防止敌人登船而采取的防护措施。

玛丽·罗斯号是第一代可令船舷上所有火炮齐射的战舰，它的载炮甲板上一侧可装7门火炮，至少有两层甲板排列了火炮。不过，从这幅插画的描绘看，底层甲板的火炮已经贴近了吃水线，炮窗进水将是此船的一大隐患——克拉克帆船重心过高的缺点，在玛丽·罗斯号加装重型火炮后，重加突出了。

玛丽·罗斯号服役34年，经历过几次海战。1522年，它护送英格兰战船运送部队登陆法国，而后顺利返回朴次茅斯港。它曾被认为是不可战胜的，但1545年与法国海军的一次激战中，玛丽·罗斯号却遭遇了灭顶之灾。一种说法是，它刚从朴次茅斯出航驶往索伦特海峡，即遭到5艘法舰的攻击而沉没。另一种说法是，它的一侧炮弹放空后，准备掉头换另一侧的火炮再次攻击时，在掉头过程中，船身重量倾于一侧，失去平衡，侧翻沉没。还有一种说法是，船水线一层的火炮窗没有关上，在船转弯时进水，引起船侧翻沉没。

400多年后，1982年英国人将玛丽·罗斯号打捞出水。考古专家在征得玛丽·罗斯信托基金会的同意后，获准接触到沉船上18名船员的遗骸。经检验发现，船上三分之二的船员都不是英格兰人，多是欧洲南部人，以西班牙人居多,或许他们听不懂英格兰船长下达的"关闭炮窗"的命令,操作失误,导致战船沉没——这是最新的说法。

不过,不管什么说法,玛丽·罗斯号的沉没当时就引起了造船界的重视,人们一直认为克拉克船前后两个高高的船楼极不合理,必须改进。新一轮的战船设计,大大降低了船楼的高度,甚至取消了艏楼。

如今,玛丽·罗斯号已经住进朴次茅斯历史造船厂旁的皇家海军博物馆,那里专为它修建了一座展馆。这艘在海里埋了四百多年的战船,仍保存了较完好的船骨架,还有上万件文物。其中有个考古花边值得一说,专家在玛丽·罗斯号沉船中发现了一只两岁左右猎犬的尸骨残骸。它是目前发现的最早的航海猎犬,此犬在船上的主要职责竟是"狗拿耗子"(水手认为船上养猫会带来厄运)。显然,它胜任这项"闲事",沉船中,仅发现一具不完整的老鼠骨骸。

大亨利号

——皇家海军之父亨利八世创建真正的"军舰"

亨利八世在位期间,在扩充战船和改良战船上投入了巨大精力。这一点,人们可以从史诗性画作《1520年亨利八世国王在多佛尔港登船》中有所感悟。这幅画的作者詹姆士·巴塞尔(James Basire)的生平事迹没有留传,人们推断他大约生活在1520—1550年,此画大约绘于1545年,后由英国王室收藏。

这幅画有些夸张,但还是较好地记录了1520年29岁的亨利八世登上皇家海军旗舰大亨利号,跨越海峡到对岸的金帐之地(Cloth of Gold,因亨利八世的帐篷是用金丝织成的,英法会谈地点遂被称作"金帐之地",当时属英国,现在属法国)会晤法王弗朗西斯一世这一重大事件。此画对于战船史意义非常。它绘制了英格兰皇家海军精心研制的战舰大亨利号,此船是亨利八世下令建造,并以自己名字命名的皇家海军旗舰,全名为"上帝的恩典亨利"(Henry Grace àDieu)。

1546年编撰的《安东尼书卷》中,既绘有玛丽·罗斯号,也绘有大亨利号,如果不是大亨利号斜艏桅上挑着一个皇冠,单从画上看,还真弄不清这两艘战船有什么区别,两艘船都属于克拉克型战船。

大亨利号是英格兰船舶总建造师庞德(W. Bond)监造的克拉克型炮舰,共有4桅,前两桅各有三面帆,后两桅各有两面三角帆,船头竖一面斜桁帆,船长约41.4米,宽11.4米,排水量超过

《1520年亨利八世国王在多佛尔港登船》，詹姆士·巴塞尔，约1545年

1000吨。1514年，大亨利号在伍尔维奇造船厂完成船体制造后，又送到埃里斯的海军造船厂安装大炮。

大亨利号有两层主炮甲板，为未来战列舰在甲板列炮技术上先行了一步。大亨利号装有口径60—203毫米的奢华铜制前装炮21门，船上大大小小配备了一百多门火炮，部分火炮配备了先进的四轮炮架。它不论在载重上，还是火炮配备上，都远远超过了刚刚服役的玛丽·罗斯号，算得上当时的海上巨舰了。

通常人们更愿意将大亨利号定位为第一艘真正的"军舰"，它终结了商船"客串"军舰的时代。1536年大亨利号进行改造，原来高耸的艏艉楼高度被降低，大小火炮减至122门，载员由1000人减少到800人，使得这一炮舰更加灵活，更加实用。

结合这两幅绘画作品看，大亨利号至少是在两层甲板列炮，艏楼与艉楼也有少数火炮。但《安东尼书卷》的大亨利号的艏楼还有几门向后射击的大炮，显然不现实，《1520年亨利八世国王在多佛尔港登船》画中没有这一描绘。

《安东尼书卷》中画有大亨利号的插画

亨利八世的旗舰大亨利号下水后,更多时间是作为外交船彰显国威,比如画中表现亨利八世登上大亨利号跨海到"金帐之地"与法王弗朗西斯一世会晤。英格兰海军在海港"显示国旗"以维护海军士气和国家形象的传统,据说就起源于大亨利号的外交活动。《安东尼书卷》的插图也为研究都铎皇家海军纹章、旗帜和船舶装饰等提供了扎实的依据。

大亨利号贵为欧洲最先进的战舰,却只参加过一次海战,即1545年对抗法军的索伦特战役。当时,船上还携带500张紫杉大弓、200支长矛、200柄攻击斧、120桶生石灰(在有利的风向时,抛向敌舰)。大亨利号在战场上没有毁坏,却在1553年的一次小事故中不慎烧毁,沉入泰晤士河底。

1547年亨利八世病逝,此时,他领导的皇家海军已经拥有了由44艘大亨利型火炮风帆战船组成的舰队。

皇家方舟号

——首艘低上层建筑的盖伦式战舰

伊丽莎白并不是直接从父亲手里接过王权的，1547年亨利八世病逝后，他年方9岁的儿子爱德华六世继位。1553年病重的爱德华得知自己时日不多后，任命其表亲简·格雷为王位继承人。15岁的简·格雷仅当了13天女王，就被亨利八世的长女玛丽鼓动议会废黜了，随后她自立为王，但她也是个短命的女王，5年后病死。由于玛丽没有子女，亨利八世的二女儿伊丽莎白于1559年1月15日继承王位，英格兰这才走上崛起之路。

伊丽莎白一世登基后，立即通过议会重新确立新教为国教，像她的父亲一样与罗马教廷决裂，此举不仅激怒了罗马教廷，也激怒了天主教国家西班牙。此时的西班牙已是世界上最富有的帝国，拥有世界上最强大的无敌舰队。为了对抗西班牙，伊丽莎白的财政日益入不敷出，海上扩张不得不采取股份制形式。伊丽莎白一方面纵容弗朗西斯·德雷克等海盗抢劫西班牙商船和殖民地，一方面委托皇家海军司库约翰·霍金斯（John Howkins）来设计新的军舰，在伊丽莎白的支持下，诞生了军舰史上重要的战舰——皇家方舟号（Ark Royal）。

亨利八世时代的战船多是在克拉克商船基础上建造的，比如著名战船大亨利号。这种战船最大的毛病就是船呈U形，艏艉塔楼太高。霍金斯设计的新战船取消了艏楼，船体放长收窄，长宽比由原来的3∶1扩展到4∶1。在霍金斯

大约制作于 1600 年的版画《皇家方舟号》，留下了目前能见到的此船最早的身影

的指挥下，一批中等型号的小、快、灵的盖伦战船诞生了。

霍金斯设计的新战船，最出名的就是皇家方舟号。不过，此船建造之初是以雷利的名字命名的，叫"雷利方舟号"（ARK Raleigh），因为它是由沃尔特·雷利爵士（Sir Walter Raleigh）出资建造的。这个雷利爵士很值得一说。他是伊丽莎白时代的著名冒险家，1584 年在北美洲建立弗吉尼亚殖民地；他也是一位作家、军人、政治家，他在《论船、锚及罗盘等的发明》中有一句重要的话，可以算是现今海权论的雏形："谁控制了海洋，谁就控制了贸易；谁控制了世界贸易，谁就控制了世界的财富，最后也就控制了世界本身。"这句话推动了伊丽莎白女王对皇家海军的扶持，以及为夺取西班牙珍宝船的海盗颁发"私掠许可证"等一系列海上扩张策略。

1587年，雷利爵士订购的这艘战舰在德普福德建造完毕，但英西战事紧迫，此舰旋即被英格兰皇家以5000英镑购买，更名为"皇家方舟"，这是英格兰第一艘以"皇家"命名的战舰。

皇家方舟号没留下建造图纸，它最早的历史图像是这幅大约制作于1600年的版画《皇家方舟号》。从画面上可以看出，它是一艘盖伦式风帆战舰，有四桅，特别是后两桅挂斜桁帆，船的长宽比在4∶1以上，艏楼已改造得很低，几乎就不存在，但艉楼很高；船舷有一排炮窗，据说当时装有38门大大小小的加农炮和炮筒更长的卡巴林炮，其18—19磅炮弹，在90米内有极高的射速和准确率；满载排水量700吨，是英格兰海军中第三大盖伦帆船。

皇家方舟号入役后，立即投入了战斗，在1588年的英西海战中，它成为英格兰舰队司令霍华德的旗舰。它较低的上层建筑，以及良好的戗风操纵性能，能由下风的不利位置迎着风浪兜到无敌舰队上风的有利位置，向敌舰实施有效的远程射击，并在对方做出反应前安全撤离。

皇家方舟号在击败西班牙无敌舰队的战斗中立下战功，这种盖伦船改良的战船成为后来的风帆战列舰的母型。1625年经过改装后的皇家方舟号还参加了突袭西班牙加的斯港的战斗，1638年结束50多年的服役生涯，被送去拆解。不过，它的名气很大，进入现代战争后，英国仍有三艘航母以它的名字命名。

无敌舰队

—— 杂牌军舰大全的西英海战

世人都知道曾经有过一个西班牙无敌舰队，它因被英格兰打败而载入史册。

在大航海初期，无敌舰队不只西班牙一家有，葡萄牙也有无敌舰队。所谓"无敌舰队"其实是误译与谬传。它的原词是西班牙和葡萄牙语中的"Armada"，本意是"带有武装"或"武装船队"的意思。

葡萄牙和西班牙的探险船发现了印欧航线和新大陆之后，为建立殖民地和保障海上安全，他们的商船队都装备了火炮，成为带有"Armada"头衔的舰队，在葡萄牙和西班牙的远航船队中频频出现。这种舰队由王室出面组建，通常由20艘船组成，达到标准的舰队才用"Armada"这个称呼。当葡萄牙在东方有了常驻军事力量后，"Armada"称呼就中止了。

1588年，菲利普二世代表天主教势力欲征服改信新教的英格兰时，"Armada"被再次用于命名远征舰队，舰队除西班牙各封建领主的海军力量外，还有1580年吞并葡萄牙王国后并入西班牙舰队的葡萄牙海军。鉴于这两个大航海初期的海上强国独步天下的实力，"武装船队"就被引申出了"无敌"的含义。当然，最终是英格兰人以弱胜强，人们更乐于接受这个反差强烈的词——无敌舰队。

严格地讲，即便是西班牙这样的海上强国，当时也养不起一支专门用于海战的庞大舰队。所谓"无敌舰队"，本质上就是一支海上杂牌军，称其为"特混

1700年的油画《西班牙无敌舰队》，画中正下方最突出的大战船是加莱塞桨帆船

舰队"更确切。它有10个分舰队，其中葡萄牙分舰队和卡斯蒂利亚分舰队是主力舰队，前者有10艘盖伦船，其中旗舰圣马丁号（San Martin）和圣胡安号（San Juan）是排水量1000吨的大型战舰，后者有11艘排水量250吨至700吨不等的盖伦船。而比斯开、安达卢西亚、莱万特、吉普斯夸分舰队则各有9艘或10艘克拉克船，这类克拉克船多是武装商船充作战船，其中只有3艘是排水量1000吨的大型克拉克战舰。在盖伦船和克拉克船组成的分舰队之外，还有一支加莱塞战舰分队，有4艘加莱塞桨帆船，其炮甲板设在桨手座位之下，但发射时必须抽起桨，因而船速较慢。此外，还有10艘大航海初期的葡萄牙人常用的卡拉维拉帆船，各分舰队还配有几艘西班牙轻帆船和小划艇。最后是后勤保障的圆底船运输分舰队。

这就是世界闻名的西班牙无敌舰队，虽然是杂牌，但也是当时世界上最大的舰队了。对手英格兰的舰队，远不如西班牙的。英格兰皇家海军原来只有34艘战舰，为这次海战，又集中了一批海港城市的克拉克武装商船，其中还包括不少落后的桨帆船。英格兰方面排水量800吨以上的战舰只有2艘，而西班牙方面排水量800吨以上的战舰至少有22艘。

西班牙与英格兰的大海战，当年没留下什么相关绘画作品。这里找到的较早的画是佚名画家大约制作于1593—1645年的版画《1588年西班牙无敌舰队

佚名画家大约制作于1593—1645年的版画《1588年西班牙无敌舰队的灭亡》，展示了西班牙盖伦船、克拉克船和桨帆船并用的杂牌舰队对阵英格兰纵火船（画面中央）的情景

的灭亡》，画面展示了西班牙盖伦船、克拉克船和桨帆船并用的杂牌舰队，图中央是英格兰的纵火船。现在人们看到最多的展现西班牙无敌舰队的图，是1700年的油画，画中正下方最突出的大战船是加莱塞桨帆船。

16世纪后期的海战，虽然已经有了大型舰队跨海对决，但两方战舰类型还十分混杂，开战队形也没有一定的指导思想，通常还是中世纪的一字队形正面对决。当时的战舰也因此将重炮放在船头和船尾。聪明的舰队指挥会利用天气，看风向决定舰队的位置变换。英格兰在与西班牙的对决中，后期就是利用风向和天气的帮助，打败了西班牙的无敌舰队。

现代舰队真正排出队形进行海面作战，是英格兰与荷兰多年的海上对决发展出来了，它不仅影响了战阵的改变，还引发了战船的革命。

7

战列舰争锋

英荷两国军舰连年的海上对决，催生了新的海战模式"战列线战术"。这种抛弃正面对轰和跳帮夺船等手段的新战术，催生了一种新军舰——战列舰。此后，英荷海战、英西海战、英法海战……没完没了的大海战，不断刺激各国争相研制超大型的战列舰，由风帆战列舰担纲的军备竞赛和不断升级的大海战，就这样连续上演了300年。

皇家亲王号

——世界第一艘准风帆战列舰

1603年伊丽莎白·都铎去世,詹姆士·斯图亚特继承王位,开启斯图亚特王朝。继位第二年,詹姆士一世为回应荷兰在英格兰"沿海可视范围内"攻击西班牙船只的问题,提出海上"皇家领地"这一概念。这是历史上首次由一个国家明确对海洋范围的主权做出定义。这个"沿海可视范围"的"皇家领地",相当于今天的"领海"。同时,荷兰渔船在北海靠近苏格兰海区捕捞鲱鱼,也令英格兰大为光火。为此,英格兰与荷兰相互派代表到对方国家谈判,各自都在法学上做了充分表达。荷兰抛出了《海洋自由论》,英格兰抛出了《海洋封闭论》,双方在法律层面争吵多年。

比之荷兰,英格兰对海权的重视更多地反映在海军建设上。

都铎王朝的英格兰海军建设有简单实用的三大举措:一是海盗国家化,颁发"私掠许可证";二是将海盗连人带船直接并入皇家海军;三是培养和重用造船工匠,许多造船大师得到了国王的赏识,比如为亨利八世建造大亨利号的造船师、为庞德和为伊丽莎白建造新式盖伦战船的海军司库约翰·霍金斯。

詹姆士一世继承了重用造船工匠这一策略,他起用的马修·贝克(Mathew Baker)更是被授予"船匠大师"头衔;此后,还涌现出造船"教父"菲尼亚斯·佩特(Phineas Pett)和彼得·佩特(Peter Pett)父子。他们先后为英格兰皇家海军建造了两艘威震欧洲的名舰皇家

佚名画家 1612 年绘制的
《菲尼亚斯·佩特肖像》

亲王号和海上主权号（Sovereign of the Sea），并与其后代开创引领英格兰造船界 200 年的"佩特王朝"，得到王室的欣赏和保护，《菲尼亚斯·佩特肖像》至今仍挂在伦敦国家肖像馆。

这里借助佚名画家 1612 年绘制的《菲尼亚斯·佩特肖像》，来说说这位造船大师和他的杰作皇家亲王号。画中菲尼亚斯·佩特的穿着完全不像一个木匠，他身着饰有花袖的华服，腰系金丝带，像握着权杖的海军元帅一样，左手握着他的权力象征——三角尺；拿着羽毛笔的右手按在一张展开的造船图纸上，显示他的智慧；背景是横狮子盾形皇家纹章；他最伟大的作品被绘在右上角——建造中的皇家亲王号的高大艉楼与精美雕饰。

关于皇家亲王号的建造过程，菲尼亚斯·佩特在 1607 年写给友人的信中有着充满激情的交代："我已经开始制造一艘新式战舰的模型，其中一部分是我亲手制作的，用精美雕刻和涂装进行了优雅的修饰，放在一个用深红色丝绸覆盖的底座上。我亲自把这个模型送到海军

1661年绘制的《皇家亲王号》

部大臣在白金汉宫的住宅里。"当时,皇家海军要求每建造一艘新型战舰,都要制作出一个带有构造细节的船模,送交海军总部审查。审查皇家亲王号模型的是曾统率皇家海军第一舰队与西班牙无敌舰队作战的海军大臣埃芬厄姆勋爵查尔斯·霍华德(Lord Charles Howard of Effingham)。他看到这一模型后,迅速呈送国王詹姆士一世。据菲尼亚斯·佩特的工作笔记称:"国王甚感欣慰。"

菲尼亚斯·佩特设计的新型战舰集中了欧洲战舰所有新设计——低舷、四桅、横帆、四根桅杆,特别是船舷两侧的三层火炮(当时各国战舰多为两层火炮,一层在主甲板,一层在甲板下),共装备55门炮,船员增至约500人,设计排水量为1200吨,超过当时大型战舰的50%。看到如此超前的设计,国王詹姆士一世立刻委任菲尼亚斯·佩特在泰晤士河畔的伍尔威治皇家造船厂开工建造这艘大型战列舰。

出手不凡的菲尼亚斯·佩特来自培养了至少十几个声名显赫的造船师的家族,其家族大部分成员受洗礼时多命名为菲尼亚斯,或命名为彼得。虽然他出自名门,但这一大胆的设计还是受到了同行的激烈反对。首先是它的2万英镑造价,足以建造6艘小型战舰。另外,就是它用了太多的"肋板",船也吃水太深,还有其豪华的装饰,过于铺张。各方投诉,使国王不得不驾临船厂实地考察。1609年5月,国王来到造船工地,经过一个上午现场考察做出评判:各方投诉皆为嫉贤妒能。佩特继续完成造船任务。

1610年菲尼亚斯·佩特主持了这艘大型战列舰的下水典礼,威尔斯王子亲临现场,将此舰正式命名为"皇家亲王号"。他用贵重金属制成的杯子啜饮一小口酒,将剩下来的酒洒向甲板及船头,随后把杯子掷向船外——那是一个划时代的动作,它宣告辉煌半个世纪之久的盖伦船走向末路,同时宣告战列舰时代的到来。欧洲海上军备竞赛拉开了大幕。

讨喜的是皇家亲王号下水这年,菲尼亚斯·佩特还完成了另一件杰作,他的儿子、未来的造船大师彼得·佩特降生。25年后,他在父亲的指导下完成了这个造船家族的又一杰作——海上主权号。

最初建造皇家亲王号时,还没有战列舰这个名称,菲尼亚斯·佩特只是称它为新型战舰。事实上,它算不上标准的风帆战列舰,它当时仅配备55门舰炮,分装在三层甲板上,最上层甲板还不是全炮层甲板;它只能算是过渡型风帆战列舰。不过,1641年改建后的皇家亲王号变为三层全炮层甲板,舰炮装载数量增加到80门。此时,它已是一艘准风帆战列舰了,并以战列舰的姿态参加了第一次英荷海战(1652—1654)。

说到最初的战列舰,就要说说最初的战列线战术。它是海战中舰队的作战术语,意指作战舰船排列成一长条的线形阵型。这一战术最早的应用年份仍有争议。葡萄牙人称,早在1502年葡萄牙东印度舰队在印度海战中就已广泛使用战列线战术。不过,英格兰与荷兰的第一次海上战争通常被看作战列线战术的诞生之役。一是双方将领都使用了这一战术,二是荷兰对此有充分记载,英格兰还将它写入皇家海军战术条令。值得一提的是,战列舰在这场海战中的使用,令这场海战有了开启"战列舰时代"的特殊意义。

最后要交代的是,皇家亲王号1661年又进行了一次改建,排水量增加至1400吨,火炮增至92门,真正步入了"三层甲板战列舰"的行列。在这幅1661年

荷兰画家小威廉·德·维尔德 1666 年创作的《皇家亲王号投降》

绘制的《皇家亲王号》油画中,可以清楚地看到皇家亲王号三层甲板排列的火炮,它的三根桅杆也十分抢眼(改建去掉了没有必要的尾桅,令其更加灵活),特别是船首斜桅上那根小立桅,在很长时间都是风帆战列舰的标志之一,在法国的皇冠号、皇家太阳号上都能看到它。这个小立桅实在没什么大用,18 世纪时它被淘汰了。

令英格兰人尴尬的是在 1666 年 6 月 1—4 日的英荷"四日战争"中,英格兰海军被荷兰海军打败。人们可以从荷兰画家小威廉·德·维尔德(Willem van de Velde the younger)1666 年创作的《皇家亲王号投降》中看到,皇家亲王号已挂出白旗投降,荷兰人正派小船前去接收。此时,皇家亲王号已损毁并搁浅,荷兰海军总司令德·鲁伊特(Michiel de Ruyter)为羞辱英格兰人,下令一把火烧了这艘明星战舰。

海上主权号

——世界第一艘火炮装配过百的战列舰

1635年,已当了十年国王的查理一世认为有必要建一艘更大的旗舰以显示英格兰的海上权威,他将这艘新舰命名为海上主权号,从这一命名可以看出英格兰想用战舰来宣示它的海上主权与霸主地位,也奠定了英格兰重视海上控制权的传统。

领命建造此船的是菲尼亚斯·佩特,和他在伍尔威治船厂当主管的儿子彼得·佩特,说是父子二人共同建造海上主权号,此时菲尼亚斯·佩特已经65岁了,实际上是由25岁的儿子彼得·佩特来完成国王的任务。我在英国国家海事博物馆观看《彼得·佩特与海洋主权号》这幅画时,在展览说明上再次证实了这一推论:"画面表现的是彼得·佩特与他所设计的海上主权号战列舰",没提菲尼亚斯·佩特。

此画的作者彼得·雷利(Peter Lely)是个荷兰画家,但他的职业生涯几乎都是在英格兰度过的,雷利的父亲是一名军官,所以,他不仅是一名占主导地位的肖像画家,同时,他也是一名对军事题材感兴趣的画家。如果人们够细心,一定会发现一个奇怪的现象:英格兰几乎所有重要的海战画、战船画,都是它的仇家荷兰的画家创作的。

画面上的彼得·佩特不像他的父亲挂着佩剑,而是一副书生打扮,手里拿着一个圆规。与它分享画布二分之一的是1637年服役的海上主权号的形象。

海上主权号是世界上首艘装备超过

《彼得·佩特与海洋主权号》，彼得·雷利，1645—1650年

100门舰炮的三层全炮层甲板的大型风帆战列舰，若含顶层甲板，共有近四层火炮。此舰全长76米，宽14.7米，排水量1500吨，舰员780人，设计炮位118个，考虑到行船安全性，最后装有102门火炮。这些炮是9—42磅的舰炮，

全是造价高昂的铜炮，没有充数的火铳等小型火器。据称，海上主权号仅一边船舷就能发射共重1吨的炮弹。海上主权号耗资4万英镑，造价是皇家亲王号的两倍。

虽然后世将海上主权号称为"世界上首艘风帆战列舰"，但实际上它服役时英格兰海军还没有"战列舰"这个名词。现在唯一能明确的是"战列舰"（Ship of the Line，即航线船）作为一个英语名词，最早出现于英格兰海军部首席秘书塞缪尔·佩皮斯1677年提出的《佩皮斯海军议案》（即英格兰30艘造舰计划书）中，并得到英格兰官方认可。《佩皮斯海军议案》按火炮配备与排水量，将风帆战列舰划分为三级：

一级舰——三层炮甲板，火炮90门以上，排水量1200吨以上。

二级舰——三层炮甲板，火炮80—90门，排水量1000—1200吨。

三级舰——两层炮甲板，火炮50—80门，排水量600—1000吨。

值得注意的是，《彼得·佩特与海洋主权号》这幅画并没有显示海上主权号的船体巨大，也没有显示其载炮之多，而是以极尽奢华的船尾对着观众，这正是作者想要炫耀的。这艘船由首至尾的外饰之奢华，可谓前无古人：船首雕像是骑在马背上的国王埃德加，把七名匍匐在地的凯尔特国王踏在脚下；船头还雕刻了骑乘狮子的爱神丘比特、两个森林之神和六个女神；在边上还有盾形徽章、头盔铠甲、乐器和星座符号；破浪材的侧面雕刻着国王的猎犬、狮子、独角兽和英国的玫瑰、苏格兰的大鳍蓟草、法国的百合花、爱尔兰的竖琴以及其他纹章符号；两舷和舱壁装饰着女像柱、麒麟和龙，用黄道十二宫连在一起。全部中层火炮甲板上露出雕刻的中柱，现出17世纪的火炮和滑膛枪，夹杂着中世纪的剑、战斧、盔甲、军号、战鼓、战旗和飘带。它还覆盖有超过600件精美华丽的青铜饰品。在带有圆顶和窗户的船尾上，装有一个巨型灯笼，兼有装饰和照明的用途。据说，这一巨灯之大，可以容12个人直立在其中。据一部日记记载：1661年海军军官塞缪尔·佩皮斯为试验它的容量，将5名妇女和自己关在灯内，然后在里面转身和她们逐个亲吻。整个船尾覆盖着希腊和罗马神话中的神像，如胜利女神、海神、主神朱庇特、大力神和希腊神话中率领亚尔古英雄们赴海外觅取金羊毛的伊阿宋。这些神像表面都贴着金箔，使得整艘战舰看上去金碧辉煌。

海洋主权号没留下设计图纸，存世的"准图纸"只有荷兰画家小威廉·德·维尔德大约在17世纪60年代

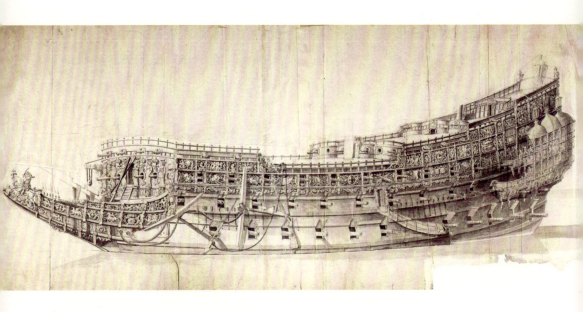

海洋主权号的图纸，小威廉·德·维尔德，约17世纪60年代

绘制的"海洋主权号图纸"。它精细描绘了这艘超级战舰的侧面、三层甲板的火炮安排，以及船侧面的奢华装饰。

据记载，皇家亲王号仅装饰费用就高达6691英镑，相当于建造11艘战船的开支。当然，这种极尽奢华的装饰不是英格兰战船独有的特征，17世纪的海上列强均以这种夸张的奢华，作为在公海显示其权威的一种手段。所以，荷兰人既羡慕又妒忌地称海上主权号为"金色魔鬼"。

"金色魔鬼"在欧洲名气很大，它参加了第一次英荷战争。据荷兰人描述，"金色魔鬼"侧舷的"一次齐射，足以将一艘荷兰战船掀翻"。1660年皇家亲王号经历了一次重建，船上许多华而不实的装饰被拆下，火炮也精减为100门。1666年它作为英格兰皇家海军的旗舰，参加了第二次英荷战争，并打败了德·鲁伊特率领的荷兰舰队。1692年，在服役55年时，海洋主权号又在英法巴夫勒尔海战中亮相。不幸的是五年之后，由于一名厨师把一支点燃的蜡烛放在舱内，引起大火，"金色魔鬼"就这样在自家港湾里"牺牲"了。

七省号

——荷兰的海上"屠夫"

1588年英格兰击败了西班牙无敌舰队,意欲称霸北大西洋。但荷兰自从1581年北部七省成立联省共和国后,已成为脱离西班牙统治的独立的国际角色,同时也成为挑战英格兰的海上新势力。

1609年荷兰为海上"捕获"确立法律依据,抛出了《海洋自由论》;1618年,英格兰为占有周围海域确立法律依据,抛出了《海洋封闭论》。两国在打法律官司的同时,谁也没停下建造战舰的竞赛。

1610年英格兰率先造出了三层甲板的准风帆战列舰皇家亲王号,大大刺激了有着"海上马车夫"美名的荷兰,很快荷兰造出了一批80门炮级别的三层甲板战舰。其中最出彩的就是七省号(Zeven Provintien),其舰名取自荷兰七省联省共和国,它是共和国的标致性符号。

请注意,七省号主桅顶端悬挂的橙、白、蓝三色国旗,名为"亲王旗"(Prinsenvlag),1579年由奥兰治亲王威廉一世(Willem van Oranje)启用。在八十年战争期间,"亲王旗"曾作为尼德兰共和国从西班牙帝国压迫中独立出来的象征。欧洲最早将三色旗与"共和主义"联系到一起的正是这面"亲王旗",而著名的代表着"自由、平等、博爱"的法国三色旗,是法国大革命期间才用作国旗的。1795年之后,法兰西第一帝国的附庸国广泛使用三色旗后,它渐渐成为欧洲各国国旗的主流格式。

七省号于1664年在鹿特丹旧海军部造船厂建造,1665年下水,可搭载80

《德·鲁伊特肖像》,费迪南德·波尔,1667年

门大炮,排水量约1600吨,船上携带超过2000平方米风帆,有船员420余人。1666—1674年七省号一直是荷兰战神德·鲁伊特的旗舰。1678年它又成为荷兰海军少将扬·布拉克尔的旗舰。1694年作为退役废船拆解。

爱看电影的人也许会注意到2015年荷兰拍了一部大片,名字就叫《海军上将德·鲁伊特》。几年前,我到阿姆斯特丹国家博物馆参观,看完了正厅的镇馆之宝伦勃朗的《夜巡》后，就在该馆亚洲部主任的引领下来到海战绘画厅，此厅除了老、小威廉的海战画外，最耀眼的就是巨幅油画《德·鲁伊特肖像》。电影主人公的扮相与眼前这幅横须蓬发的"屠夫"肖像完全吻合。

画中的德·鲁伊特立在弯卷帷幕和栏杆前，摆着称霸海洋的姿势：右臂斜靠在地球仪上，手中握着掌控荷兰海军的权杖，身后是荷兰舰队，其中最大的战船就是他的旗舰七省号，船尾挂着橙、白、蓝条纹的荷兰国旗，船首雕刻着共和国与七省的徽章。

1666年6月1—4日，战神德·鲁伊特坐镇七省号，指挥荷兰海军跨过英吉利海峡，将英格兰皇家海军象征之一皇家亲王号俘房，并将它一把火烧了。

需要指出的是，画中桌面上摊开的地图显示的不是"四日海战"的位置，而是德·鲁伊特出生的瓦尔赫伦岛，它处在荷兰泽兰省和佛兰德斯之间的斯海尔德河口。德·鲁伊特10岁出海，28岁成为商船船长，而后加入荷兰海军，1665年成为荷兰海军司令。在与西班牙、法国和英格兰海军的较量中，德·鲁伊特成长为荷兰海战史上最有名的"海上杀手"，也是最令英格兰皇家海军心惊肉跳的"屠夫"。

这幅巨大的布面油画的作者是荷兰画家费迪南德·波尔（Ferdinand Bol）。这位喜欢历史题材和肖像画的画家，创作风格深受伦勃朗的影响，以致在19世纪时还有人将他的作品错误地归于伦勃朗名下。波尔的父亲是位医生，波尔与海军的联系可能来自岳父，一位属于海军和葡萄酒商工会的商人，波尔受岳父的影响，得到了双方的工作委托，不仅画出葡萄酒商工会的群体肖像，还在1667年留下了《德·鲁伊特肖像》这样的名作。这幅画原来在荷兰海军手里，1808年被阿姆斯特丹国家博物馆收藏。

插画《战舰七省号》是老威廉·范·德·维尔德的作品，他和儿子小威廉·范·德·维尔德被请到英格兰皇家海军做专职画师，专画船画，并以画笔记录海战。这幅大约绘于1664年的速描插画不像一件艺术品，它的图纸特色令后世研究古代造船史的人非常感兴趣，也只有这幅速描才能让人们看清楚这艘王牌战舰的结构和三层甲板火炮的排布。

德·鲁伊特作为战神的另一贡献，就是他接替马顿·特罗普将军，成为新一任荷兰海军统帅后，总结几十年的经验。德·鲁伊特认为，荷兰人仅靠海上护航船是无法从英格兰手里夺回海峡控制权的，必须建立强大的海军，集中优势兵力打败英格兰舰队，才能赢得战争，夺取海权。

这幅1672年老威廉·范·德·维尔

《荷兰战列舰队》，老威廉·范·德·维尔德，1672年

德画的《荷兰战列舰队》，将荷兰著名风帆战列舰全都汇聚在一个画面里。画面左起：第二艘船尾有两头立狮扶着九宫格状盾徽的是七省号（1665年入役），紧邻它右舷的是船尾刻画有乡间别墅的休闲号（1655年入役），画面正中央是船尾有一只立狮的金狮号（1666年入役）和白海豚号（1666年入役）。画面最右边的是自由号（1651年入役，1676年被击沉），右起第二艘船尾绘有大象的是白象号（1666年入役），右起第三艘为奥兰治号（1666年入役）。这种钢笔油画特别适合表现战船的细节。

老威廉·范·德·维尔德在这里完成了一次画上大阅兵，也为后世留下了精致的荷兰战列舰史料。此画突出描绘了战舰的艉部，17世纪战舰艉部是与后世区别最大之处，即保留有明显的舷弧，艉部高耸，上面描刻巴洛克式繁复装饰。这样的形态延续自盖伦船，但这种高大的侧影，如同无法收起的艉纵帆，使船艏易于偏向上风，降低了操纵性，所以，在18世纪上半叶，这种战船逐渐被抛弃。

荷兰人的海上威风，在18世纪之后被英格兰取代，此后，它完全沦为了一个可有可无的角色。

从皇家号到皇冠号

——法国海军之父黎塞留的"万塞"舰队梦

欧洲古代名相中,知名度最高的莫过于统一德意志的"铁血宰相"俾斯麦,如果说谁还能与其齐名,当数比俾斯麦早200多年的法国名相黎塞留,他才是欧洲"铁血宰相"的先驱。

黎塞留全名阿尔芒·让·迪普莱西·德·黎塞留(Armand Jean du Plessis de Richelieu),原本是一个小的教区的主教,作为僧侣界代表被选进三级会议,由此步入政坛。1610年法王亨利四世被刺死后,9岁的长子路易十三继位,太后摄政,后来,在太后、王党与后党的党争之中,已任红衣主教的黎塞留于1624年登上首相宝座。

历史学家在评价黎塞留时,除了肯定他分化瓦解日耳曼诸邦,把陆上国境线推到莱茵河西岸,将法国变为欧洲大国的历史作用外,都强调了他作为"法国海军之父"的特殊身份。当然,若与"英格兰海军之父"亨利八世相比,他是一个创建国家海军的"晚辈"。

黎塞留知道法国海军与英格兰海军的巨大差距,接任首相的第二年,即1625年,就建立了法国海军部,亲任海军大臣,并将原法国"皇家海军"更名为"国家海军"。法国两边是海,黎塞留在西北和东南建立了大西洋舰队和地中海舰队,前者驻守布雷斯特港,后者驻守土伦港,海军最高指挥权收归中央政府。1627年,黎塞留还批准在今天加拿大魁北克建立新法兰西公司,确立了法国在北美的殖民地,可以说,在实践法

《黎塞留与神父约瑟夫和宠物猫》,查尔斯·爱德华,18世纪

国的海陆与海外霸权上,黎塞留创造了历史。

这幅18世纪绘制的《黎塞留与神父约瑟夫和宠物猫》油画,很适合用来讲黎塞留初创法国海军的故事:画中央穿红袍的自然是红衣主教黎塞留,他身后的白胡子老人是约瑟夫神父（Père Joseph），人称"灰衣主教"。约瑟夫早年追随法国国王亨利四世，并在其军中任职，后与黎塞留共事，结下深厚友谊，长期担任黎塞留的外交顾问，出使欧洲各国。那几只猫不是画家为了有趣凭空加入画中的，据史料记载，红衣主教黎塞留当年养了许多安哥拉猫，猫脚下的地图，也不是凭空加入的，它是拉罗谢尔海防地图。

保家卫国，需要战舰；开疆拓土，更需要战舰。不过，1627年国家船坞尚未建好时，法国只能在阿姆斯特丹请荷兰人先为法国建造排水量1000吨的准战列舰皇家号（La Royal）。它是法国文献中可以查到的最早的大型风帆战列舰，载炮52门，最大的炮为36磅，最小的炮为12磅，火炮分布在两层甲板和艉艕楼上。遗憾的是，这艘战舰到1649年退役时也没参加过一场海战。

1628年，黎塞留攻陷了法国新教胡格诺教派盘踞在法国西部大西洋沿岸的拉罗谢尔要塞。此役英格兰派船增援法国新教胡格诺教派的舰队，让黎塞留深切地体会到海军对法国安全的重要，下决心建造一支全新的法国海军。画家显然知道黎塞留为法国海军建造新战船的历史，特意在画中安排了两个风帆战列舰船模，一个放在桌面上，一个放在地上的架子上。

攻克拉罗谢尔要塞的第二年，黎塞留就在面朝大西洋的拉罗谢尔船厂自主建造新式战舰。17世纪上半叶，法国人发明出可以替代盖伦式战舰的新型舰种，法语称其为"万塞"（Vaisseaux），也就是英语的战列舰。法国第一艘"万塞"级战舰是皇冠号（La Couronne），它也是法国人自己建造的第一艘战舰，结束了在荷兰建造法国战舰的历史。监督建造该战舰的是法国著名木匠查尔斯·莫瑞尔（Charles Morieur）。造船的橡树来自布列塔尼森林，但大炮、桅杆和部分麻绳来自瑞典。此船长54.2米，装备了68门重炮，8门可以向船头前方开火，8门可以向船尾后方开火。黎塞留记载此舰排水量为1800吨，但后世专家认为这应是个夸张的数字，早期的舰船吨位计算混乱，多有夸张。

皇冠号战舰1637—1643年服役，后来作为大西洋舰队的旗舰参加了法国对西班牙的多次海上战斗。

1634年完工的皇冠号，比荷兰人为法国造的皇家号幸运，它留下了重要的图纸，即这幅标注精细的皇冠号插画，实际上就是一幅外观图纸，能标注的地方都做了标注。插画上没留下艺术家的名字，绘制日期大约为1643年，作为极重要的古战船文献，现收藏在巴黎国立

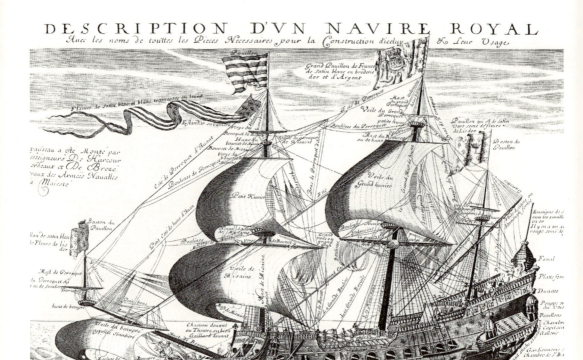

皇冠号留下的重要图纸，图上能标注的地方都做了标注，有着明确的实用意图

海洋博物馆。

黎塞留为相十八载，先后主持建造了 27 艘风帆战列舰，还有 20 艘大桨战船，总算撑起了法国的海上门面，与当时的海上强国英国、荷兰相比，虽仍属小儿科，但毕竟开启了法国近代海军之路。

1642 年，黎塞留因肺炎病逝。他的离去给病中的法王路易十三打击其大。据说，在黎塞留下葬后的一天，重病难支的路易十三强打精神逗自己 5 岁的儿子："你叫什么名字？"孩子认真地回答道："我叫路易十四。"正是这个小孩继承了先辈未竟的海军事业，在未来的日子里，缔造了可以对抗英格兰皇家海军的法兰西"太阳舰队"。

皇家太阳号

——路易十四的"太阳舰队"

黎塞留离世不久，路易十三也与法国作别了，他的儿子路易十四登基，这一年是1643年，小国王才5岁，为他掌管国家的是黎塞留指定的新宰相马萨林。这位宰相1661年临终时，密嘱已经长到24岁的路易十四要亲自掌权，不要再任命宰相。于是，法国有了"朕即国家"的"太阳王"。

法国"太阳王"几乎就是一个"不落的太阳"——从1643年至1715年，路易十四共执政72年，成为世界上执政时间最长的君主之一。这位把自己打扮得像一个妖艳女人似的国王，其实很男人。他亲政后在不断扩大法国陆上疆域的同时，也不甘心让英格兰在海上一家独大。继承路易十三已经铺开的法国海军摊子，路易十四要与英格兰来一场军舰大比拼，从1690年到1700年的十年间，法国海军战列舰总吨位超过了英格兰，打造出一支影响欧洲海上力量的"太阳舰队"。

1669年，皇家造船师劳伦特·赫巴克（Laurent Hubac）设计并督造了当时世界上最大的战列舰皇家太阳号（Le Soleil Royal）。这艘战舰的名字来自"太阳王"，路易十四选择了象征自己的太阳作为这艘战舰的徽章。此舰巴洛克风格的装饰也登峰造极：船首是驾驭着海马正腾空而起的风神雕像，护佑这条巨舰御风而行；战舰尾楼与侧舷上部饰有金箔覆盖的雕像，船尾的巨大雕像是太阳神阿波罗驾着四匹天马拉的车巡游在

1844年法国出版的一部海事著作中的插图《皇家太阳号》,这是目前能找到的有关此船最早、最完整的历史画像

云端。战舰的雕刻技艺发挥到极致,堪称世界海军史上的艺术品。这艘著名的风帆战列舰长77米(包括首斜桅长度),排水量达2400吨,装有110门奢华的青铜炮,是与英格兰海洋主权号齐名的17世纪最伟大的三层甲板风帆战列舰。

1840年,法国海洋画画家莫雷尔-法蒂奥(Morel-Fatio)画了一幅《皇家太阳号》插画,收入1844年法国出版的海事著作中,这是目前能找到的皇家太阳号最早、最完整的历史画像。

皇家太阳号下水后,一直停放于布雷斯特港,多年未能入役,直到1688年"九年战争"爆发。路易十四欲在欧洲大规模扩张,遭到荷兰和神圣罗马帝国哈布斯堡王朝、瑞典等国家组成的同盟联合对抗。光荣革命后,荷兰执政威廉三世成为英格兰国王,从而使英格兰也加

《1692年瑟堡港与被火攻的皇家太阳号》，小威廉·范·德·维尔德，1692—1707年

入了反法的"九年战争"。

"九年战争"中，皇家太阳号正式服役，并作为法军旗舰出征，此时它载有112门火炮和1200名船员。虽然皇家太阳号的巴洛克装饰登峰造极，但打起仗来还是要靠大炮。皇家太阳号的三层甲板布有24磅、18磅、12磅和8磅炮四种火炮。最重的24磅炮放在最下层主炮甲板；18磅炮放在第二层甲板；12磅炮放在最上层甲板，以保证帆船的重心稳定。8磅火炮则布置于艏楼和艉楼甲板，前4门炮用于追击敌舰时向前射击，后4门炮用于阻挡敌舰追击。三层火炮形成从头到尾的火炮阵列，这种三甲板战列舰当时是一级战列舰，也是最大的主力舰。

1690年6月22日，作为法国地中海舰队副司令和海军总司令图尔维尔（Anne Hilarion de Costentin de Tourville）

的旗舰，皇家太阳号驶出布雷斯特港，在比奇角之战中，战胜英荷联合舰队，击沉和捕获15艘敌舰，而自己无一损失。但法军并没有乘胜追击，英荷联军舰队逃入泰晤士河，为后来继续战斗保存了实力。

1692年5月12日，路易十四强令没有准备好的法国海军出战，皇家太阳号再次作为图尔维尔的旗舰率领45艘军舰组成的舰队出征。5月29日，法国舰队遭遇了一支由97艘军舰组成的英荷联军舰队，虽然双方数量相差悬殊，法军仍然迫使联军舰队撤出了战斗，但自身也损失严重，尤其是旗舰皇家太阳号由于损伤过重而无法返回母港布雷斯特，被迫就近驻泊维修。四天后，无法航行的皇家太阳号，又受到17艘英荷联合舰队的战舰围攻，最终被一艘纵火船点燃，火势很快逼近弹药舱并引起巨大爆炸，完全摧毁了皇家太阳号。

1692—1707年，荷兰海洋画画家小威廉·范·德·维尔德绘制了《1692年瑟堡港与被火攻的皇家太阳号》油画，画右侧燃起大火的是皇家太阳号，旁边插着英格兰旗的小船即是纵火船。没有任何名号的纵火船算不上正经战舰，却在实战中以小搏大，摧毁了正牌的战舰。在17世纪的海战中，纵火船的地位相当于现代海战的鱼雷。在木帆船时代，纵火船一次成功的攻击，足以烧毁威力强大、船身巨大的木质战舰。法国皇家太阳号正是因为帆索等设备毁坏，无法移动，结果被小小的英格兰纵火船烧毁。

至圣三位一体号

——西班牙创建世界第一艘四层甲板战列舰

1588年西班牙的无敌舰队被英格兰打败,这对西班牙皇家海军的打击是毁灭性的。1639年唐斯之战,西班牙舰队又被荷兰海军打败,西班牙海军处于极度衰落之中。

一直到1688年,西班牙才建造了第一艘三层炮甲板装有94门炮的战列舰康塞普西翁号(N.S de La Concepcion),还有1690年下水的配有96门大炮的圣菲利普号。这些战舰凭借强大的战斗力成为西班牙无敌舰队的主力战舰。但西班牙仍无法与当时的海上双雄英格兰和法国相比,甚至与其他海上强国诸如荷兰、瑞典、丹麦等相比,这些战舰都显得微不足道。顺便说一句,当时的西班牙战列舰不用英语的"Ship of the Line",而称其为"Navio"(大船)。

此后30多年里,西班牙除了几艘两层甲板的战舰,几乎没有一艘真正的三层甲板战舰服役。1769年3月3日,至圣三位一体号(Navio Santísima Trinidad)完工,在西方国家战列舰大比拼中,总算有了一件登峰造极之作。当然,它是在不断改装中最终才成形的超一级风帆战列舰。

这艘先进的战列舰由爱尔兰裔设计师马修·穆兰(Matthew Mullan)设计,在当时西班牙占领的古巴哈瓦那船厂完成建造。初始设计图是一艘三层甲板的一级战列舰,载员1050人,火炮112门。

至圣三位一体号入役10年后,1779年西法结盟抗英,同时支持美国独立战

西班牙画家安东尼奥·德·布鲁加达 1858 年绘制的《受到攻击的至圣三位一体号》

争。这年夏天，至圣三位一体号作为西班牙海军旗舰，加入了封锁英吉利海峡的西法联合舰队。1782 年，至圣三位一体号被编入西班牙地中海舰队，加入西法联军对直布罗陀的"大围困"战役（1704 年在西班牙王位继承战争中，英格兰占领了直布罗陀）。

这艘海上巨无霸入列后，一边参战，一边改造。它遵循西方列强"炮多即是正义"的原则，不断增加战舰载炮量。从 1795 年到 1796 年，西班牙人用了一年时间，将至圣三位一体号的艏艉楼联通，在船顶加出一层全炮甲板，使其成为四层全炮甲板战列舰，载炮数达到 140 门。当然，至圣三位一体号也不是当时唯一的四层甲板战列舰，但 140 门火炮的配置，在完成建造的风帆战列舰中却一直保持着第一的位置，使其成

158

为历史上最著名的四层甲板战列舰。

改建后的至圣三位一体号船长约71米，若算上船首斜桅则达到99米，宽19米，吃水7.2米，轻载排水量2800吨，加上压舱物近1000吨，总排水量达到3800吨。它比同一级的英国胜利号战列舰大了一圈，其宽度甚至超过了100年后排水量更大的铁甲舰标准船宽。至圣三位一体号还有一个亮点，就是它的红色涂装特别耀眼。

1797年2月14日，至圣三位一体号作为西班牙舰队司令科尔多瓦·拉莫斯（José de Córdobay Ramos）海军中将的旗舰，参加了伊比利亚半岛西南角的圣文森特角的第二次海战。至圣三位一体号行驶不久，就和英国地中海舰队的15艘战舰遭遇。这个舰队的旗舰就是大名鼎鼎的胜利号战列舰。西班牙舰队寡不敌众，有4舰被俘、10舰受重创。

西班牙画家安东尼奥·德·布鲁加达（Antonio de Brugada）1858年的油画《受到攻击的至圣三位一体号》，表现的正是至圣三位一体号的艰难处境：画中央四层甲板的至圣三位一体号像一座城堡立在海面上，四层炮窗全部打开，主桅已被打断，主帆坠落，船尾战旗已经降下，表示投降，英军的小船正准备靠近。画左边，另一艘西班牙战列舰正赶来救援，至圣三位一体号最终逃出生天。此次海战西班牙大败，英国舰队为重新进入地中海铺平了道路。

至圣三位一体号最后一次参战是著名的特拉法尔加海战。至圣三位一体号用猛烈的炮火把英国海军名将纳尔逊的旗舰胜利号打成重伤，自己也遭到多艘英国战舰围攻，三根桅杆全被打断，失去了行动能力，最终选择投降。不过，英国海军也没能俘获它，至圣三位一体号因进水太多，慢慢沉入了西班牙加的斯港南面海域，结束了36年服役生涯。

胜利号

——英国用这场海战宣告"海权时代"到来

1789年7月14日,法国爆发大革命,波旁王朝土崩瓦解,法国陷入乱局。1799年11月9日,拿破仑发动军事政变,解散了无能的法国督政府,成立了自己任第一执政官的执政府。一年后,执掌法国政权的拿破仑接连战胜奥地利、俄国、土耳其,反法联盟被彻底打散。唯有大海那边的英国实力尚在,并带头组织新的反法联盟。

1803年,法国与反法联盟再次爆发战争。这一次,拿破仑决心攻入大不列颠岛,他原想用计把英国海军引到西班牙海岸,而后乘机登陆大不列颠岛。结果弄巧成拙,反被英军把法西联合舰队堵在西班牙西南沿海加的斯港内。

几年前从尼罗河战役中逃生的法国海军上将查尔斯·维尔纳夫此时担任法西联合舰队司令,他听到拿破仑将派人接替他时,竟在新司令官到来前率法西联合舰队逃出西班牙加的斯港。在港外恭候多时的英国舰队立即扑了上来,于是引爆了著名的特拉法尔加海战。

英国国家海事博物馆一直把特拉法尔加海战作为长期陈设内容。有两个厅专门展示这场海战。二楼那个特拉法尔加海战厅里有许多战争实物,最著名的是纳尔逊将军礼服,那是他人生最后一战中穿的军服,上面有要了他命的弹孔。这个厅里还有许多关于纳尔逊的油画,最帅的是历史公认的那幅"纳尔逊标准照"。

尼罗河之战,纳尔逊打败了横扫欧

《特拉法尔加战役》,透纳,1824年

洲的拿破仑,英国王室论功行赏,封纳尔逊为尼罗河男爵。于是,纳尔逊在海军医院的朋友带领下,高高兴兴地去"照相"。给纳尔逊画像的莱缪尔·弗朗西斯·艾勃特(Lemuel Francis Abbott)并不出名,但他1799年画的这幅《纳尔逊肖像》却画出了主人公的神韵。后世,只要用到纳尔逊肖像就一定用这一幅。这幅半身肖像把他的双眼都画得完美无缺(其实一只被打瞎了),也回避了画手,右边的袖子别在胸前,做一个类似藏手礼的动作。不过,纳尔逊并不因残疾而自卑,这些战伤反而令他更加迷人。他与英国驻意大利公使汉密尔顿夫人的恋情轰动朝野。更有意思的是,1940年丘吉尔下令拍摄由费雯·丽、劳伦斯·奥利弗主演的电影《汉密尔顿夫人》,用这个三角恋的故事进行爱国主义动员,竟然大获成功。

当然,真正使纳尔逊成为"皇家海军之魂"的是他指挥的特拉法尔加海战。英国国宝级画家威廉·透纳画的《特拉法尔加战役》在英国国家海事博物馆受到特殊礼遇——独占一个展厅,黑乎乎的屋子里只挂这一幅画。画的前边拦着一根绳,旁边摆着三排长椅,我坐在这里静静地欣赏了许久。1824年透纳绘制这幅巨作时,1805年的那场海战已过去近20年,但大师仍然将战争场面表现得仿佛就是昨天,撑满了整个画面的旗舰胜利号(Victory)浮在海面上,像一个祭坛上的祭品。

从1559年至1760年,英国先后有五艘风帆战舰被命名为胜利号,其中最著名的是始建于1760年的一级风帆战列舰胜利号。此船船体长69米,甲板最大宽度15.8米,最大吃水深6.55米,满载排水量3556吨,舰上装备火炮104门,全舰人员850人。它有三根桅杆,前桅、主桅和后桅,其中主桅从吃水线算起高达63米。舰上可以展开37片帆,展开后最大面积5440平方米。舰上的各种缆索接起来长达41千米。它的建造消耗了2500余棵橡树、38吨铁。它是当时英国海军最大的战列舰。

耗资巨大的胜利号一直到1765年才下水。巧的是,英国海军名将纳尔逊在这一年出生。更有趣的是,这艘战列舰后来的主人纳尔逊完全抛弃了战列线战术,以小分队游击战术撞开敌人的战列线,成为传统的战列线战法的克星。

透纳绘制的这幅巨作,突出了胜利号三层甲板的火炮。这些铁铸大炮可发射12—32磅的炮弹,还有两门可发射68磅炮弹的巨型短炮。其单舷炮一次齐发,可发射出半吨重的炮弹;如果使用400磅的药包,大炮射程超过1英里;32磅重的弹丸在最远射程上,可击穿2英寸厚的橡木板。不过,此时的胜利号已没有什么故事了。故事都发生在旁边正在翻沉的战船和救生船上,英国的旗帜掉到海面上。透纳没有表现胜利的喜悦,而是直面战争的悲壮。恰如当年英国海军通信兵回国报告的那样:"我们打了个大胜仗,但是纳尔逊将军战死了。"

1805年10月21日,在恶劣天气的掩护下,法西联合舰队逃出了英国海军包围的港口,纳尔逊率舰队追击。法西联合舰队有战舰33艘,纳尔逊有战舰27艘。纳尔逊又一次使用他已熟练掌握的战术——用迅猛的游击穿插,把敌人的战列线拦腰斩断,集中火力猛轰维尔纳夫的倍申达利号旗舰。开战数小时后,维尔纳夫的旗舰已完全瘫痪,法西舰队秩序大乱。

在激战中,法国勇敢号的狙击手站在桅盘上,一枪将穿着显眼的将军礼服的纳尔逊打倒在甲板上。纳尔逊在痛苦中硬撑了3个小时,终于听到了胜利的消息——法西联合舰队有12艘船被俘,

《修复胜利号》,怀利,1925年

8艘被摧毁,13艘逃跑,打死敌人4000多人,法西联合舰队司令维尔纳夫被生擒,英国舰队几乎没有损失。

从交战双方的实力对比来看,无论是在战舰质量还是数量上,法西联合舰队并不处于下风,但缺乏优秀的海军将领是整个风帆时代法国和西班牙的致命伤,法国的维尔纳夫和英国的纳尔逊在临战指挥能力上的差距,最终使法西联合舰队一败涂地。事实证明,仅凭设计优秀、威力强大的三层甲板战舰,无法挽回法西联合舰队的失败命运,这是法国和西班牙在风帆时代的共同悲剧。

胜利号服役到1812年,此后,它被拖到干船坞永久保存。英国画家威廉·莱昂内尔·怀利(William Lionel Wyllie)以油画《修复胜利号》记录下胜利号的修复场景。此画绘于1925年,现由英国国家海事博物馆收藏。怀利是一位多产画家,被描述为"他那个时代最杰出的海洋艺术家",作品分藏在泰特现代美术馆、皇家学院、帝国战争博物馆、国家美术馆。

画中描绘的是正在朴次茅斯码头2号

干船坞进行修复的胜利号，18世纪的新式三层甲板战舰，已修改了17世纪流行的斜桅样式，取消了上面观望用的桅盘。立于甲板左侧的是艺术家夫妇。船头雕像是乔治三世的纹章。左下角几个穿制服的修复委员会的官员正拿着蓝图视察工程进展。左上方是战舰伊丽莎白号。

顺便说一句，1988年为纪念澳大利亚建国200周年，澳方花了十年时间，为英国女王定做了一辆新的黄金马车。这辆马车被称作"移动的历史博物馆"，它的制造材料中包括100多件英国文物，其中就包括从胜利号上取下的一块船木，雕刻了马车上的王冠，可见胜利号尊贵的历史地位。

胜利号作为英国皇家海军的图腾，至今仍在朴次茅斯港展出，它是目前世界上军龄最长的战舰。需要提示的是：这个港口共有7个博物馆，包括几个古船博物馆，如胜利号、玛丽·罗斯号、勇士号等博物馆，还有海军博物馆、舰炮博物馆、海军陆战队博物馆、潜艇博物馆。

被称为"海权之父"的马汉先生曾用一句非常经典的话概括了这场战争："特拉法尔加海战中的失败者并非法西联合舰队司令维尔纳夫，而是拿破仑；获胜的不单是纳尔逊，而是被挽救的英国。"这话说得太有海权意味了，它挑明了以法国为代表的陆上霸权正败给以英国为代表的新兴海上霸权。这一仗标志着"陆权时代"即将退出历史舞台，而"海权时代"通过各种海上纷争走上了历史的前台。

无畏号

——一曲帆船战列舰时代的挽歌

从帆船史的角度讲，透纳的《被拖去解体的战舰无畏号》比他的《特拉法尔加战役》更具历史意味。它好似终生未婚的透纳对岁月的一声长叹，沉重而悲伤。

透纳一生都迷恋大海，画了无数海景画，在复杂的光影下，他以浪漫主义的手法描绘海船、海风、海浪、海雾。这些另类的海景画使他无可争议地与康斯泰勃尔一起，被尊为英国风景画史上的两座丰碑。不同的是，透纳的风景画已被提高到与历史画同等的地位，甚至他的许多海景画就是历史画的经典。

1839年，65岁的透纳开始感到无可抗拒的时光正离他而去，他在纵90厘米、横121厘米的大帆布上，画了被夕阳染红的云团，看上去正如中国人所说的"夕阳无限好，只是近黄昏"。值得注意的是，他画的并不是一个人的黄昏，而是一个时代的黄昏——风帆时代的黄昏。

画中一艘不起眼的小明轮蒸汽船，正拖着一艘落了帆的三桅大战船去西边的船厂解体；蒸汽船高高的烟囱里，劲头十足地喷出被晚霞映红的浓烟。这是一幅凄美的海景。透纳为这个作品起了一个实实在在的事件性标题《被拖去解体的战舰无畏号》。晚年的透纳对岁月的慨叹是沉重而悲伤的，让人们想起这艘装备着98门炮的战舰的光辉岁月。

1805年，无畏号参加了特拉法尔加海战。法西联合舰队败北，百年来的英法海上争霸宣告结束，大不列颠终于修

《被拖去解体的战舰无畏号》，透纳，1839 年

炼成一个强大的海洋帝国。这艘立下战功的无畏号战舰一直服役至 1838 年。退役后，它被从泰晤士河口希尔内斯港拖曳至海斯港解体。画中的蒸汽拖船，在无畏号面前显得渺小，但它高高升起的蒸汽与晚霞相映，足以显示老式风帆战舰在蒸汽动力出现之后日落西山的况味。透纳以空气中奇特的色彩和光影为风帆时代谢幕，不经意间，拉开了工业革命和世界变革的大幕。

《被拖去解体的战舰无畏号》诞生的这一年，即 1839 年，林则徐在虎门销了鸦片，拆除了广州的外国商馆。刚登基两年的 20 岁的维多利亚女王决定跟大清开战，随后，早期的明轮蒸汽战船冒着透纳画的那种浓浓烟雾，开进了中国海域……

8

铁甲舰竞赛

苏格兰造船工匠的儿子詹姆斯·瓦特 1784 年拿到英国政府颁发的制造蒸汽机专利证书时，并没想到这架生产机器同时也会是一架战斗机器，甚至引发新一轮的军备竞赛。

英国海军刚刚将蒸汽明轮船投入海战，法国随后就造出了世界上第一艘以蒸汽机为主动力装置的战列舰拿破仑号（Le Napoléon）。法国人没乐多久，英国人就造出了第一艘铁壳装甲战列舰勇士号。欧洲人这边战舰竞赛不停，美国人在内战中又投入了打不沉的炮塔铁甲舰。

拿破仑号

——法国建造世界第一艘蒸汽螺旋桨战列舰

1784年,詹姆斯·瓦特获得了英国政府颁发的蒸汽机专利证书。

1830年,英国皇家海军将蒸汽明轮战船投入海上战斗。

1837年,英国阿基米德号船使用螺旋推进器,取得成功。

不过,近乎讽刺的是,英国蒸汽船的所有发明好像都是为老对手法国人准备的。1847年,法国开始建造世界上第一艘蒸汽战列舰拿破仑号,此舰改用了螺旋桨推进,成为世界上第一艘螺旋桨战列舰。此舰水线长71米、宽16.2米,吃水深7.72米,排水量达1870吨,功率为960马力。它不受风和洋流的影响,在战斗中可以自由进行战术机动,航速可达到12.14节(约22.5千米/时),如果加上面积达2850平方米的辅助风帆,航速可达14节(约26千米/时),进入快速舰的行列。1852年拿破仑号试航成功,标志着蒸汽战列舰时代的到来。

大约在1860年法国画家巴特莱米·洛弗涅(Barthélemy Lauvergne)绘制了油画《1852年拿破仑号在土伦》,表现了这艘蒸汽战列舰的风采。不过,拿破仑号还是一艘木壳战舰,为了提高战舰防御炮击的能力,拿破仑号战列舰在主要部位加装了很厚的铁甲,确保战舰在海战炮击中能够应对各种挑战。

然而,比战舰更复杂的挑战是欧洲政治格局的不断重组。1815年10月27日,曾令整个欧洲战栗的拿破仑被流放到大西洋中的圣赫勒拿岛,法兰西第一

《1852 年拿破仑号在土伦》，洛弗涅，约 1860 年

帝国彻底崩溃，欧洲重组政治版图。西边是不断扩张的俄国，东边是卷土重来的法国。1844—1845 年，随着法国对塔希提和摩洛哥的干预，以及法国宣扬加强海军力量的儒安维尔亲王（Prince de Joinville）的《海军部队说明》小册子的出版，英法协约关系破裂，导致了两国的海上军备竞赛。

法国这艘蒸汽战列舰原本不叫拿破仑号，最初就叫"儒安维尔号"。儒安维尔亲王是法王路易·菲利普之子，法国海军上将，蒸汽战列舰的积极推动者。1848 年法国二月革命爆发，路易·菲利普被迫退位，法兰西第二共和国成立。1850 年 5 月这艘蒸汽战列舰被更名为拿破仑号。

1852 年 12 月拿破仑的侄子路易·波拿巴夺取了法国 1848 年的革命果实，改法兰西第二共和国为法兰西第二帝国，当上了拿破仑三世皇帝。拿破仑三世虽然没有拿破仑一世的雄才大略，但他仍然使法国再度成为欧洲强国，而且拥有不容忽视的海上力量。

1852 年拿破仑号试航成功后，拿破仑三世在 1855 年前后接连建造了三艘与拿破仑号同型的蒸汽战列舰，并以法国行省命名为布列塔尼号、洛林号、普罗旺斯号。至此，拿破仑三世已有了展示海上实力的资本。

布列塔尼号

——令维多利亚女王愤怒的法舰

历史有很多相似之处，东西方不同地域发生的事，相互重演。

中国人都知道，甲午海战前，李鸿章曾带着北洋舰队到日本去展示实力，定远、镇远二舰到访日本不仅没有吓住对手，反而刺激了日本海军"一定要打沉定、镇二舰"的决心。这种事，更早的时候在英法之间也曾上演过。

1858年8月5日，拿破仑三世和欧仁妮皇后先视察了法国西北部港口瑟堡，并在此迎接前来参观新开放的"拿破仑三世盆地"的英国维多利亚女王和阿尔伯特亲王。拿破仑三世身着法国海军上将军服，在位于瑟堡的旗舰布列塔尼号上组织了一个盛大的宴会接待女王和亲王。

这是英法两国外交上的大事件，自然少不了画家的关注与表现。这幅现由国家海事博物馆收藏的《维多利亚女王在法国旗舰布列塔尼号》是法国风景和海洋画画家儒勒·阿希尔·诺埃尔（Jules Achille Noël）1859年创作的纪实作品。这位画家原本是位制图家，因为他的父亲是位绘图员，他也就入了绘图学校。后来，他的兴趣转到了绘画上，到巴黎改学绘画，19世纪40年代活跃于一些沙龙活动，作品获得路易斯王子的赏识和诗坛怪才波德莱尔的好评。

布列塔尼曾是他进行绘画创作的基地，不知是不是对布列塔尼情有独钟，他创作了这幅以布列塔尼号为主体的海洋画。巨大的战舰布列塔尼号几乎将画

上图:《维多利亚女王在法国旗舰布列塔尼号》,阿希尔,1859 年
下图:《瑟堡港向参观布列塔尼号的维多利亚女王致敬》,法蒂奥,约 1859 年

面占满。此舰是1855年服役的一级风帆蒸汽三层甲板战列舰，基本航速12.6节，载炮130门，满载排水量6875吨，10年后改为浮动兵营，1880年拆解。也就是说，它仅有25年的寿命，可见此时战舰更新换代之快。

画中的布列塔尼号以满旗迎宾，船上还飘扬着代表法国皇家和帝国象征的旗帜。甲板上有法国水手挥舞着帽子。画中心的前景，皇家驳船连同其他的法国和英国船只以及一些穿着整齐的海军已到位。维多利亚女王的驳船右边，是一艘悬挂帝国旗帜的驳船，里面满是挥舞帽子致敬的法国水手，还有一些小艇上也坐满了观众，港口的其他船只也发射礼炮。画中身穿正式法国海军上将军服的法国皇帝，正站在舷梯顶部迎接乘法国皇家驳船到达舷梯底部的英国女王与亲王。

画的右侧是瑟堡城和防御工事，拿破仑三世似向英国客人证明，他的瑟堡海军基地不会构成对英国的威胁，因此也不向英国人保密，所以，特别邀请维多利亚和阿尔伯特与一些政治家和海军军官一起视察瑟堡海军基地，以示信任。

在法国方面，大家都认为这次英国客人的访问气氛是友好的。另一位法国海洋画画家莫雷尔-法蒂奥创作的同一题材的作品，名字就叫《瑟堡港向参观布列塔尼号的维多利亚女王致敬》。莫雷尔-法蒂奥曾在英国海洋贸易学校学习航海知识，后来在意大利和东方旅行，并开始学习绘画。从19世纪30年代起，他随法国舰队参加远洋航行，途中创作了大量的海洋绘画作品，1833年时，他已取得了广受赞誉的艺术成就。1836年，受法国国王路易·菲利普邀请为凡尔赛宫历史博物馆创作纪实绘画作品，1840年创作了《拿破仑遗体返回法国》。1852年，莫雷尔成为卢浮宫海军收藏馆的馆长。

这幅画的基调热烈而欢快，欢迎英国女王的场面宏大，但细看，满眼都是法国巨大的战舰和无处不在的法国三色旗，英国客人和米字旗已小到可以忽略不计了。这场访问是法国人精心准备的，英国人也是乘兴而来，但最后的效果与预期完全相反。维多利亚女王参观完瑟堡港与布列塔尼号之后，缩短了对瑟堡的访问行程，不准备接着去见证拿破仑一世骑马雕像的落成仪式，转身回了伦敦。

法国之行让维多利亚女王感受到了法国海军满满的优越感，回国后，她立即给英国首相写了一封非常严厉的信，痛批英国皇家海军建设的落后。法国威胁论的声音再起，新的一轮英法军备竞赛又开始了。

光荣号

——从浅水炮舰到第一艘蒸汽铁甲护航舰

西方世界的海战，很长一段时间里没有俄罗斯什么事，因为俄罗斯几乎没有出海口。它的周边和国土内有四个海——波罗的海、白海、黑海、亚速海，还有两个名为"海"的咸水湖——里海和咸海，只有一个出海门户，即处在北极圈上的白海，这里每年九个月冰冻期，等于一个出不去海的出海口。

伊凡雷帝深知，在海洋时代没有出海口，俄国必将窒息而亡，但他至死也没能在西边打下一个出海口，夺取出海口的历史重任落在了彼得一世身上。传统上，沙俄自认是东罗马帝国的继承者，在寻求出海口的道路上，彼得一世首先选择了冲出亚速海，夺取黑海出海口。1696 年 10 月，彼得一世下令组建俄罗斯第一支海军——亚速海舰队。此后，几百年间，几代沙皇都在为夺取这个出海口与奥斯曼帝国没完没了地打仗。

1854 年，为控制俄国通过博斯普鲁斯海峡进入东地中海，英国与法国联手帮助奥斯曼帝国抗击俄国，双方在克里米亚上演了拿破仑帝国崩溃后规模最大的一次国际战争，同时，它也是世界海战史上划时代的"高科技"战争。

1853 年 11 月 30 日，俄国黑海舰队进入黑海南岸锡诺普港湾，要求奥斯曼舰队升起白旗投降，奥斯曼指挥官拒绝投降并下令开炮，俄土第九次战争由此打响。俄国风帆战列舰配备了法国炮兵军官亨利 - 约瑟夫·佩克桑（Henri-Joseph Paixhans）发明的专门发射爆炸弹的长管

1860年正式入役的光荣号,宣告着铁甲舰时代的到来

身加农型平射炮(即佩克桑炮,俗称轰击炮)。这种炮发射爆炸力极强的开花弹。此炮有精度不足的弱点,但59磅重的开花炮弹只要落到船上,就可轻易摧毁风帆战船脆弱的木壳,给军舰造成毁灭性打击。经过近4个小时的激战,在俄军76门佩克桑炮大口径爆炸弹的轰击下,奥斯曼海军损失军舰15艘,死伤3000人,唯一突围的战舰是一艘由英国人驾驶的蒸汽明轮巡航舰。

锡诺普一战,让佩克桑炮青史留名。从军事史的角度看,它的最大贡献不是终结了木壳风帆战舰时代,而是直接催生了军舰的装甲化,开启了铁甲舰的时代。克里米亚战争的走向,很快就证明了这一点。当俄国人为他们爆炸弹的威力得意扬扬之时,令人玩味的"黄雀在后"显现了。1854年1月4日,英法联合舰队进入黑海支援奥斯曼帝国,他们带来了全新的海战利器——铁甲舰,爆炸弹转眼变为"明日黄花"。

英法投入的海军异常强大,有34艘战列舰(其中4艘蒸汽动力)、55艘巡航舰(其中50艘蒸汽动力),俄国海军面对英法如此强大的海上力量，采取了避免海上作战，退守岸上要塞的战法。双方都没想到的是，正是要塞战让英法海军的闪光点爆燃。

1855年10月17日，英法联合舰队来到布格河、第聂伯河和因克尔河的共同入海口，对扼制尼古拉耶夫港入口处的金伯要塞实施猛烈炮击。这座要塞并不大，只有四座炮台，但地势险要，易守难攻。英法联军派出一支由10艘战列舰、80艘其他舰船组成的炮击舰队。交战中，俄国人发现英法联军炮击舰队中由法国蒸汽动力舰拖曳着三艘古怪的东西进入了战队的最前方。它们就是法国最新式的海上浮动铁甲炮台毁灭号、冲击号和雷鸣号。这是法军锡诺普海战发生之后，为了对付爆炸弹赶制出来的秘密武器。这种浅水炮舰排水量1400吨，长55米，宽25米，吃水深13米，木质舰身，水线上包裹35厘米厚的铁甲，安装了18门50磅舷侧炮。

这三个铁甲怪兽冲到距离金伯要塞不足100码的地方开炮射击，完全不惧岸炮攻击，雷鸣号中弹70发，毁灭号中弹64发，丝毫不影响它们的战斗力。最终，金伯要塞被炸成一片废墟，尼古拉耶夫港投降。这显然不是对一个要塞的胜利，它直接引发了法国大型装甲舰的制造。

法国人的铁甲舰之梦做了不是一天两天了。早在1834年，法国炮术专家贝桑将军就提出装甲舰的设想。既然风帆战舰的木壳船无法抵御越来越强大的火炮轰炸，应该考虑在战列舰上覆盖一层180—200毫米的铁装甲，为了防止在舷侧加装铁甲后造成船体重心上升，可以撤除上层甲板的火炮。时隔20年后，特别是经历了克里米亚海战检验后，法国造船总监迪普·德·洛姆设计出了大型装甲战舰，解决了浅水浮动炮台速度太慢、装炮太少的弱点，它就是世界上第一艘蒸汽铁甲舰光荣号（La Gloire）。

光荣号于1858年建造，长77米，宽17米，排水量5630吨，装8台锅炉，载煤665吨，2500马力引擎，混合航速13.5节，载员570人。为了给船舷扣上107—120毫米的铁甲而拆除了主炮，最终只装备了后装式50磅炮30门，如此配置的光荣号还算不上战列舰，它被划为了护卫舰。1860年8月，光荣号正式入役，宣告了铁甲舰时代的到来。

当然，光荣号并不是纯铁制的，只是给木骨木壳战列舰的船舷外侧包铁甲而已，但它奠定了蒸汽装甲战舰在近代海军舰队中举足轻重的统治地位和发展方向。在接下来的战争中，适应一段时间风帆蒸汽混合动力战舰后，真正铁骨、铁壳的全铁甲舰时代到来了。

勇士号

——没参加过一次海战的世界第一艘铁甲舰

虽然英国与法国共同参加了克里米亚战争,帮助奥斯曼帝国打败了俄国,但英法之间的军备竞赛一刻也没有停止。1860年法国第一艘蒸汽铁甲舰光荣号入役,再度打破了两国的海上力量平衡,此时,英国皇家海军没有任何一艘战船能够对付它。维多利亚女王质问海军部"皇家海军是否能胜任战时的任务"。

当然,英国海军部也不是白吃饭的,在克里米亚战争中,英国负责监造战舰的鲍德温·沃克少将从法军铁甲浅水炮舰的防炮击能力得到启发,在1856—1857年间,组织皇家海军进行了相关实验,发现102毫米的装甲可以抵御从570米处发射的68磅炮弹。据此,在1858年提出建造102毫米装甲、排水量5600吨、备炮26门的装甲巡洋舰的计划。当年5月,在得到法国建造光荣号装甲护卫舰的情报后,决定放弃木壳包铁甲的方案,直接建造铁壳护卫舰与之抗衡。这也是英国勇士号(Warriorr)与法国光荣号的最大不同,有人因此称勇士号是世界上第一艘"真正的铁甲舰"。

1859年5月25日,勇士号在伦敦布莱克沃尔开工。它比光荣号先进之处在于它的两舷各有一条装甲带,从头到尾长达78米,而勇士号仅在两舷覆装54米;装甲水上部分4.9米,水线下1.8米,共高6.7米;这种层状结构用双螺母螺栓固定在舷侧铁板上,比光荣号上将120毫米装甲板钉在木制舷侧上要牢固得多。从船首到船尾,所有的火炮装

1987年，英国勇士号装甲舰驶入朴次茅斯港，作为"国家历史舰队"的一部分，永久停泊在朴次茅斯历史船坞综合基地

在这个堡垒里面。此舰配有68磅前装式大炮26门，110磅后装来复炮10门和70磅的后装式大炮4门，共计40门大炮，满载排水量达9210吨。在蒸汽机推动下航速有14.36节，超过法国光荣号的13.5节的航速。另外，在3根大桅上还配备了一整套帆具。

1861年10月14日，勇士号护卫舰开始试航，其姊妹舰黑亲王号也在数月后服役。更为重要的是，从这时开始英国决定不再制造木壳战舰了，全面迎接蒸汽铁甲舰时代的到来。

滑稽的是，由于没有战事，勇士号服役的日子非常安逸。1863年，为迎接来自丹麦的皇太子妃，女王派维多利亚号游艇前往，令勇士号为其护航。同年8月，勇士号访问了英格兰、苏格兰等本土的几大港口，受到地方官和百姓的热烈欢迎。这一年,英国海军先后有排水量9820吨的阿基理斯号和排水量10700吨的米诺陶级三艘新舰服役。勇士号就这样在码头边待了几年,于1871年黯然退役。1875年,勇士号又重新服役,但只是在朴次茅斯港作为一艘预备舰,担任水雷驱逐母舰、水雷学校训练舰,直至1923年被解除舰籍,在米尔福德港被废物利用当作加油浮桥。

1979年,朴次茅斯市长琼·马歇尔慧眼识珠,决定接"勇士"回家。经历了8年艰难修复,勇士号于1987年6月16日在众多船只的簇拥下缓缓驶入朴次茅斯港,结束了它一生中的最后一次航行。此后,它作为"国家历史舰队"的一部分,永久停泊在朴次茅斯历史船坞综合基地。这里也是纳尔逊的旗舰胜利号和亨利八世的战舰玛丽·罗斯号的驻泊地。此舰现已由皇家海军国家博物馆接管,每年约有50万名参观者,还有为数不少的婚礼团队。

算起来,从下水之日到永驻朴次茅斯港,一百多岁的勇士号没参加过一次真正的海战,但作为世界上第一艘真正意义上的铁甲舰,它仍将被载入世界战舰史册。

莫尼特号和弗吉尼亚号

——打成平手的首次炮塔铁甲舰对决

欧洲列强在克里米亚混战之际，美国因废奴与蓄奴打起南北战争，参战双方为北方的美利坚合众国和南方的美利坚联盟国。南北战争主要是地面战争，也有一些海上战斗，个别小海战因其独特性成为海战中的经典战例。

1861年弗吉尼亚州宣布脱离美利坚合众国，北方军不得不弃弗吉尼亚境内的戈斯波特造船厂。北方军撤退时，为了不使造船厂落入南军之手，破坏了造船厂，并把因港口被沉船阻塞而无法撤走的蒸汽战船梅里马克号（Merrimack）付之一炬。

缺少战船的南方军接管戈斯波特造船厂后，立即将沉没的梅里马克号打捞上来。他们将烧毁的上层建筑移除后发现，水线以下的船体和机械并没有在大火中损坏，它成为整个切萨皮克湾地区唯一可用的大型蒸汽船。于是，南方军动手改造这艘木壳风帆战舰，并重新命名为弗吉尼亚号。它的重建工程被海军史专家在1887年以绘画的形式再现，并收入当年出版的《内战中的战斗和领袖》一书。

在插画上可以看到原来战舰的上层建筑连同桅杆一同被切除，主甲板扣上了巨大的斜角炮室，外层覆盖与水平船身成36度角的铁甲，用以改变落弹的角度，船头加上了舷墙，并配置了坚固的撞角。

文献记载，改建的弗吉尼亚号为铁甲炮舰，长53.4米，航速5节，位

179

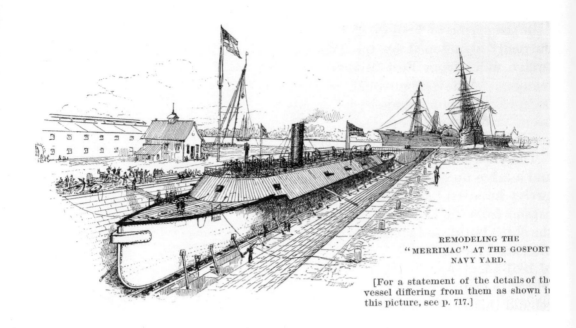

梅里马克号被南军改建成古怪的铁甲炮舰,并命名为弗吉尼亚号

于船首与船尾中轴线上的两门带有旋转支架的线膛炮口径为178毫米,可以射出47千克的炮弹,其余两门炮的口径为163毫米,被放置在船的左右舷。还有6门口径为229毫米的滑膛炮,也被放置在侧舷,左右各3门,均可射出33千克的炮弹,仰角为15度时射程可达3070米。谁也没想到这艘改建的装甲炮舰在不久之后的战斗中会建立奇功。

1862年3月8日清晨,为突破北方军的海上封锁,南方军率弗吉尼亚号铁甲炮舰联同其他5艘小型舰,由诺福克经伊丽莎白河驶抵汉普顿锚地,向停靠在那里的北方舰艇发起进攻。

弗吉尼亚号首先遇到的是北方军的木壳风帆战舰坎伯兰号(Cumberland)。在一轮激烈的炮击后,坎伯兰号陷入瘫痪,最终,被装有铁甲的弗吉尼亚号撞沉。北军赶来救援的木壳风帆战舰国会号(Congress)与弗吉尼亚号对轰一小时后,也失去了战斗力,向弗吉尼亚号投降。弗吉尼亚号在与木壳风帆战舰的对抗中所向披靡,战果不俗。当年即有美国画家画了一幅《弗吉尼亚号击沉木

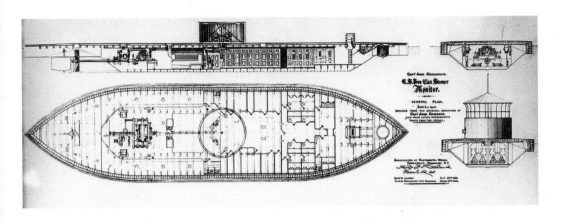

美国海军历史中心有设计师约翰·埃里克森签名的《莫尼特号铁甲舰平面图》

壳风帆战舰坎伯兰号》，记录了这场铁甲舰与木制舰的划时代较量。

这天傍晚退潮之际，南方军的弗吉尼亚号乘兴而归，它不知道，夜色中一个对手悄悄驶入了汉普顿锚地，它就是北方军的世界上第一艘配备炮塔的铁甲舰莫尼特号（Monitor）。非常幸运，此舰设计师约翰·埃里克森（John Erikson）签名的《莫尼特号铁甲舰平面图》至今存世，后人得以了解这艘铁甲舰：此船为椭圆形，长54.6米，宽12.6米，吃水3.2米，排水量为776吨，满载排水量可达1003吨。最突出的特征就是船中央有巨大的圆柱形炮塔，炮塔内装有2门279毫米前膛炮。

3月9日清晨，世界第一场铁甲舰对决在汉普顿锚地拉开大幕：当弗吉尼亚号再次驶入汉普顿锚地时，守在锚地的莫尼特号接到命令，向对手冲了过去。弗吉尼亚号由于蒸汽机推进力不足，转弯半径为1.6千米，需要45分钟才能完整地转一圈。它在与灵活的莫尼特号接战后，很快暴露出这一缺陷。但有铁甲护身，灵巧快速的莫尼特号不论怎么轰击，都没能给庞大笨重的弗吉尼亚号以致命打击。由于近距离接战，双方炮弹都是直接命中，但炮弹击中铁甲便反弹入水，双方经过数小时对轰，最终以平局收场。

1886年美国画家路易斯·普朗（Louis Prang）创作了一幅反映这一历史性的铁甲舰对决的海战画，海面上，简直是两个铁甲怪兽在决斗。不过，以战略而言，北方军还是粉碎了南方军利用

1862年汉普顿锚地首场铁甲舰之间的海战：
南方军的弗吉尼亚号（左）对抗北方军的莫尼特号（右）

弗吉尼亚号突破北方军的海上封锁线的企图。在这个意义上，北方军算是取得了胜利。

这场海战史上的第一场铁甲舰之间的战斗，对后来战舰发展产生了巨大的影响。1873年，法国建成蹂躏号战列舰，抛弃风帆传统，成为世界海军史上第一艘纯蒸汽动力战列舰。此后，战列舰在主甲板的中央轴线上，或者舰体两侧都装配了能做360度全向旋转的装甲炮塔，这种战列舰大多被直接称作铁甲舰。

9

奢华的沉没
与重生

　　魔咒,航海的人都相信,许多莫名其妙的或是阴差阳错的因素,会令一艘坚固的、奢华的甚至是无与伦比的大帆船,一转眼就摇摇晃晃地沉入海底。有些原因是可查的,有些原因是无解的。一大批声名赫赫的帆船就这样沉入了海底,成为风帆时代沉重的叹息,也有幸运的,通过考古等方式得以重生。

瓦萨号

——瑞典最为奢华的皇家级沉没

到斯德哥尔摩旅行，不能不看那艘"后维京时代"的战船杰作——瓦萨（The Vasa）战船。巧得很，我选择考察瓦萨战船的日子是8月10日，1628年的这一天，恰是瓦萨战船下水的日子，它和后来的泰坦尼克号一样在首航中沉没了——这一天遂成它的祭日。

这个瑞典帝国的辉煌样本在海底一直睡到1961年，才被整体打捞出水。经过修复，瓦萨战船95%的原始残骸得以保留，世界不仅拥有了一艘17世纪的战船实物，还在修复过程中第一次拥有了17世纪战船的完整图纸。从水中捞出的万余件文物，则是人们了解17世纪北欧海军生活的最佳解码。

瓦萨战船博物馆是专为陈列这艘沉船而建的，作为380多年前建造的战船，它实在是太大了。从第一斜桅算起船有69米长，12米宽，主桅52米高，双层炮位，装炮64门，排水量1210吨，5层甲板，船尾柱有6层楼高。展厅从船底一层一层展示，观众可以从船底一直参观到船尾顶楼，在7楼这个位置，可以看到最华美的船尾雕刻，其顶部刻"GARS"，这几个字母分别代表着"古斯塔夫·阿道夫、国王、瑞典"。

"王国的福祉，一靠上帝，二靠海军。"这是古斯塔夫·阿道夫当上国王之后说的名言。靠着海军，瑞典人保住了国土安全，封锁了波兰出海口，以增加自己的税收；俄国仍然被封堵于大陆，没能获得出海口。但连年战争，海军也

修复后保留了95%原始残骸的瓦萨号，再现了后维京时代瑞典战船的风采

损耗巨大，仅1625年，瑞典就损失了10艘战舰。也正是这一年，奉国王古斯塔夫二世旨意，斯德哥尔摩船厂请来了专业的荷兰造船技师，用1000棵橡树开始建造最豪华也最昂贵的瓦萨战船。

经过三年的努力，1628年夏天瓦萨战船终于造好，并以瑞典第一位国王古斯塔夫·瓦萨的名字命名。8月10日，风和日丽，瓦萨号在国王码头举行盛大首航仪式，然而，只张开十张帆中四张帆的瓦萨号，在驶离码头仅1000多米，即在一阵海风吹袭下，船体倾斜，于一片尖叫声中沉入海底。船上当时有300多人，约50人没能逃脱。更不幸的是，它是瑞典海军这个月里损失的第三条战船了。

正在海外征战的古斯塔夫二世无法接受这样的事实，下令调查。但火炮没有脱锁，风帆也未全张，无人醉酒，调查没有结果。后世的说法是，国王强行将炮位由一层增加到两层，使船上层超重，失去平衡。这种双层炮位的战船在当时并不是瑞典首创，但超大战船毕竟不是当年成熟的技术，三层甲板战舰稳定性尚没得到解决。异常高大的瓦萨号应当是上层建筑过高，导致重心不稳而倾覆。

瓦萨号不过是一艘装备了两层炮甲板和64门火炮的三级战舰罢了。为什么要造这么高大，因为它被当作皇家与贵族们富贵与权力的象征，再加上船尾采用了大量华丽复杂的雕塑，使得本来就已令人头痛的稳定性问题更加严峻，沉没也在所难免。

令人遗憾的是，四年后，也就是1632年，攻打德意志的古斯塔夫二世也像瓦萨战舰一样殒落了。

斯德哥尔摩号和哥德堡号

——瑞典商船为何要从北欧远航东方

反映斯德哥尔摩号遇难的插画,画上还有作者 I. F. 伯格的签名

在38岁大好年华时逝世的古斯塔夫二世,没能等到瑞典最辉煌的时刻,在法国介入"三十年战争"后,新教联盟终于在1648年迎来了最后胜利。瑞典除了本土,还拥有芬兰、德意志北部沿海地区、芬兰湾、里加湾,是名副其实的北欧大国。在波罗的海扎扎实实地风光了一百多年,直到"北方战争"中被沙俄打败,帝国地位被沙俄取代,靠打劫发家的瑞典人才开始老老实实地做海上贸易。

大航海以来,东方一直是西方殖民与贸易的主战场:1587年,葡萄牙率先成立了东印度公司;1600年英国成立东印度公司;1602年荷兰成立东印度公司;1616年丹麦成立东印度公司;1664年法国成立东印度公司;瑞典想要到东方进行贸易,也要成立自己的东印度公司。

有意思的是,别的国家成立东印度

公司,大众都是欢欣鼓舞,瑞典国会却有一股保守势力坚决反对。他们认为,用瑞典的铁、铜、木材和焦油到中国换取并非用于大众的茶叶、陶瓷和丝绸等奢侈品是一种浪费,不是为民谋利。于是,政府出面反复解释说,从中国运回的货物绝大部分是转手高价卖给外国人,可以得到很高的利润,责难之声才慢慢消退。

在一片怀疑声中,瑞典东印度公司(SOIC)——西方成立最晚的东印度公司——终于在1731年宣告成立,公司大楼至今仍屹立在运河边,现为市立博物馆。为了追赶西方各国的东方的贸易利益,瑞典东印度公司抓紧制造远洋商船。1731年,以国王弗雷德里克一世的名字命名的弗雷德里希斯号(Friedericus Rex Sueciae)下水,由公司董事柯林坎贝尔担任第一艘开往中国的商船货运主管。这艘大船在1732年2月9日启航，不负众望，绕过好望角，跨过印度洋，开进了中国广州的黄埔港。

紧接着，瑞典又造出第二艘以王后的名字命名的大商船尤妮卡·奥利奥诺拉王后号（Cronprinsessan Lovisa Ulrica）。这艘商船于1733年下水，旋即驶往中国广州。航行顺利，在中国进行贸易也顺利，但令瑞典人气愤的是，当这艘商船满载货物从中国返航时，在印度洋被英法联军战船拦截，16箱银子被"没收"。后来，瑞典政府多次与英法两国交涉，最终没能要回被"没收"的银子。

从1731年到1821年，瑞典东印度公司一共建造了37艘大商船，其中有8艘船折损于东方贸易的航路上。较早遇难的是斯德哥尔摩号。当时的瑞典商船多选择冬季乘北风南下，从波罗的海进入北海，经过苏格兰北部，而后进入英吉利海峡。1745年1月12日，斯德哥尔摩号恰在这里误入了孤悬于北海中的设德兰群岛，不幸触礁；更不幸的是，另一艘同行的船赶过来营救，也触礁沉没。好在所有的船员都安全上岸。这件事发生不久，就有了反映斯德哥尔摩号遇难的插画，画上还有作者I. F. 伯格的签名。从画中可以看到，这是一艘配有火炮的三桅大商船，桅杆全部折断，船员抱着船木逃上岸。

更为不幸的是，几乎就在同一天，1745年1月11日，哥德堡号装好了货物，从广州黄埔港启程，踏上返回家乡的航程。船上的人无法知道，斯德哥尔摩号在设德兰群岛触礁失事，更无法料到哥德堡号也将面临触礁的命运。这是哥德堡号第三次，也是最后一次远航。

1738年，瑞典东印度公司为远航中国专门建造了武装商船哥德堡号，这是一艘三桅帆船，被称为三桅护卫帆船，后来称全装帆船（全装帆船一般是三桅，也有四桅、五桅的情况，所有桅杆均挂横帆，之间一般有支索帆。标准风帆战列舰均为全帆装船）。它是这家公司37艘远洋商船中第二大的船，主桅和前桅有顶帆、中帆和主帆，后桅挂一张合桅帆和一张大三角帆，在艏部，装有船首斜桅，悬挂在下面的是两张方帆及斜三角帆。船上还装备有30门6磅火炮，射程200—300米，主要是用来防御海盗船和私掠船的攻击。1739年、1741年和1743年，它三次远航广州，成为瑞典的明星级商船。

哥德堡号从黄埔港启程返国时，船上装载着大约700吨中国物品，价值约合2.5亿瑞典银币。8个月后，哥德堡号终于航行到哥德堡港，大约再航行900米，离开哥德堡30个月的船员们就可以上岸回家了。然而，就在这个时候，由于领航员的失误，哥德堡号触礁。这艘有19张帆的大船像醉鬼一样晃了几下，开始下沉。人们赶紧打捞船上的货物，从沉船中捞起30吨茶叶、80匹丝绸和大量瓷器，这些东西后来在市场上拍卖，所得不仅支付了哥德堡号东方之行的全部成本，而且还获利14%。

此后，瑞典东印度公司又建造了一艘这样的商船，但它又沉没在南非。沉船像噩梦一样缠上了瑞典。1813年，瑞典东印度公司没赶上列强瓜分中国的鸦片战争就倒闭了，所以，中国人愿意把哥德堡号归为"古代海上丝绸之路"的平等贸易往来之列；瑞典人也愿意将它看作东西方海上交流的经典。

1984年，瑞典民间考古队发掘了沉睡海底的哥德堡号，但它没有瓦萨号那么幸运，已经完全烂了。这反而促生了一个大胆的设想，瑞典人决定重建哥德堡号仿古商船，沿着先人的航线重抵中国广州，为此还专门成立了哥德堡号基金会和新东印度公司。

1993年，仿造哥德堡号商船工程上马，瑞典国王卡尔十六世成为这项工程的监护人，从某种意义上讲，它已成为皇家工程。重建哥德堡号花费约3亿瑞典克朗，几乎就是造一艘木制的航母。经过10年的精心打造，2003年6月6日，这艘使用18世纪工艺制造的58米长的哥德堡号顺利下水。

2005年10月2日，哥德堡号仿古商船正式远航中国，于2006年7月18日顺利停靠广州南沙客运港，瑞典国王和王后同时到访中国。一年后，哥德堡号顺利回到它的出生地哥德堡市。不过，我到哥德堡却没能见到它的身影。据说这艘仿古船定期出海航行，平时停泊在埃里克山港。

有一种赞美瑞典东印度公司的说法是，当年该公司船队曾137次远航到广州，一艘商船往来的贸易额相当于当时瑞典全国一年的国民生产总值。它从反面证明，那时的瑞典经济是何等微不足道，瑞典慢慢从欧洲列强的名单上消失了。

阿姆斯特丹号

——"×××",缠绕阿姆斯特丹号的魔咒

在阿姆斯特丹乘运河游船,看到的不仅是北方威尼斯的水城风光,同时还会由纵横交错的河道进入荷兰散发着海虹味的历史。此刻,船上中文语音告诉我,前方停泊的那艘气势恢宏的古典大帆船就是著名的阿姆斯特丹号。

这是一艘有故事的古船。先说他的名字"阿姆斯特丹号"。"阿姆斯特"原指这里最初的一条河。大约1100年前,住在河边的人们在入海口处建起了大坝,慢慢在坝上发展出一个城市,即阿姆斯特丹城。这个"丹",在古荷兰语中就是河坝的意思。荷兰是洼地国家,"丹"特别多,"丹"上发展出的城市也特别多。鹿特丹的"丹",也是这么来的。

当年,阿姆斯特丹号是代表荷兰东印度公司远航东方的名船。主桅旗即是荷兰东印度公司的"司旗",上有叠写的公司三个缩写字母"VOC",尾桅上的旗为橙、白、蓝三色国旗。艏桅挂的是阿姆斯特丹市旗,旗上有三个"×××",表示这个城市防水、防火、防瘟疫,它是此城安危的三要素。但阿姆斯特丹号,最终没能逃出这个"×××"的魔咒。

阿姆斯特丹号是当时被称为"东印度舵手"一类的大帆船,这类船在16世纪末用于远东贸易。这些大帆船漂洋过海,从欧洲将铅、铜、酒及其他货物运到东方,而后从印度、锡兰、中国、暹罗、日本和印度尼西亚运回丝绸、香料、家具及陶瓷等。每年在阿姆斯特丹港口举行四次拍卖会。由于商船可能会遭受

停泊在荷兰国家海事博物馆前的阿姆斯特丹号的复制品

台风或海盗的袭击，因此每艘船都造得同战舰一样。阿姆斯特丹号即是当年订制的远航东方的大型帆船，配有双层火炮。不过，这艘商战两用船没有毁于战火，而是像当年许多商船一样毁于迷航。

那个悲惨的故事发生在1749年1月26日。

一年前，刚刚造好的阿姆斯特丹号首航东方，船上装载着大量的货物，包括布匹、酒和银子等，准备贩往爪哇岛。但航行刚开始就暴发了避之不及的那个"×"——瘟疫。船上203人中，有50人死亡，40人患重病。此时，又来了一场风暴，船员要求33岁的船长威廉尽快靠岸。迷蒙之中，阿姆斯特丹号撞上了英格兰南部黑斯廷斯海岸的沙洲，很快沉入泥土中，被另一个"×"——海水吞没了。

此后的几个世纪，不断有探宝船搜索此船。1969年荷兰的一些基金会开始打捞此船，并于1984—1986年进行全面发掘。由于船体已无法整体出水，荷兰方面决定筹集资金建立一个复本。1990年复制的阿姆斯特丹号建成，永久停泊在阿姆斯特丹的荷兰国家海事博物馆前运河边的一个特殊码头内，船上展出打捞出来的原船残骸和东印度公司的相关物品。现在，这里不仅是博物馆的一个特殊展区，重大节庆时，荷兰王储也会登船举行各种仪式。

皇家乔治号

——英国海军最新战舰在维修中沉没

《德普福德船坞的皇家乔治号和剑桥号下水》是老约翰·克里夫利（John Cleveley the Elder）1755年创作的油画，但它并非像标题所表达的那样是一幅纪实作品，事实上，作者为了画面壮观，将两个事件以虚构的方式组合于一个画面之中。

伦敦东南部的德普福德船坞是英国的著名造船厂之一。1755年10月21日，这个船坞完成了图左边的新船剑桥号（Cambridge），但图右边的皇家乔治号（Royal George）则是第二年才在伦敦伍尔维奇船坞下水。老约翰·克里夫利将这两艘船画在一幅画里，时间和地点都"穿越"了，但画中的船却真实而细腻，今天看亦有再现历史之功。

伍尔维奇是伦敦南部的小镇，早在15世纪，这里就建有军港。从1471年到1793年的三个多世纪里，这里先后建起伍尔维奇船坞、皇家兵工厂、皇家骑兵炮团等一系列"皇家"字头的军事设施。今天这里还保留着一支皇家炮兵部队。当然，今天最让这个小镇自豪的是阿森纳足球俱乐部。"阿森纳"（Arsenal）就是"兵工厂"的意思。

这是要说的是当年伍尔维奇船坞的骄傲之一——皇家乔治号。这艘1756年入役的一级战列舰装有100门火炮，是当时世界上最大的风帆战列舰。它服役后，参加过"七年战争"和"圣文森特角之战"，可谓战功赫赫。不过，谁也没想到让它"出名"的会是一次灭顶之灾。

《德普福德船坞的皇家乔治号和剑桥号下水》,老约翰·克里夫利,1755 年

1782 年 8 月 29 日早上 7 点,锚泊在朴次茅斯外海的皇家乔治号上的水手准备对船体外壳进行维修。当时,多数船员都在船上,还有一些前来探亲和参观这艘船的观众。常规维修水线以下的船体,要人为制造船体侧倾,以便维修。通常就是把军舰一侧的火炮全部推到军舰的中线去,船体重心就会产生侧倾。这一次,制造侧倾的水手挪动火炮的幅度显然大了些,位置越过了中线,令船体倾斜度大大超过预料。于是,船长赶紧下令把火炮复原,让军舰恢复平衡。

然而,在军舰严重侧倾的同时,偏偏迎水一侧的下层炮窗盖忘记关闭,导致海水快速涌入,侧倾变得越发不可收拾,船沉没的速度极快,以致 900 多人来不及逃生,获救的只有 255 人,其中包括 11 名妇女和 1 名儿童。

这就是著名的皇家乔治号沉没事件。如同它当年下水入役,这起沉没事故也成为著名的绘画题材,版画《1782 年 8 月 29 日皇家乔治号的沉没》大约创作于 1795 年。皇家乔治号沉没后,英国政府多次试图把它打捞上来,因为它沉

《1782年8月29日皇家乔治号的沉没》，约创作于1795年

没在繁忙港口水下20米，这样大的沉船，严重阻塞了航道。直到1840年，皇家海军终于成功地捞起了皇家乔治号。这一年约翰·克里斯蒂安·塞特基（John Christian Schetky）创作了一幅更为精彩的油画《皇家乔治号的沉没》。

皇家乔治号上岸后，人们用其船体木料制作了一批台球桌，有些直到今天仍在使用。捞出来的几尊铜炮被熔化了，一部分铜被用作特拉法尔加广场纳尔逊纪念柱的基座，另一部分制作成铜炮模型，炮管刻上铭文："皇家乔治号之遗存，1782年沉没，1840年打捞出水"。用皇家海军退役解体船和沉船材料制作纪念品是皇家海军一项重要传统。

美杜莎之筏

——海难激发出的浪漫主义开山之作

别以为1793年砍了路易十六的头，法国就再没有路易王了，其实还有。

1819年走进巴黎沙龙绘画展的正是复辟登基的路易十八（路易十五之孙，路易十六之弟）。路易一系的法王都酷爱艺术。此时，他驻足于一幅画作前，锁着眉头对立在身边的创作者说："先生，你这幅画，不只是一幅画这么简单吧？"显然，国王不是在表扬这件作品与它的作者。

这幅画叫《美杜莎之筏》，画纵4.91米，横7.16米，是一件特大型布面油画。作者叫西奥多·杰里科（Theodore Gericault），此画的内容与形式都是路易十八不想见到的，它竟然以更加刺激的方式与公众见面了。

路易十八说对了，这幅画"不只是一幅画这么简单"，它甚至与路易十八有关。

1816年英国将位于西非的圣路易港（现属塞内加尔）归还给法国。一年前，英国与反法联盟共同打败了法国，并将拿破仑流放到圣赫勒拿岛上。为向复辟的波旁王朝示好，特意送了这个欧洲通往好望角的重要中途港给法国。这是一件令路易十八高兴的事。法国兴冲冲地组织了一个舰队前去接收港口。但舰队旗舰有一个不祥的名字，叫"美杜莎"。它是希腊神话中蛇发女妖的名字，谁看她一眼就会变成石头，最后是帕修斯将美杜莎的头砍下。舰队还有一位从没当过船长的子爵肖马雷（Chaumareys）任领队。任用他的唯一理由，是因为他是保皇派，政治上可靠（因为水手多是曾跟随拿破仑的战士）。

大海从来都不会对轻蔑它的人手下留情。1816年7月2日，抛开其他四条船一路狂奔的美杜莎号，由于船长肖马雷判断错误，在西非毛里塔尼亚附近的布朗海峡触礁搁浅。7月5日，肖马雷船长不得不抛弃已大量进水的旗舰美杜莎号。当时船上有400多人，包括法国驻塞内加尔大使、政府官员和一众贵族。肖马雷船长带着这些达官贵人登上6只救生船，剩下的150名船员只能登上由随船工匠临时用船木打造的一个大救生筏逃生，此筏即后来出了名的"美杜莎之筏"。

最初，这条木筏由肖马雷船长的救生船用绳子拖着走，但这样就拖累了救生船，肖马雷船长后来下令砍断拖绳，木筏由此开始了13天的死亡漂流。没几天，木筏就进入了没食物、没淡水、没希望的恐慌期。人们饥饿难耐，互相残杀，甚至啃吃死者的肉。伤病员被抛进大海。最终木筏上仅有15个人得救，上岸后又死了2个人。

这宗海难激起人文主义的故乡法国舆论各界一致谴责。刚刚复辟的波旁王朝当然不想扩大这一势态，官方报纸只发了一条小消息，军事法庭悄悄判处肖马雷船长降职和服刑三年。但木筏上的幸存者不服，向政府上书，却被解除公职。他们愤怒地将这次海难真相印成小册子公开发售。此举令国内外舆论哗然。深受人文主义影响的画家西奥多·杰里科决定以画笔揭露这一惨剧，并向生命与希望致敬。

26岁的杰里科带着一腔激情投入到这场历时18个月的创作中，他一丝不苟地走访了生还的船员，去医院观察了死尸的状态，到海边观察暴风雨与海浪翻飞的样子，他甚至找到了那位船上的木匠，"美杜莎之筏"的建造者，请他做了一个原大的"美杜莎之筏"，并在这个模型上让黄疸病人做模特儿，摆出各种惨状，重现那一历史时刻的真实场景。

我有幸在卢浮宫看到了这幅名画的原作，站在这幅特大型油画前面，犹如踏上了这架动荡不安、危机四伏、希望与绝望在厮杀的美杜莎之筏，仿佛融入了连尸体在内的20个画中人之间——这已是美杜莎之筏的最后时刻。

木筏张着一面简易帆，在海浪中漂流；画的右上角有一把带血的斧头，暗喻有人吃尸体求生；远处海面上有条很不明显的船。那个名叫吉恩·查尔斯（Jean Charles）的非洲水手站在木桶上摇动布条，那手中飞扬的红布预示着希望与自由。作者借此委婉地表达了对废奴主义的支持。呆坐着的老者怀抱的可能是他死去的儿子，在绝望中等待死神的

杰里科 1819 年创作的《美杜莎之筏》

降临。最终是一条路过的船将他们救了起来。

显然,这幅画不只是揭露一场当局想遮盖的丑闻,还隐含了对路易十八复辟王朝的绝望和对未来社会改变的梦想。路易十八看出它是一幅别有用心的讽刺之作,但又不敢公开压制,于是买走了这幅画,将它捐赠给卢浮宫。

历史老人早就洞悉一切,在卢浮宫悄悄埋下了伏笔:出生于法国鲁昂的杰里科最初曾与德拉克洛瓦一起师从盖兰,接受新古典主义学院派的教育。后来,他离开盖兰的画室,来到卢浮宫学习,在那里临摹了提香、鲁本斯、委拉斯开兹、伦勃朗等名家的作品。杰里科知道卢浮宫是艺术的摇篮,但他不会想到自己的作品会被尊为浪漫主义的开山之作,永久展示在这个殿堂里。

32岁时杰里科英年早逝,但另一位画家扛起了浪漫主义的大旗。比杰里科小7岁的同窗好友德拉克洛瓦20年后在巴黎沙龙展上推出《自由引导人民》,引起轰动。几十年后,这幅画也被卢浮宫收藏——浪漫主义双峰就这样并立于卢浮宫,像神的昭示。

坚固号与印度斯坦号

——战列舰"转世"成为举世闻名的利伯蒂百货大楼

前边讲过,英国有一个传统,即一艘历史名船不得不解体时,他们会将船上的部分木构件另做成纪念品保存下来,有的做成了家具,有的做成了木船模型。这里要讲一个更有趣的例子:有两艘皇家战舰在解体路上没有变成家具和木船模型,而是华利转身,变为一幢世界著名建筑、伦敦首屈一指的商业地标——利伯蒂(Liberty)百货大楼。

逛伦敦商业街,那两条相连的也是最热闹的牛津街和摄政街是必去的商圈。我来到这里不是逛街,而是专门参观利伯蒂百货大楼。在现代商业大楼林立的十字街口,我一眼就看到了它——白色墙壁上镶着黑色木架的古建筑,带着维多利亚甚至更遥远的英伦古风,遗世独立。利伯蒂百货大楼更像是一座船木博物馆。

现在要说说这家由半间店铺起家的百货公司。1862年亚瑟·莱森比·利伯蒂(Arthur Lasenby Liberty)来到摄政街的家饰精品店打工。1874年,经过十几年精品市场的累积后,利伯蒂向未来的岳父借了2000英镑,在已是商业街的摄政街上租下半个店面,专门贩卖来自远东的高级丝绸、织物以及工艺品。仅仅八个月,他便还清借款,并拿下另外半边的店面,第二年,利伯蒂以自己的名字成立了百货公司。

这个百年老店最初是以"东方商场"的美誉名扬英伦,后来发展成伦敦最有名的精品百货。现在走进鲜花迎客

上图：两艘被解体的古船被建筑师父子魔术般地变成了著名的利伯蒂百货大楼
下图：利伯蒂百货大楼内的古船木架构

的大门，随便扫上一眼，就会与世界顶级设计师的作品相遇，巴黎世家、博柏利、蔻依、盟可睐、Raf Simons等。但这已不稀奇，世界各国的大城市商场里，都不缺这些东西。不过，全世界任何一家奢华商场都没有的是——整整五层楼都是由近200年的古船木及船雕艺术所架构的古船空间——屋顶、地板、楼梯、梁、柱、窗、门，还有雕廊、雕柱、木狮、木猴，像一座华丽的古堡和一艘仍在远航的古船。

20世纪初，利伯蒂要建一座新百货大楼，建筑师埃德温父子共同设计了这幢大楼。他们独具匠心地取古船木为建材，这是两艘原本就像两座大楼一样的英国皇家战列舰。

一艘是有98门炮的坚固号（Impregnable）战列舰，此舰完成于1810年，先为战舰，1862年成为训练舰，1888年更名为肯特号，10年后退役，1906年被出售。

一艘是有80门炮的印度斯坦号（Hindustan）战列舰。此舰完成于1841年，1868年成为训练舰，1920年退役，1921年出售。

这两艘被解体的古船被建筑师父子魔术般地变成了一幢大楼。他们选择古船木的同时，也选择了与之相应的都铎式建筑风格。今天看，他们当时没走正在流行的现代建筑路线，是多么英明。利伯蒂大楼外观大气典雅，内部设计三个天井，其余空间划分为数个厅房，每间内置精巧的壁炉，营造出中产阶层的居家氛围，让顾客有宾至如归之感。

遗憾的是，利伯蒂于1917年去世，未能亲眼见证新楼落成。船木架构的利伯蒂百货大楼1924年落成，两艘皇家风帆战列舰在利伯蒂缔造的流金岁月中得以重生。

据说，现在皇室成员还常来利伯蒂，比如引领时尚的凯特王妃。当然，说几个文艺名流更吸引人，比如英国大文豪王尔德当年就赞叹"利伯蒂是那些最具艺术气质的购物者的天堂"；再比如威廉·莫里斯与利伯蒂合作设计了许多商品。作为拉斐尔前派的重要成员，威廉·莫里斯只留给后世一幅油画，真是有点说不过去。不过，莫里斯设计的花卉图案壁纸却对艺术史影响极大，大过许多宏大叙事的油画，特别是用他的经典的花卉壁纸图案做成的商品，已成这个店"镇店之宝"性质的商品。

当然，这家百货最了不起的还是这幢古船木楼房，后人无法超越了，它已是木帆船的绝唱。

罗盘号和星盘号
——拉佩鲁兹接续了库克的悲壮

欧洲历史上,有三位国王被处死,他们是英王查理一世、法王路易十六和俄国沙皇尼古拉二世。说起来,1793年被革命群众送上断头台的路易十六虽然酷爱制锁,但算不上一个昏君,甚至他还是一个"激进改革家"和海上扩张者。

1779年2月14日,库克船长在夏威夷海滩被土著杀死,英国的远洋探险暂时停止。不甘被英国超越的路易十六决定填补库克留下的探险空白,于是将28岁的航海家康特·德·拉佩鲁兹伯爵（Count de La Perouse）召到凡尔赛宫,命他率领船队进行环球科学考察。法国科学院提出一份同行学者名单,以及一长串科考课题,法国政府为了这一探险工程投入相当于今天1200万欧元的资金。

拉佩鲁兹出生于法国贵族家庭,15岁起在法国海军服役,参加过"七年战争"和美国独立战争,有着丰富的航海经验和领导能力。拉佩鲁兹为此次科考挑选了两艘福康特船（属于荷兰式的三桅运货帆船）,原名搬运工号和鸵鸟号,后改名为罗盘号（La Boussole）和星盘号（L'Astrolabe）。这种船并不尊贵,但载重量大,可载500吨货物,船身长超过40米。拉佩鲁兹对两艘船进行了改造,加长加固了船身,在船尾为船长加装了艉楼,巨大的内舱改建为科学家专用船舱,船上配备了当时最先进的测量观察仪器和经度钟,设立了一个科学图书馆。由于整个旅程计划用时3年,预计1789年夏天返回法国,因此船上装载了700

《1786年星盘号和罗盘号到达堪察加海湾》

桶食物,以及母鸡、奶牛、绵羊,还有1000吨在中途停靠站用于交换的物资。两艘船几乎全塞满了,所以,载的人并不多,算上军官、学者、海员,共110人。

经过6个月的准备,1785年8月1日,拉佩鲁兹船长率领两艘科考船从法国西部的布雷斯特港启航,开始环球考察探险。1786年初,科考船绕过合恩角,进入太平洋,4月停靠复活节岛,而后北上考察了北美西海岸,抵达阿拉斯加。随后向西航行来到菲律宾群岛,此后北上来到澳门,继而向东北方向航行，从日本海向东穿越了俄罗斯库页岛与日本北海道之间的水道，并将这个海峡命名为拉佩鲁兹海峡（即宗谷海峡）。1786年科考船来到堪察加半岛东部面对白令海的堪察加湾。1787年9月，科考船抵达堪察加半岛的彼得罗巴甫洛夫斯克港。拉佩鲁兹船长让一个名叫雷赛布（Lesseps）的船员在此登陆，带着科考船的航海日记、计划和地图（可能还包括航行中绘制的图画），通过陆路返回法国，这是此次航行留下的唯一记录。

这幅小画《1786年星盘号和罗盘号到达堪察加海湾》，记录了当时两艘科考船在堪察加半岛停泊的情景。注意，其中一艘船（可能是罗盘号）的艉楼上还描绘了小型的风车。这个装备出发前就准备好了，长时间停泊时，将其安装于艉楼上。风车带动的小磨坊，为船上众多人的餐食提供服务。看上去两艘科考船应是在这里度过了冬天。

拉佩鲁兹科考船离开堪察加半岛后，一路向南航行，经过汤加群岛，于1788年1月26日在澳大利亚悉尼附近的植物学湾登陆。此地，英国探险家库克船长在1770年4月29日曾先行登陆，并宣布该地为英国殖民地。法国科考船到达的这一天，英国第一舰队运送的第一批移民（囚犯和居民）也抵达悉尼植物学湾。应该说，法国舰队登临了英国人的"地盘"。但英国第一舰队只是确认了一下对方的身份，并未对法国舰队采取驱离行动。因为从18世纪开始，从事海洋科学研究的船只，不论是否军舰，只要没有敌意行为，都享有豁免权，即不受敌方的拿捕或扣押。这已成为一项国际惯例。

六个星期后，拉佩鲁兹船长率科考船踏上了返回法国的航程。但是，从1788年3月后，法国宫廷再也没有收到有关拉佩鲁兹船队的消息。1791年，路易十六派遣了一支营救船队赴太平洋搜寻，最终无功而返。据说，法王路易十六被送上断头台的前一天，还在询问拉佩鲁兹的下落。

三十年过去了，拉佩鲁兹和两艘科考船仍无消息。1817年，法国历史画家尼古拉斯 - 安德烈·蒙西奥（Nicolas-André Monsiau）受邀绘制了表现1785年拉佩鲁兹伯爵在凡尔赛宫受法王路易十六委派出海探险的历史画。

蒙西奥是一位法国历史画家，同时也是一位精湛的绘图员，所以画中的桌上、椅上和地上都是地图，画中央铺在桌上的是一幅大尺寸的世界航海图。路易十六似在向拉佩鲁兹交代任务，他手指着的地方是澳大利亚，画家似在暗示拉佩鲁兹正是离开这里之后，消失于澳大利亚东边的海域。

这幅画看上去似在纪念这次悲壮的探险，实际上是"别有用心"。1815年，拿破仑在滑铁卢战败，宣布退位，随后被流放到圣赫勒拿岛，路易十八借机复辟称王。为了重塑被送上断头台的哥哥路易十六的荣耀，法国王室订制了这幅突出路易十六运筹帷幄的领袖形象的油画。此画至今仍挂在凡尔赛宫。

1826年，英国航海家在所罗门圣克鲁斯群岛的瓦尼科罗（Vanikoro）岛发现了罗盘号和星盘号的沉船线索，此后，人们在沉船礁盘陆续找到科考船的大炮、船锚和一些考察队的遗物。

1963年澳大利亚新南威尔士州在植物学湾北岸的班克斯岬，建立了一座拉佩鲁兹博物馆，馆中陈列从两艘科考船残骸中打捞出来的文物2000多件。

最后要说的是，当年法国军队中一位年轻军官候补生拿破仑·波拿巴曾申请参加这次探险远航，但遭到了拒绝。此举为法国挽救了一位未来皇帝，也为欧洲增添了一场巨变。

10

海上竞速

西方市场对中国新茶的需求,刺激了快速帆船发展。

1845 年美国船舶设计师约翰·格里菲思设计出剪刀形艏柱,船形瘦长,挂帆面积最大的彩虹号即后来所说的飞剪船。很快就有了载入帆船史的"伟大的茶叶竞速赛",五艘英国飞剪船在福州至伦敦的航线上跨洋竞速。

这是帆船航速最快的时代,也是蒸汽风帆混合船起步的时代,海面不断上演速度与力量的竞赛。

卡洛琳号

——作为英国快速帆船母型的王室游艇

18世纪造船技术引入了更多的科技元素，先是法国造船领域引入了数学家，尝试采用数学运算设计最佳船体，而此时英国造船界仍然采用经验式造船法，英法舰船的海上较量，至少在航速上英国落后于法国。18世纪40年代法国的信誉号满帆时，已跑出15节的当时最快航速。

英国为追赶法国，不得不以海上劫掠来的法国快速帆船为样板，再结合英国船的优点，仿造新式快速帆船。1747年，英国以法国的泰格号为母型，仿造了独角兽号和莱姆号。它们被认为是英国皇家海军真正的快速帆船。正是在这种建设快速帆船的大背景下，英国皇家海军总部为王室设计了一艘非战斗型的皇家游艇卡洛琳号。

前些年，我到上海拜访船史专家沈毅敏老师，聊完中国帆船，又聊外国帆船，临别时，他拿出一本自行翻译和印制的《皇家游艇卡洛琳号》小册子。我问他为何对这艘船和这本书情有独钟。他至少讲出四个理由：一是，这艘船在制造时极为难得地留下了三套图纸，是船模爱好者赏玩与学习的绝佳样本，原作也是为帆船模型爱好者而写的解读此船的专业著作。二是，这艘船在西方船史中很有地位，它是第一艘三桅大型游艇，也是当时最大的游艇。三是，这艘船是一艘极奢华的游艇，总造价1.2万英镑，其中1100英镑用于雕刻，1521英镑用于包金和绘画；船首是天使给女王

《皇家游艇卡洛琳号》，老约翰·克里夫利，1750 年

加冕的雕饰，船舷两侧是古希腊神话传说，其中有波塞冬乘着海马飞车巡视大海的精美场景，船尾雕刻有圣母和天使像，中部舷壁上雕饰着象征王室的狮子徽章，是帆船雕刻艺术的巅峰之作。四是，这种船型也是英国快速帆船的先行者，近半个世纪，它一直是英国快速帆船的母型，是造船新技术的代表作。

这本书有很多黑白插画和精细的图纸，为船模爱好者留下了重要的制造信息。更有意思的是，这艘船1750年下水时，前边讲皇家乔治号时提到的老约翰·克里夫利为它绘制了一幅油画《皇家游艇卡洛琳号》。

这个老约翰·克里夫利原本不是画家，父亲从小就培养他当细木工，并做家族贸易。大约在1742年，他如父亲所愿，来到著名的德普福德船坞当上了造

209

船木匠。他热爱这份工作,将整个生命都投入到造船工作中,其出色的手艺赢得了"国王陛下的舰船木匠"称号。

克里夫利有一定的艺术天分,在造船的同时也学习绘画。他的画艺大部分是自学的,但船坞也给他一些艺术培训的机会,比如曾派他参观了东盎格鲁,那次旅行中,他确实制作了一些海景画。克里夫利画画并不是想当画家,而是用来记录这个船坞生产的大帆船。从1745年开始,他除了担任造船工匠外,还担任船坞画家一职,主要是绘制船画,也画一些海景画。从1778年皇家海军上将给他的遗孀的信中,人们得知克里夫利是在皇家海军拿薪水。

克里夫利造船有功,画船画也有功。比如这幅画中架在游艇中部的小艇,就是历史上留下来的图纸中所没有的,后人在复制皇家游艇卡洛琳号时,其小艇的复制全靠这幅画了。此外,承载小艇的是备用桅杆和桁材,通常含有主中桅、前中桅和桅杆的下桁,有时还要加带两根方料,以备不时之需。同时,为了应对海上敌人,这艘皇家游艇还配备了火炮。其中主甲板两侧各有4门8磅火炮;船尾和船头舷墙各有4门半磅旋转炮。

"游艇"一词起源于荷兰语"Jught",原意为"追逐"。16世纪和17世纪时,荷兰人用这种单桅、纵式帆装小艇进行私掠。后来它才被用于摆渡、邮递、娱乐船。17世纪晚期,英国人开始建造双桅的大型游艇和快速风帆战舰。

这艘皇家游艇是英王乔治二世为了纪念逝去的妻子卡洛琳而建造的,所以命名为"皇家游艇卡洛琳号"。此船长31米,水线部分长27.5米,有三根桅杆,挂横帆,船壳铺板皆用英国橡木。它于1750年下水,1820年拆解。

卡洛琳号在海上度过了奢华的一生,它的船长也身价极高,且加官晋爵,有记录可查的是第一任船长5个月的工薪为45英镑;历任船长多数被授予爵士称号,有几位船长在此"镀金"后,升为海军少将、中将和上将。

不过,这艘著名的快速帆船除了用于海上游玩,并没产生什么军事与经济方面的效用,真正将快速帆船功用发挥到极致的是美国人。

浩官号

——以中国商人命名的美国准飞剪船

今天的人,除了度假,没人能接受乘船这种旅行方式了。实际上,古人对帆船的航速也有忍受不了的时候。19世纪中叶,西方对中国茶叶需求大增。1817—1851年间,英国进口茶叶的价格涨了7倍。此时已学会品茶的西方人不仅需要大量的茶叶,而且需要更新鲜的茶叶。但老式帆船从中国运茶叶到英国或到美国,都要航行半年多,新茶到岸时都变成了陈茶。这样的航速让人实在无法忍受,对风帆快船的需求越来越迫切。

有一则故事将A.A.劳兄弟公司(A. A. Low& Brother)描绘为开启快船时代的先驱。那是1843年的一天,这个造船公司驻广州的贸易代表威廉·劳(William Low)和他怀孕的妻子乘船从广州返回纽约,同行的还有保罗·琼斯号船长纳撒尼尔·帕尔默(Nathaniel Palmer)上尉。这是一段缓慢得令人沮丧的旅程,为了发泄沮丧之情,帕尔默上尉将一块木头雕刻成他心目中远洋商船应有的样子,并将其定位于"比任何漂浮的东西都航行得快的帆船"。他将自己的平底船创意和著名海军建筑师约翰·威利斯·格里菲斯(John Willis Griffiths)有关的剪刀型艏柱创意结合在一起,完成了一艘新型快船船模。当船到达纽约后,他就带着新设计的船模去了A.A.劳兄弟公司,他设计的快船在那里被进一步完善,最终于1844年由"布朗与贝尔"船厂建造出来。A.A.劳兄弟公司为了纪念

大约 1850 年由一位画家创作的油画《浩官号快船》

一年前去世的广州贸易伙伴、广州富商浩官,特将此船命名为"浩官号"。

这个浩官非同小可,他就是广州十三行的总商(实际兼任"海关总管")、怡和行的老板伍秉鉴,当时的"中国首富"。伍秉鉴乳名叫亚浩,其父伍国莹早年在广州潘家同文行做账房。乾隆四十八年(1783),在英国东印度公司的扶持下,伍国莹建立起自己的商号——怡和行,并以儿子的乳名起了"浩官"这个商名,后来这个名字被伍秉鉴沿用。当时"官"作为人名的一部分,也是一种尊称,代表一个人的社会地位。西洋商人误以为"浩官"是伍秉鉴的真实姓名，就称其为"Howqua"。这个名字后来进入了外国人的诸多商业文件中，加上"浩官"和怡和行在国际商圈的名气，"浩官"成了发财致富的同义词。A. A. 劳兄弟公司将最新快船命名为"浩官号"，也是引以为豪。

浩官号下水后，第一站就是广州。这艘新型快船打破了以往商船从纽约到广州的航行纪录。大约1850年，一位画家创作了这幅《浩官号快船》，这是人们能看到的浩官号最早的形象，船首与艏柱采用了剪刀形，船头斜桅扯起了三角帆。1864年8月15日，浩官号从横滨启航前往纽约，此后就没了消息，据说是在台风中沉没了。

虽然浩官号消失了，但它直接催生了快船时代的到来。1845年，约翰·威利斯·格里菲斯在浩官号的基础上，设计出彩虹号（Rainbow），在纽约下水。它从广州到纽约只花了88天，打破了以往的航行纪录。这种快船即是后来人们所说的"飞剪船"，彩虹号被公认为世界上第一艘真正飞剪式帆船。

"飞剪船"得名于它独特的剪刀形艏柱，能在海上劈浪，遂有"飞剪"之名。它最大的特征也在于船头，船头是空心的；艏柱向外伸出的斜桅，可在船头多悬几面支索三角帆。它的第二个特征是船形细长，长宽比一般大于6∶1。其三是船帆面积特别大，船上多采用3—4根高桅全装备帆装，高桅一般为全船长度的四分之三左右，最高的达60米，船两侧还有外伸帆桁，可挂翼帆，使得帆的横向尺寸远远超过船宽。其四是船吨位都不大，船上不加装火炮；这几项硬指标都是为保障船舶乘风"剪"浪而设定。

世界上第一艘真正飞剪式帆船彩虹号没能留下任何历史图像，所以，这幅浩官号油画就成了一份难得的快船文献。

瞪羚号和塔平号

——飞剪船海运茶叶的跨洋比赛

世界上第一艘真正飞剪式帆船在美国问世后,很快迎来了"纽约时代"。19世纪50年代,每年有50艘快船往来广州与纽约,纽约每年接收来自150个海外港口的超过3000艘商船,成为美国首席大港口。

航海大国英国当然不甘人后,也迅速抢造飞剪船。飞剪船大大提高了海上运输的速度,甚至上演了载入帆船史的"竞速比赛"。这场比赛的起点在中国福州,终点在英国伦敦,开赛时间是1866年5月30日。这一天,有5艘英国飞剪船参加了比赛。这几船的船名译法颇多,船史专家建议这五艘船译为塔平(Taeping)、瞪羚(Ariel)、泰兴(Taitsing)、火十字(Fiery Cross)、绒金龟(Serica)。这是当年记录这场比赛的插画,画面上表现了两艘跑得最快的船——塔平号与

1866年记录塔平号和瞪羚号比赛的插画,画中的塔平号与瞪羚号正驶过英国西南端的利泽德岛,它们之间距离一直很小

瞪羚号在比赛中。

虽然有5艘船参加了比赛,包括以前曾得过茶叶船竞速赛冠军的火十字号,但真正较上劲的是瞪羚号和塔平号。瞪羚号是当时最先进的飞剪船,天气好时,可挂30面帆,其帆布总面积有2400平方米,比以前的老式帆多出一倍多。但比赛开始后的第10天,塔平号便追上了它。

飞剪船对航行中的平衡姿态要求很高,所以平舱工作是个技术活,瞪羚号船长除了把茶叶箱摆放得密密实实,防止货物滑动,此外还专门准备了一个装满金属的大箱子,让水手按他的指令在甲板上拖来拖去,直到他对平舱水准满意。

比赛船进入印度洋后,赶上了强劲的季风,按瞪羚号航行日志的记载,

1866年6月26日，它几乎飞了起来，一天"飞"行了330英里（530千米），而且接下来的一个星期，每天至少"飞"行200英里（320千米）。这样驶过了有惊无险的好望角后，基本上就是瞪羚号、塔平号和火十字号3艘船在比拼了。而过了赤道继续向北行驶，只剩下瞪羚号与塔平号比肩而行了。当抵达英吉利海峡，渐渐靠近泰晤士河口时，两船的差距不到1英里了。

这时瞪羚号和塔平号都没了风的助力，它们都必须雇拖船才能进入泰晤士河，溯流而上到达比赛终点——伦敦。大帆船进入河道后，失去风的助力，寸步难行，这是快帆船最大的弱点。最终，因塔平号的蒸汽拖船快了一点儿，比瞪羚号提前20分钟到达了终点。几个小时后，追上来的绒金龟号来到终点，而火十字号和泰兴号则是两天以后才进入泰晤士河。

最后的结局很公平，因为瞪羚号、塔平号是同时到达泰晤士河口的，所以两艘船达成一致，奖给第一名的每吨茶叶可以多收10先令的优惠，由双方共同享受，奖给冠军船长的100英镑也由两位船长平分。据记载，当时塔平号上装有767吨茶叶。

1866年9月12日，伦敦《每日电讯报》以"1866年的伟大茶叶竞速赛"为标题，报道了此次比赛的结果。5艘飞剪船跨过中国南海，穿越巽他海峡和印度洋，绕过非洲好望角，航行大西洋，进入英吉利海峡，来到伦敦，用99天时间到达英国。福州到英国的航行时间从270天缩短到100天，这是帆船时代最快的航速。它使新鲜优质的中国茶叶运到欧洲成为可能。

卡帝萨克号

——最后的飞剪运茶船

2016年在伦敦考察海洋文化时，中国驻英使馆文化三秘方昕小姐一再叮嘱我，参观英国国家海事博物馆后，一是不要错过皇家海军学院的彩绘厅（Painted Hall），那里有詹姆斯·桑希尔（James Thornhill）爵士的壁画；二是从彩绘厅出来后，一定要去看停在泰晤士河旁的卡帝萨克号（Cutty Sark）博物馆。

皇家海军学院彩绘厅里桑希尔爵士历时19年创作的巨大壁画美轮美奂，但卡帝萨克号却怪怪地被围板围着，没有特别了不起的样子。经过介绍，才知道它曾是一艘三桅飞剪式帆船，是存世的最古老的飞剪帆船。

卡帝萨克号船名来自苏格兰著名诗人罗伯特·伯恩斯（Robert Burns）的诗句，Cutty Sark意指漂亮女巫的白色"短衬衫"，所以它也称短衬衫号。但这不是它出名的原因，卡帝萨克号的重要功绩是在1870—1878年间往来中国与英国两地，作为茶叶贸易的远洋运输工具。后来，它远赴澳大利亚，改做羊毛贸易。这是它在海洋贸易中的地位。

此外，它还是当时最快的帆船。此船长64.7米，宽11米，风帆动力，有着2790平方米超大面积的帆。此前英国东印度公司帆船面积比较大的也就1200多平方米。可以想见，当时它的动力是超一流的，唯一可以与它比个高低的是塞莫皮莱号帆船。这两条船还真就于1872年6月18日同时从上海驶往英国，途中展开了一场激烈的比赛。

停泊在泰晤士河上的卡帝萨克号,如今作为一座展览馆对公众开放

这场比赛持续了整整4个月,它是这类比赛的最后一次,标志着帆船传统的结束与一个新纪元的崛起。比赛开始后,塞莫皮莱号率先抵达爪哇岛。但在印度洋上,卡帝萨克号驶到了前面。但8月份卡帝萨克号遭到了一场特大风暴,失去了一只舵。船身左右摇晃,无法操控。跨越赤道后,船长将船停靠在一个港口,在那儿换了一只舵。卡帝萨克号抵达英国时,比塞莫皮莱号晚了一个星期。但人们仍坚持认为,如果中途没有失去舵,卡帝萨克号定能夺冠。

卡帝萨克号下水的1869年,世界航运史上发生了一件惊天动地的大事——苏伊士运河开通了,地中海与印度洋的航道打通,世界航运格局由此改变。飞剪帆船虽然是帆船中最快的船,但苏伊士运河无风,所以帆船走不了这条最新、最便捷的航线。正是此时,蒸汽船走向成熟,开始投入远洋航运,卡帝萨克号这种快船渐渐退出了历史舞台。

卡帝萨克号先后转卖给了葡萄牙和英国的轮船公司,后来又被转移到泰晤士河航海培训学院,到1954年时,它不

卡帝萨克号1916年的"老照片"

再作为训练船了,被转移到格林尼治的永久性干船坞,作为国家历史船舶供公众参观。按航海习惯重新改造和修复的船,会废掉旧船名,改用新船名。但这艘历史名船依然保留了它的原名——卡帝萨克号。

卡帝萨克号这个名字对于中国人来说还有一个另类"亮点",它是新概念英语课本中的一节课文,在众多学英语的中国人那里,它比库克船长的奋进号还有名。不经意之间,英国人的海洋业绩通过英语教材植入了中国人的心中,所以许多学过新概念英语的中国游客到格林尼治都要一睹它的尊容。

近几年,这艘船命运多舛:2007年和2014年两次失火,眼前这艘修复的卡帝萨克号几乎是个"复制品"了。拍了它现在的照片,和1916年它的"老照片"比较一下,觉得它还是有点古怪。但景点介绍仍说:登上这条古船仍能感受当年海上商人们的生活状态和东西海上贸易的历史。

阿莱克托号与响尾蛇号

——明轮汽船与螺旋桨汽船的"海上拔河"

飞剪船的改良热火朝天之际,一场终结五千年风帆旧梦的蒸汽革命悄然兴起。

1776年,苏格兰造船工匠的儿子詹姆斯·瓦特制造出第一台有实用价值的蒸汽机,几经改进后,于1784年得到英国政府授予的制造蒸汽机专利证书。海洋立国的英国很快将蒸汽机引入帆船革新之中,世界造船业进入了"蒸汽时代"。

不过,英国人还是保守了一点,1783年他们用蒸汽明轮船在河道试航后,一直没有将这种新船投入海运。但在欧洲游荡的美国人富尔顿自从20多岁时结识瓦特后,就爱上了蒸汽机。1803年他在巴黎塞纳河上初次试验了他的蒸汽明轮船,但走了没多远就开不动了。虽然第一次试航失败了,但富尔顿听说拿破仑要越过英吉利海峡对英国作战,就满腔热情地向拿破仑建议,建立一支即使在恶劣天气也可在英国登陆的蒸汽明轮船队。拿破仑不想使用尚在传说中的汽船去冒险。1804年拿破仑指挥1300多艘平底帆船满载着10万法国大军,浩浩荡荡向英国进发,但英吉利海峡恶劣的天气和海浪很快就把这支船队赶跑了,登陆英国再成泡影。

1807年,富尔顿回到美国,在纽约建成了另一艘蒸汽明轮船克莱蒙特号。这艘船长45米,宽4米。8月17日,他在哈得逊河试航,明轮在蒸汽机带动下,使船慢慢离开了码头,向前驶去,最终以每小时9千米的速度破浪前进。富尔

《明轮汽船阿莱克托号与螺旋桨汽船响尾蛇号对决》，19 世纪 40 年代

顿成功了，也因此被誉为"轮船之父"。

美国人在纽约近海用蒸汽明轮船进行海运之后，英国皇家海军才在 1821 年启用蒸汽明轮船参与海上航运。1830 年英国皇家海军开始将蒸汽明轮船投入海战。

蒸汽明轮战船有巨大的动力优势，也有很多弱点：一是遇到风浪会左摇右摆；二是露在外面的桨轮若被击毁，转向与动力会同时失灵；三是由于桨轮占据两舷重要位置，甲板载炮数量大大减少。所以，从 1836 年开始，英国工程师尝试在阿基米德号船底使用螺旋推进器，并于 1843 年建成世界上第一艘螺旋桨推进的大不列颠号客轮，它曾经用14天的时间从英国航行到纽约。1845年英国皇家海军又造出了世界第一艘螺旋桨推进的军舰——响尾蛇号（Rattler）巡洋舰。

不过，这一新生事物并不被公众看好，为了消除人们的误解，唤起大众对新型螺旋桨动力船的支持，1845年英国皇家海军举行了一场载入世界船舶史的明轮汽船与螺旋桨汽船的对决。这幅纪实画《明轮汽船阿莱克托号与螺旋桨汽船响尾蛇号对决》形象地记录了1845年4月那场有趣的"海上拔河"。画的左侧是螺旋桨驱动的汽船响尾蛇号，画的右侧是桨轮驱动的明轮汽船阿莱克托号（Alecto），两艘马力相同、规格相等的汽船的船尾用很粗的缆绳连接起来，在一声号令下朝相反方向齐开，展开一场别开生面的"海上拔河"比赛。需要说明的是，机械动力船诞生之初，技术不成熟，还不能完全摆脱风帆动力，所以，这两艘船都保留着两桅和三桅的大帆，只是在比机械动力时双方都落下了帆。

画面上，两条船的英国旗已飘往一个方向——螺旋桨汽船响尾蛇号逆着明轮汽船阿莱克托号的引擎方向，以2节（3.7千米/时）的速度将对手拖走。后来，双方又来了一次航速比赛，螺旋桨船再次完胜明轮汽船。

事实上，比赛之前，英国皇家海军早已知道这场比赛的胜负，而且也打定主意在海军应用螺旋桨汽船了。1846年，英国人将老式战列舰阿贾克斯号换上螺旋桨，但它只是一艘用于港口防御的封锁船，没机会远航。1849年法国建造了世界上第一艘蒸汽战列舰拿破仑号，排水量1870吨，功率为960马力。英法两国的海上军备竞赛方向开始转向螺旋桨蒸汽战列舰。

不过，此时的螺旋桨仍是无风时和进出港口时的后备动力，船上的主动力仍是风帆。值得注意的是，此后蒸汽机工程师开始成为蒸汽船上的一员，相当于随船木工，工资比木工高，但没有军衔。

虽然明轮船只风光了半个世纪就被淘汰了，但"轮船"这名字却被保留至今。

普鲁士号

——世界第一艘五桅全帆装钢质帆船

德意志在大航海时代没有什么出众的帆船,直到帆船时代将要结束的19世纪末,才开始在造船业疯狂起来。

1871年普鲁士王国统一了除奥地利以外的德意志全境,建立德意志帝国。德意志首次有了国土和国家相一致的政治地位后,迅速在欧洲崛起。

1888年,29岁的威廉二世即位,成为末代德意志皇帝和普鲁士国王。这个后来发动第一次世界大战的祸首,上任后即抛弃了俾斯麦的"大陆政策",推行以舰队为手段的"世界政策"。正是在这个背景下,1902年德国造出了世界第一艘五根桅杆的全帆装钢质帆船——普鲁士号。

普鲁士号的五根桅杆皆用钢管建造,主桅从龙骨到桅杆顶高达68米,全部桅杆均挂横帆,船上共有47张帆,包括五根桅杆上的30张横帆、桅杆之间的12张支索帆、4张船首三角帆和1张小的后桅纵帆,风帆总面积达到6806平方米,是一艘纯粹的全帆装帆船。它的两台小型锅炉和蒸汽机只是用来带动四个蒸汽风帆绞盘、一台蒸汽锚机、液压舵机、水泵和发电机。有了这些蒸汽动力的协助,驾驶和操纵这样一个庞然大物仅需45名船员,而不是先前的245人,它被称为"海上女皇中的女皇"。

19世纪后期,曾纵横四海的帆船受到蒸汽船的挑战,迅速衰落,但续航能力无限的风帆动力船在跨大洋的遥远航线上仍然保持优势。普鲁士号就是在蒸汽轮船早已统治大海的20世纪初完成了

20世纪初,全速航行的普鲁士号照片

传统西洋帆船的巅峰绝唱。

普鲁士号船体长131.9米,船宽16.4米,吃水8.3米,载重量8100吨,满载排水量为11330吨,最高航速可达20.5节,并可在9级大风中航行。1903年2月2日至5月1日,普鲁士号创造了从英国南部的康沃尔郡蜥蜴角到智利北部太平洋港口伊基克仅用时57天的航行纪录。

普鲁士号不仅速度快,而且有强大的续航能力和载重量,美国标准石油公司正是看中了这一点,租用它进行了12次往返于汉堡至智利的硝石(火药的主要原料)贸易。美国标准石油公司还租用它从纽约向日本运油,仅用112天就抵达了横滨。它无疑是飞剪船时代之后最大最快的货运帆船。

当然,快有快的麻烦,帆船没有刹车。1910年11月5日,正在进行第14次远航的普鲁士号借着强劲的西风穿越英吉利海峡,向北海航行。这时,一艘小型英国蒸汽轮渡布莱顿号违规抢在普鲁士号前面横渡海峡,由于低估了普鲁士号当时16节(约30千米/时)的航速,结果与普鲁士号相撞。普鲁士号船首斜桅和前桅、顶桅折断,失去辅助动力无法继续航行,只能靠拖船拖行。被拖到螃蟹湾时,两条锚链都断了,它无法停泊,结果被大风吹到岸边搁浅。最终,普鲁士号龙骨断裂,无法修复,宣告报废。

飞剪大帆船就这样落下了帷幕。

11

冰海航船

地球"北极"和"南极"最初的传说，都来自古希腊。

古希腊人认为，北极地区有一片永久温暖、遍洒阳光的土地，并称它为"北方乐土"；还认为大地是球形的，北半球有欧亚大陆，南半球一定有相同的"南方大陆"存在。欧洲人自古就相信这两块"乐土"的存在，也前赴后继地驾着帆船，向未知的深海探索。即便知道"北极"和"南极"是一片冰海，那些向冰海进军的帆船，仍冒险前行，在这片与世隔绝的冰原雪盖，绘制一幅幅地理大发现的悲壮画卷。

水星号

——巴伦支用生命探索"北方航线"

马可·波罗的中国之行,使西方人相信中国是一个黄金遍地、珠宝成山、美女如云的人间天堂。西方人在开拓印欧航线和环球航行之时,也在寻找通向亚洲和中国的最短航线——北极圈里的"北方航线"。

1527年在西班牙从事商贸活动的英格兰商人罗伯特·索恩斯提出:大西洋与太平洋向东绕行和向西绕行的航线,已经被葡萄牙人与西班牙人开通;但是,在北方还有一条绕北极圈的"北方航线"没有开通。当时的欧洲人相信,只要从挪威海北上,然后向东或者向西沿着北极圈海岸一直航行,就能到达东方的中国。也有人认为,在纽芬兰有一条通往亚洲的海峡。所以,发现与开拓北冰洋

的"东北航线"和"西北航线",一直就是欧洲人的重要航海任务。

最早进行这方面探险的是葡萄牙人考特雷尔兄弟。他们早在1500年就开始沿欧洲西海岸往北一直航行到了纽芬兰岛。第二年,他们继续往北,向高纬度进发,希望寻找那条通往亚洲和中国的航路,但却一去不复返,成为"西北航线"的第一批捐躯者。

16世纪中期,英格兰人在高纬度地区寻找通往东方的"东北航线"失败之后,正在争取国家独立的荷兰接续了探索"东北航线"的伟大使命。荷兰人的北冰洋探险是一种合资式的商业竞争,伴有荷兰与泽兰两个商业集团的利益。航海家范·林斯霍滕在刚刚完成著名的亚洲航

杰拉德·德维尔的版画《巴伦支的探险船被冰封在北极》

行之后,又作为泽兰的代表投身北极探险;航海家威廉·巴伦支则率领荷兰团队一同参与。

1594年,巴伦支开始第一次北冰洋探险,最后抵达北纬77°15′,创造了当时人类抵达最北点纪录。在抵达新地岛后,探险队补给告罄,不得不折返。1595年,巴伦支再次出海,但这一次没有什么重大发现。在两次探险没有取得什么成绩之后,范·林斯霍滕率领的泽兰船队宣告退出北极航行,而乐观的荷兰巴伦支团队则坚持继续探险。

1596年,巴伦支第三次出征"东北航线",船队有三条船,一是巴伦支所乘的水星号(Mercury),另外两条为信使号(Messanger)和天鹅号(Swan)。他们相继发现了熊岛和斯瓦尔巴德群岛(意思是"寒冷海岸的岛屿"),并到达了北纬79°49′——人类抵达最北点的新纪录。

在熊岛附近,三艘船被浮冰分开,巴伦支在寻找另外两艘船时,指挥着水星号航行到东北方向的新地岛。8月26日,探险队成功地绕过新地岛的最北端,再次回到新地岛,准备前往瓦加奇岛时,巴伦支的船被浮冰撞毁,很快被封冻于港内。从1598年阿姆斯特丹出版的杰拉德·德维尔(Gerard De Veer)的版画《巴伦支的探险船被冰封在北极》来看,巴伦支的水星号类似一艘小型三桅盖伦船，船员上岸，用从船上取下的木材，在冰上建造了一间小房子，这十几位船员被迫成为第一批在北极越冬的欧洲人。他们靠捕猎北极熊生活，雪地上立着十字架，祈祷早日脱离冰海。这是巴伦支探险船队的最早描绘。

巴伦支探险船队一直等到1597年6月13日，冰仍然没有放松对船的封锁。坏血病缠身的巴伦支和其他幸存者带着两条小渔船出海。这时的巴伦支已病入膏肓了，仍清醒地写下三封信，两封分开交给同伴，一封信藏在他们越冬的小房子的烟囱里，以防回程遭到不测，也留一点文字记录给后人。1597年6月20日，体力不支的巴伦支死在一块浮冰上，时年37岁，水手也病死了。后来是俄罗斯商船救起了船上幸存的12个人。

两个世纪后的1871年，挪威航海家卡尔森来到巴伦支当年越冬的地方，果真从烟囱里找出了那封信。除此之外，巴伦支还留下了两份重要遗产，一是1597年绘制的北极精准海图，二是详细的航海日志，这为后来的北极探险提供了重要依据。

巴伦支死后第二年，即1598年，荷兰制图家根据巴伦支的原始地图描绘出精美阔大的北极投影地图，图上有北极海区与巴伦支航海线路，同心纬度线分别间隔5°，并会聚经度线，间隔10°。为了纪念巴伦支，制图家将新地岛与斯瓦尔巴德群岛之间的陆缘海命名为"巴伦支海"。

1601年，荷兰范·林斯霍滕出版了《威廉·巴伦支的航行地图》。这幅北极航海图绘出的鲸比北极的船还多，它反映了那里的鲸丰富多产，这里已有热热闹闹的渔猎生活了，它将为荷兰和英格兰带来更多的利润，相比之下，鲸贸易要好于与俄罗斯的羊毛贸易。

这里还要交代一下，1596年巴伦支最后一次北冰洋探险时发现的斯瓦尔巴德群岛，17世纪成为欧洲重要的捕鲸中心，各国捕鲸船都开到这里争夺渔业资源，纠纷也由此产生。欧洲人在吵闹声中进入了1920年，这一年由18个国家在巴黎签订了《斯瓦尔巴德条约》，1925年法国邀请中国等国加入了这个条约。它是迄今为止北极地区第一个也是唯一的国际性政府间非军事条约。根据该条约，斯瓦尔巴德群岛（疆域定为北纬74°—81°）的主权归属挪威，实际经济开发由各国共享。各缔约国的公民可以自由进入，在遵守挪威法律的范围内从事正当的生产、商业以及科学考察等活动。中国首座北极考察站黄河站建于此地，就是得益于这个条约，而未来中国开启"冰上丝绸之路"，也能用上这个条约。

前进号
——挪威研制的抗冰封北极探险船

在地图上，从巴伦支海，向北纬80°圈看去，又会看到以另一个人的名字命名的海——南森海。正是这位勇敢且聪明的探险家，给后人开辟了进入北极核心区的航路，他从北极的冰封船上活着回来，后来成为一位杰出的外交家。

荷兰探险家巴伦支死后，200多年里没有人敢再进入北极核心区。1845年5月19日，英国又派出富有经验的北极探险家约翰·富兰克林，试图寻找北极圈更北的西北航线。全队129人在三年多的艰苦行程中，陆续死于寒冷、饥饿和疾病，最终无一生还，成为北极探险史上最大的悲剧。

1884年，挪威气象学家亨里克·莫恩在格陵兰岛西南海岸，发现美国北极探险船珍妮特号的碎片。此船1881年6月在北极的另一边——新西伯利亚群岛海域损毁，为什么会跑到这一边的海岸？莫恩认为，珍妮特号一定是跨越北极漂移而来，它表明北极不是大陆，而是一片海洋。莫恩的理论引起了挪威的动物学家、海上探险家弗里德特乔夫·南森的高度关注。南森相信，只要造一艘特殊的船，可以被冻结在浮冰中，沿着珍妮特号相同的轨道漂行，就可以到达北极附近。

于是，南森请挪威最好的海军建筑师科林·阿切尔为他建造一艘可以抗冰封的北极探险船。从被保存下来的设计图看，这艘船最重要的外部特征就是船体的圆度，船头、船尾都被磨圆了，船

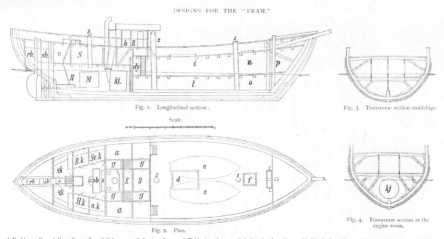

南森与科林·阿切尔共同商定的前进号的设计图

舵也可收上来。船建成首尾对称的碗形，大海结冰时，冰的挤压会使船漂浮在冰面上……南森说这艘船"会像鳗鱼一样滑出冰的怀抱"。此外，为了提供非凡的强度，船体分为三层，最外层为绿心硬木，里面两层为橡木，三层板材之间充填沥青和木屑，以利于缓冲和防腐。构成船体的三层木材厚度在60—70厘米之间，船头增加到1.25米，同时用一根突出铁杆加以保护。此船长39米，三桅纵帆，加装了220马力的辅助引擎，能够达到7节（约13千米/时）航速。当然，极地探险速度并不重要。南森提出的几条最重要的标准是：可持续漂移几年，能承受来自冰盖的长期压力，坚固而且保温。

这是一艘异常短粗的船，像一座冰海堡垒，能装载13个人和够5年用的燃料和食物，船上还备有一台可由轮机、手摇或风车带动的发电机，供北极圈过冬时使用。这艘探险船于1892年10月26日下水，南森妻子伊娃将它命名为"前进号"（FRAM）。

1893年6月24日，南森率领12名探险队员乘前进号从奥斯陆出发。这艘探险船在沿俄国北部海岸航行了一大段路程后，按计划向北，从浮冰群中找到一个缺口，向北极驶去。9月24日前进号到达了北纬78°海域后，在冰裂中缓缓前行。1895年3月，前进号漂流到北纬85°57′海域，冰盖使其寸步难行。这是北极探险史上还没有人到达的高纬度。从保存下来的历史照片看，前进号被封锁在浮冰中，船上安装的那台可带动发电机的风车显得十分威猛和怪异。

接下去，抵达北极点的唯一选择只能是驾驭狗拉雪橇了。南森对此早有准备，他在征召探险队员时，专门招收了一位驾驭狗拉雪橇的专家。他们率领一个小分队告别其他队友，靠着狗拉雪橇，向北极点方向前进。

1895年4月8日，南森的狗拉雪橇小分队到达北纬86°13′的地方，距北极点不到400千米。但一座座高大的冰山和难以逾越的冰障挡住前进的路，南森只好返回。他们又走了4个月，于1895年8月来到法兰士约瑟夫地（Franz Josef Land）群岛。此时，又一个冬季到来了，他们只好在岛上越冬。另一个小分队在斯维尔德鲁普（Sverdrup）的带领下继续驾驶前进号随浮冰漂流，1895年11月15日竟也到达了北纬85°55′，这也是当时船舶到达的最北位置。

1896年初，恰好英国探险家弗雷德里克·杰克逊的船经过法兰士约瑟夫地群岛，南森的狗拉雪橇小分队幸运地踏上了回家的路。颇具喜剧色彩的是，1896年初夏，英国《自然》杂志根据南森出征北极探险三年未归的事实，在该杂志上刊登悼词，对他"献身"北极探险事业表示深切的怀念。悼词刊出不久，即1896年8月13日，南森和伙伴们奇迹般地返回家乡，8天之后，另一队伙伴驾着前进号也返回挪威，在经历三年的航行和长期冰封之后，这艘异常短粗的帆船竟然毫发无损地回来了。

不能遗漏的是，这艘前进号后来又创造了另一个奇迹——1910年8月9日，挪威探险家阿蒙森驾驶它又奔向了南极。1911年1月4日，前进号到达通往南极点的基地鲸湾。10月，阿蒙森和4个伙伴乘坐52条因纽特犬拉的雪橇向南极点冲刺，12月14日，阿蒙森终于成为抵达南极点的第一人。这次探险，也使前进号成为世界上唯一一艘进入南北两极的、最坚固的木质帆船。后来，挪威人专门为这艘创造历史的船在奥斯陆建造了一座前进号极地船博物馆（Polar Ship Fram）。

被封锁在浮冰中的前进号,船上专门设计的用于
带动发电机的风车清晰可见

文森斯号

——南极"最后被画上地图的土地"

这是一幅描绘"文森斯号在南极洲失望湾"的版画,没有标注作者名字和创作时间,专家推测应是1842—1850年之间的作品,文森斯号是查尔斯·威尔克斯(Charles Wilkes)的南极探险船之一。

地理学家和航海家描绘完澳大利亚和新西兰海岸图之后,越发想知道更南边的冰封南极圈里是个什么样了。19世纪,各国航海探险的科学目的已经大于以往对"未知土地"的占领。南极探险正是在这样的背景下展开的,最先尝试描绘南极大陆的是查尔斯·威尔克斯中校。

查尔斯·威尔克斯1798年4月3日出生在纽约,从哥伦比亚大学毕业后进入美国海军,1826年当上中尉。虽然他还不是一个经验丰富的海军军官,但在航海调查方面已显示出卓越的才能,从1839年到1843年,他对南极海域进行了多次探险。1841年初,威尔克斯勘察了位于今天的东经100°—160°之间(澳大利亚正南方)2414千米的南极海岸线,并绘出了这一地区的海岸线图。它不仅确定了海岸线的长度,还确认了南极存在陆地的事实。这是人类首次使用"南极大陆"称谓的南极地图。

遗憾的是,威尔克斯发现南极大陆的事实长期受到质疑。当时的探险家都已有了为科考留下证据的准备,随船带上职业画家做记录。大约在1840年,探险队指定肖像和植物画画家托马斯·苏

《文森斯号在南极洲失望湾》,佚名,1842—1850 年

伟大的探险。这幅画后来又被改为油画，至今广为流传。文森斯号也由此成为"看得见"的著名冰海探险船。

1844年，从南极大陆回来的威尔克斯出版了美国探险南极的专著和地图集。1866年7月25日，他被提升为退役名单上的海军少将。但他在世时，这一探险成果一直没有得到承认。直到20世纪40—50年代，美国和澳大利亚等国科学家先后到达南极上空进行航空勘测，人们将威尔克斯地图与航空勘测进行比对，发现两者有多处相对应的点和重叠处。威尔克斯南极大陆地图最终得到了它应有的荣誉。后来，为了纪念和尊重威尔克斯的历史功绩，人们将那块冰盖覆盖的南极大陆命名为"Wilkes"，即威尔克斯地。

地理学者通常这样讲：南极大陆是最后一块被画上地图的地方。

它被称为"南极洲"，四周为太平洋、印度洋和大西洋所包围，边缘有别林斯高晋海、罗斯海和阿蒙森海等；大陆、陆缘冰和岛屿的总面积1405.1万平方千米，约占世界陆地总面积的9.4%；大陆几乎全被冰川覆盖，占全球现代冰被面积的80%以上；全境为平均海拔2350米的大高原，是世界上平均海拔最高的洲。

利（Thomas Sully）为威尔克斯画了一幅珍贵的肖像。但这幅晚些时候创作的版画《文森斯号在南极洲失望湾》是不是托马斯·苏利的作品，还无法确定。不过，这幅画显然也在证明威尔克斯这次

坚毅号

——沙克尔顿南极史诗之旅

挪威人阿蒙森于1911年12月14日到达地球最南点的消息，不仅令对手英国探险家斯科特失望，同时也让另一位英国探险家沙克尔顿不得不改变他创造纪录的方向——将创造首个到达南极点的纪录，改为创造首次穿越南极大陆的纪录。

沙克尔顿1874年出生在爱尔兰，在12个兄弟姐妹中排行第二，他从小爱动，16岁即离开学校，成为一名海员。1901—1904年，沙克尔顿随从著名探险家斯科特和医生威尔逊开始第一次南极探险，因在南极内陆出现了坏血病症状，最后不得不返回。1907年，他亲自组织并带队，开始第二次南极探险。那一次，沙克尔顿最终将把英国国旗插在了南纬88°23'，此地距南极只有180千米。这次探险归国后，沙克尔顿被授予爵士称号。

1914年沙克尔顿开始第三次南极探险，他依家族格言"坚毅制胜"，将探险船命名为"坚毅号"。这次探险公开征召队员，报名者竟达5000人之多，最后有27人成为沙克尔顿的探险伙伴，每个人的名字都写入了历史，连99只雪橇犬也都起了名字，并记录在案。

1914年8月8日，坚毅号离开伦敦，驶往布宜诺斯艾利斯，12月5日离开南乔治亚岛，1915年1月到达南极边缘的威德尔海，随后陷入冰川之中。

此时已是摄影时代，探险队专职摄影师弗兰克·赫尔利特意在船首斜桅上

1915年1月坚毅号到达南极边缘的威德尔海后陷入冰川的围困之中

安装了工作平台,用来拍摄这条船。他拍下坚毅号的很多珍贵镜头,包括这幅坚毅号被封死在冰中的照片。这幅后来经过人工着色的照片看上去很漂亮,此时还升着帆。不幸的是,这是坚毅号最后的身影。

坚毅号原本是一艘用于极地狩猎的邮轮,为了极地航行,造船师专门将它设计成极坚固的蒸汽木帆船。它的龙骨有2.2米厚,船舷平均厚0.7米,船头有1.3米厚。它像攻城锤一样,可以破开坚冰。只是它与另一艘极地探险船弗拉姆号的船底有所不同。弗拉姆号有一个碗形船底,受到浮冰挤压时,可以不断地上升,从而避免被卡住,而坚毅号是尖船底。沙克尔顿从一时财务困难的朋友手里以 1.1 万英镑的低价买下了这艘坚固的极地船。不幸的是，坚毅号最终被冰川围困，随冰川漂移了 10 个月。10 月 27 日，这艘启航前曾做过最完美加固的船，还是被数百万吨冰的压力挤得粉碎，沉入冰冷的海底。

弃船的沙克尔顿和船员们只能在零下 57℃ 的浮冰上生活。此后的 6 个月里，随着天气变化，这块巨大的浮冰不断碎裂，到了 1916 年 4 月 9 日，浮冰彻底碎裂。沙克尔顿率领船员乘 3 艘残存的救生船，在冰海中漂了 7 个昼夜，登上了荒无人烟的象岛，此时，距探险队出发已过去 497 天。

为了寻找救援，沙克尔顿挑选了 5 名最强壮的船员乘上最大的救生艇，向东南偏东横渡。他们在天气极端恶劣的海上漂泊了 16 天，划行了约 1300 千米，凭借航海经验和运气，终于抵达了来时曾驻足过的南乔治亚岛。随后，他们又翻越南乔治亚山脉，去寻找捕鲸站以寻求帮助。1916 年 5 月 20 日下午，沙克尔顿走到最近的一个捕鲸站。3 天后，他们登上了一艘捕鲸船，返身解救围困在象岛上的同伴。8 月 30 日，沙克尔顿终于找到一条从浮冰上穿过的路，在象岛找到了留守于此的 22 个同伴，将他们全都从南极解救了回来。后来，探险队员们都称他为"世间最伟大的领导者"。

虽然沙克尔顿没能创建人类横穿南极大陆的纪录，但坚毅号全部探险队员能从冰海中死里逃生，这仍然是探险史上一个了不起的纪录。

沙克尔顿躲过了一次劫难，但像许多探险家一样，最终还是倒在了探险路上。1921 年，沙克尔顿又进行了一次极地探险，此次探险的目标是环游南极洲以绘制其海岸线图。1921 年 9 月 18 日沙克尔顿的探索号离开英国，于 1922 年 1 月 4 日到达南乔治亚岛，1 月 5 日凌晨，沙克尔顿因心脏病发作去世。应其妻子的要求，他被安葬在南乔治亚岛上。今天，这里已成为进入南极旅行和探险的人要拜谒的一个重要"码头"。

12

朱印渡海

16世纪末至17世纪初,日本幕府颁发"朱印状",鼓励海商开拓异国贸易,游走于东南亚海面,船形奇特的"朱印船"一时成为独特的海上风景。

托神社寺院的"绘马"之福,后世才有了几件朱印船的历史图像。朱印船"绘马"是挂在神社寺院祈求航行平安或感谢神明保佑航行顺利的一种船画,也是后世考证几百年前"日本大航海"的珍贵文献。

暹罗船

——"异国渡海"贸易的先遣队"朱印船"

日本和中国一样也有很长的海禁史，不过，16世纪末至17世纪初，短短的三十几年间是个例外。这个例外，因西洋人而起，也因西洋人而终。

1553年，葡萄牙人通过贿赂广东海防官员，取得在澳门"暂住"的权利后，以此为据点于1571年开辟了澳门—长崎贸易航线，葡、中、日之间的三角贸易由此开始。1582年（天正十年），也就是织田信长掌握幕府的最后一年，日本九州地区吉利支丹（日本天主教徒）大名大友宗麟、大村纯忠、有马晴信向罗马教廷派遣以4名日本少年为核心的"天正遣欧少年使节"，搭乘葡萄牙商船远赴欧洲，1590年返回日本。这是日本人首次赴欧洲，也是日本最初的"对外开放"。

1588年，丰臣秀吉平定日本内乱后，颁布《海贼停止令》，要求各地水军停止海上争斗；1592年，为区别海商船与海盗船，丰臣秀吉给长崎海商颁发了"异国渡海朱印状"。虽然历史上没留下丰臣秀吉颁发的"异国渡海朱印状"实物，但历史文献记载了1592年日本曾有9艘商船航行到吕宋、澳门、安南、占城、柬埔寨、北大年等地进行贸易，其中有5艘从长崎出发，即末次平藏2艘，船木弥平次、荒木宗右卫门、系屋随右卫门各1艘；自京都航行的3艘，分属茶屋四郎次郎，角仓与一，伏见屋某；由堺港出航的伊豫屋某1艘。所以，学界通常以此为日本对外贸易之发端。

"朱印"原本是日本神社与寺院授予

18世纪初日本画家绘制的《唐船之图》中的暹罗船

的一种参拜证明,传统来自中世纪的"纳经",是授予写经人的信物,江户末期变为信众参拜的证明。"异国渡海朱印状"延续了寺院朱印凭证的传统,以"朱印"之名制作了海上贸易官方执照。持有此执照的船被称为"朱印船"。

德川家康一统天下后,于1604年将"异国渡海朱印状"制度化:将长崎纳入幕府直辖领,规定所有朱印船都由长崎出航及归航;根据颁发不同的朱印状,限定商人只能跑指定的贸易航线;德川家康甚至与安南国大都统阮潢约定:"本邦之舟,异日到其地。以此书印可为证据。无印之舟者,不可许之。"朱印状贸易制度正式确立。

史学家分析德川家康热心朱印状贸易，至少是一举三得：一是可以动摇葡萄牙人的垄断贸易地位；二是可以通过发放朱印状防止对手大名利用海外贸易加强自身实力；三是通过控制外贸攫取巨额利润，稳固幕府政权。

朱印船并不特指某个船型，而是指持有朱印状的贸易船，但在那个特殊的历史时期，确实出现了世界帆船史上值得一说的日本海上贸易船。

大明朝廷实行严格的海禁，使中国帆船与日新月异的欧洲帆船迅速拉开了距离，但在亚洲，中国帆船仍处于领先地位，也广受欢迎。此时的"和船"还不具备远洋航行能力，日本海商只能购买中国帆船投入到朱印状贸易之中。日本文献中有记录的最小的朱印船是萨摩岛津氏购入的480石中国帆船；最大的朱印船是因幡国（今鸟取县）龟井氏购入的3200石中国帆船。

朱印状贸易之初，日本购入的中国帆船多是厦门或潮州制造的，特别是在暹罗建造的改良中国海船，成为日本租用或订购的朱印船首选，日本人称其为"暹罗船"。这种暹罗船到底什么样，中国没有图像文献记录，只能到日本去找。

我赴日本考察朱印状贸易的第一站，即是日本最早的贸易港长崎和平户，这里也是日本海上贸易文献的大本营。其平户松浦史料博物馆收藏有18世纪初日本画家绘制的著名的《唐船之图》，共有12幅船画，其中的"暹罗船图"或许是目前能查到的最早的暹罗船历史图像。

这幅"暹罗船图"突显了此船的特殊身份，通体红色涂装，这种涂装也是朱印状贸易船的涂装标志。早期暹罗船是中国工匠在暹罗为日本制造的，融入了一些西洋船的元素，中式船的双桅船制改为了三桅或准三桅船，船首加了斜桅，从画中可以看到日语标注西式软帆为"木绵帆"，也就是布帆，主桅上加挂了西式顶帆"木绵帆"，但主桅仍挂中国硬帆竹帆，画中日语标注为"笹帆"。除了帆装的东西式软硬帆结合之外，船上还普遍设置了桅杆前后支索与几根侧支索，但船壳仍全部取中式结构。为防御海盗，朱印船多配有完备的武装，但从这幅暹罗船图看，船舷仍按中国模式，画了几个方的吓唬海盗的假炮窗。

朱印船主要前往中国台湾、安南、暹罗、吕宋、柬埔寨等东南亚国家或地区进行贸易活动；对外输出银、铜、铁、硫黄等矿物，还有刀剑、工艺品等商品；再从海外输入生丝、绢织物、棉织物、毛织物等中国商品，还有鲨鱼皮、水牛角、象牙、胡椒、药材、铅等东南亚商品。

此时，德川家康已将当时世界最大

的银矿——日本的石见银山,纳为江户幕府直辖领,作为世界上屈指可数的产银国,日本有着相当的购买力。而大明朝廷厉行海禁,中国海商无法走出国门,一时间,日本海商成为东南亚贸易中亚洲商家的主导力量。据说,连暹罗王室的海外贸易都操纵在日本商人手中。

短短30多年,日本从事的朱印状贸易人数超过10万,西南大名、幕府官员、内外豪商等许多上层人士都参与其中;在东南亚一些地方,甚至出现了有数百甚至上千的日本人定居的日本町,并实行自治制的"准殖民"。所以,也有人将这个时期称为"日本大航海"时代。

末次船

——祈福"绘马"留住了朱印船图

中国自北宋起,船家有在妈祖庙摆放船模,祈求航海平安的传统。那么,古代日本船家在什么寺庙里以什么方式为航行祈福呢?

日本是个岛国,对海神的信仰远远早于崇拜神武天皇,但多神教的日本,一直没有固化的海神,比如,宗像大社、严岛神社主要祭奉的是三位海洋女神(《古事记》记为多纪理毗卖命、市寸岛比卖命、多岐都比卖命三女神;《日本书纪》记为田心姬、湍津姬、次市杵岛姬三女神),而日本知名的三大海神庙之一香川县的金刀比罗宫神社,以供奉"金毗罗"海上守护神而闻名,此神是药师十二神将之一。

日本船家为航行祈福,既在祭奉海神的神社,也在供奉其他神灵的寺院。其中有一项特殊的祈福方式,就是奉献绘马。

日本神社与寺院有三种祈愿方式:神签、御守和绘马。神签,就是抽签解命,大家都懂;御守,就是护身符;绘马,就是在木板上画和写上祈福内容,挂在寺院里。神道教认为,马是神明的代步工具,故有奉献马匹给神明的习惯,后演化为献上画着马的木板,再后来画的内容扩大,祈愿什么就画什么。通常的绘马,底长为14厘米,高8厘米。在15—16世纪,寺院出现了大绘马,大绘马又称"匾额",一般高180厘米左右,长220厘米左右。16—18世纪前期,是大绘马鼎盛时期。

长崎锻冶屋町清水寺的末次船绘马,船上还立着一面末次平藏的"平"字尾旗

奉献画有船舶的绘马,兴起于德川幕府初期。日本各寺院神社保存的古船绘马有千余幅,但称得上"朱印船绘马"的极少。朱印船绘马也叫"渡海船额",是祈求航行平安的一种船画。日本的朱印船绘马,仅有十余件存世,分别供奉于长崎锻冶屋町清水寺、大阪市的杭全神社和京都清水寺。正是托了朱印船绘马这一特殊载体的福,后世才得以见到朱印船的历史图像。

朱印船绘马一般由四个内容组成,以长崎锻冶屋町清水寺末次船绘马(原作画面已模糊不清,没有当初的模样,我在此选用的是常被媒体选用的长崎博

245

物馆所收藏的摹绘本）为例：祈愿文字，如"奉挂御宝前，诸愿成就，皆令满足"；祈愿时间，如"宽永十一戌七月吉日"等；祈愿人，"丰后氏、石本氏、大贺氏"等；还有祈愿船名号，如"末次"船。日本的绘马祈福与中国的寺庙祈福差不多，有祈愿，也有还愿。

长崎"末次"船船主是末次平藏，原名政直，通称平藏。父末次兴善是博多巨商末次氏之一族。1571年长崎开港后，末次家族从博多（福冈）移居长崎，以私财开辟新的街镇兴善町。1592年平藏一族从属丰臣秀吉集团，丰臣秀吉死后，于1604年从属德川家康集团。平藏一族也因从属关系，两度获得幕府授予的朱印状，派船队到吕宋、安南、暹罗各地进行海外贸易。

此时，长崎代官（幕府驻长崎的最高长官）是村山等安。村山等安出身于名古屋的微贱家庭，辗转来到长崎，受洗成为天主教徒，教名为安东。1592年，丰臣秀吉征伐朝鲜时，他因机智而被选为长崎市的使者，谒见丰臣秀吉。丰臣秀吉将他收入帐下，为其改名为等安，任命他为长崎代官。村山等安由此成为长崎最高长官，与往来长崎的英国、荷兰、中国商人交往，很快成为巨富。德川家康统一日本后，村山等安从属德川幕府，1617年，奉命派次子村山秋安率领船队征台，最终行动失败。

1618年，末次平藏为争夺南洋利益，向幕府告发村山等安家族未依法律而擅自杀害十多名日本人，而且信奉天主教，违反国策。7月，村山等安财产被没收，全家被处死刑。1619年末次平藏当上了长崎代官。长崎的海上生意被平藏一族掌控，迅速成为一方巨贾。1630年末次平藏病逝。

长崎市锻冶屋町清水寺的本尊为千手观音，奉献于此的末次船大绘马，长185厘米，宽206厘米，画面上标注时间"宽永十一年"即1634年。人们推测，应是末次平藏的后人，仍沿用前辈的名号和朱印状，继续从事朱印船贸易。此朱印船绘马应是末次家族从海外平安归来，感谢神护佑其朱印船而奉献的大绘马，从画上的名录看，为船东和客商联名奉纳。

长崎锻冶屋町清水寺的末次船绘马，画面极具写实性，是学者谈到朱印船船型时引用最多的历史图像。末次船是西班牙盖伦大帆船与中国帆船的混合型大海船，船尾采用的是拉丁式斜桁三角帆，这是朱印船中少见的，通常暹罗船、荒木船等朱印船的艉帆都是方形软帆。末次船除了和多数朱印船一样将船涂成红色，还立着一面末次平藏的"平"字船尾旗。

末吉船

——不可多得的风俗画史文献

京都清水寺建于798年，是全京都最古老的寺院，1994年被列入世界文化遗产名录。参观清水寺，一定要去本堂，从本堂西侧入口进入，先看到的一定是"出世大黑天"。它是印度神话中的破坏神，传入日本后变成了财神。但此神不是清水寺的本尊，清水寺的本尊为千手观音。本堂正殿供奉的十一面千手观音立像为国宝，每隔33年才开放一次。

清水寺是游客到京都必看的景点，人们通常去本堂拜"出世大黑天"，看悬在山崖上的大舞台，很少有人知道本堂里还挂着朱印船绘马这样的宝贝。京都清水寺保存的朱印船绘马最多，有末吉船图绘马3件、角仓船图绘马1件。1633年德川家光捐资重修了京都清水寺，

此寺名望大增，代表德川幕府做海上贸易的朱印船自然将朱印船绘马奉挂于此。这四件绘马集中奉挂于1632—1634年，那是朱印船贸易最为活跃的时期。

京都清水寺保存的朱印船绘马，早在20世纪70年代就被日本政府定为"重要文化财"（重要文化遗产），并进行过一次全面修复。2019年春，我专程来此考察这批绘马，不巧的是清水寺本堂正在维修，四件朱印船绘马也再次进入修复中，没能看到原件。好在清水寺刊行了四件朱印船绘马的明信片，其清晰的画面提供了很好的朱印船细节。

先说说奉纳多次的末吉船绘马。奉纳人来自大阪贸易商末吉家族，是接受委托的朱印船主。

1633年奉纳于京都清水寺的末吉船绘马（局部）

现存末吉家族最早奉纳的末吉船绘马在大阪市杭全神社。画纵64厘米，横76厘米，厚2.7厘米。上面墨书"诸愿成就皆令满足，奉挂御宝前，宽永丁卯四历，平野屋源左卫门尉，敬白"。这幅制作于1627年的末吉船绘马，在船与人物的表现上都不如后来奉纳于京都清水寺的末吉船绘马。

京都清水寺奉挂的三件末吉船绘马，以额面尺寸而论，皆属大绘马，画纵197厘米，横245厘米；其奉纳时间分别为宽永九年（1632）、宽永十年（1633）和宽永十一年（1634）；表明奉纳人的海上贸易活动十分频繁。一般情况下，从事朱印船贸易的人并不亲自出海，他们只是负责筹集船只、资金、船货，招集交纳船租、搭船出海的客商。船主中既有大名委派之人，亦有各地商人。这三件末吉船绘马，即是大阪海商末吉孙左卫门长方奉纳。

这三件末吉船绘马，作为船舶史料，信息极为丰富。末吉船占满整个画面，画中的末吉船船型基本相同，都是三桅船；船首为西式斜桅，二主桅挂中国竹帆，日语称"笹帆"；顶帆为西式"木绵帆"；船后方桅杆上挂"木绵帆"；船舻有唐代破风式屋檐，分为上下两层，这里是船主居室；船尾有游廊，"末吉"艉旗迎风飘扬。这是一艘将日本、中国和西洋三种船型融为一体的朱印船。

虽然日本不乏江户初期风俗画遗存，但年代与画师如此明确的画作实为稀有。如，宽永十一年奉纳的末吉船绘马就清楚地记有"宽永拾壹甲戌历霜月吉日，画师北村忠兵卫"。下方的墨书"末吉舟中，客家中"，并写有"宿坊执行"，这是寺庙接收普通百姓留宿的一种表示，"宿坊"放在这里不知是不是一种客货双功能的表示。

这三件末吉船绘马都绘有30多个人物，当时的町人、武士风俗尽现，其服装和生活用品都被饶有趣味地展现了出来，有人在下日本将棋，有人在弹三弦琴，西洋人面前摆着由新大陆传来的香烟和烟具，还有诸多漆盘漆盒，最为活跃的是在船上多个位置忙碌的西洋水手。画面使用了多种矿物颜料，有的画上还留有金粉。

角仓船

—— 主营安南贸易的超大朱印船

1634年奉纳于京都清水寺的角仓船绘马

角仓船与末吉船的贸易航线都写在绘马上——东京（今越南北部大部分地区，首府河内）。角仓船绘马的左边，注明了奉挂日期为"宽永十一年（1634）九月吉日"。一年前，德川家光刚刚捐资重修了京都清水寺，所以，从越南完成朱印状贸易平安归来的角仓家族特别制作了大绘马奉献于此，感谢神的护佑。

史载角仓家的朱印船规模最大。当时的朱印船载货量最小为排水量70—

100吨,最大为排水量600—800吨,平均排水量为300吨。1626年远航暹罗的角仓船,日本文献记录船长二十间,宽九间(长约36米,宽16米,日本的"间"约为1.8米),乘员597人;排水量800吨,近于当时西班牙的中小型盖伦船。

角仓船绘马除了明确绘出角仓家纹和"角"字艉旗外,着重突出了角仓船之巨大,这是重要看点:像舞台一样宽广的甲板上,正在进行歌舞伎表演。观

251

看表演的人众多，人种复杂，首先是船尾官厅坐着的两位，一个应是日本船东，另一个大概是西洋合伙人，或贸易顾问；甲板上有歌舞伎一类的女人，或表演，或陪酒。甲板上的日本人中，有商人，也有梳月代头的武士。据史料记载，从1604年到1635年，德川幕府总共发出350多张朱印状，分别赐予105家，即大名10家，武士4家，商人68家，中国人11名（其中就有著名海商兼海盗李旦，他是第一位到台湾进行朱印船贸易的商人），欧洲人12名，幕府首脑亦以投资或挂名的方式参与其中。西式的船首楼里的领航员是两位西洋人。曾有一段时间，日本法律强制规定，一切前往东南亚的日本帆船均需雇用葡萄牙或荷兰领航员，所以，朱印船上除了船长以外，还有外国按针（领航员）、书记、水手等主管航行的洋员。后来，取得更多的航海经验后，日本人才逐渐解雇其葡萄牙老师。角仓船绘马所描绘的正是那样一个海商大舞台，聚集了那个时代的各色"弄潮儿"。

角仓船尾官厅里的日本人是不是角仓了以，还说不准。但角仓了以确是角仓家朱印船的领头人。角仓了以算是出身名门，其祖父是京都专营衣带的商人，1544年担任了京都带座座头。父亲角仓宗桂是名医，曾作为日本遣明使两次到达北京。角仓了以继承家业后，经营当铺，因其弟角仓宗恂是德川家康侍医团成员，角仓了以获得了一纸千金的"朱印状"，开始了远航安南、暹罗的海上贸易，很快成为京都豪商。

角仓了以不仅通过朱印状贸易使家族成为京都豪富，同时也完成了他热心疏浚河道，发展水运的梦想。1606年，也就是角仓家族通过海上贸易获得财富不久，他就把部分所得投入到疏浚河道的事业中，成功疏通大堰川。此后，他一边拓展朱印状贸易，一边又挖通富士川、天龙川，并开凿高濑川运河，沟通了京都三条至伏见的水上交通。据传，他还计划疏浚琵琶湖，但未实现而离世。角仓了以因疏浚河道而深受人们的爱戴，从一个侧面表明了朱印状贸易为日本的城市建设也带来了好处。

荒木船

——挂着"VOC"标志的日本商船

长崎的历史开始于1570年,这一年吉利支丹(日本天主教徒)大名大村纯忠将长崎浦开放给葡萄牙人作为贸易港,德川幕府实行锁国政策后,这里是唯一的对外港口,长崎也由此成为日本港口味道最浓的城市。

我赴长崎考察朱印船时,还没走出长崎站,就被站台里摆放的十余米长的红彤彤的荒木船"曳山"(祭祀活动中拉着走的彩车)所吸引。这个大船模旁边立着一块说明牌:"这是当年从长崎出发的荒木宗太郎的朱印船,它曾航行到暹罗、安南进行海上贸易。"此朱印荒木船"曳山"是长崎市本石灰町用来参加已有几百年传统的"奉纳踊"活动的祭祀彩车,由三菱重工长崎造船所制造。后来,在旅游画册上,我见到了长崎市本石灰町"奉纳踊"的热闹场面,一众青年拉着朱印荒木船"曳山",一边舞蹈,一边走向寺院,有仪式感,又喜气洋洋——长崎人对朱印贸易史念念不忘,一直保持着欢快的纪念。

这里选刊的荒木船画,出处不明,应是日本古船册页中的一幅,原画是否出自寺院绘马,还说不清,但它至少记录了荒木船作为朱印船的基本样貌。朱印状贸易晚期,日本工匠以福船和广船为蓝本开始建造了一批"原创"大海船。这些船的船体构造、帆装、上层建筑融入了中国和西方的许多技术,变为奇怪的混合型帆船。

这艘荒木船有着奇特的船头,它是

长崎市本石灰町"奉纳踊"之御朱印荒木船

一个四角形屋仓,其功能是用来在船头搬运货物;船的主桅撑中式竹席硬帆,船首十字斜桅是西班牙盖伦船样式,首尾两桅都挂着西式方形软帆;在白色吃水线上,有三角形排水口 18 个,可见此船之长;荒木船的船底采用福船结构;船尾有广船式的游廊;船舷外侧架有一个四方形坐笼,这是船员的厕所。这种装置可能来自福建赶缯船,中国船家称它为厕柜。大船由于人多,有时要在船舷前后各挂一个厕柜,大的厕柜设两个蹲位。清初的《闽省水师各标镇协营战哨船只图说》更有图文并茂的详记:厕柜"安于船头小官厅艄边,以木植板片锯剩碎木配用"。这是最早的船上私密生活设施的史料记载。

特别显眼的是荒木船的安宅战船(近海大型战船)式高舷,其红色涂装代表它拥有"异国渡海朱印状",是合法商船。不过红色涂装只能表明日本幕府对它的认可,并不能保证它的海上安全。请仔细看画中的船尾旗,它并不是

朱印荒木船冒用荷兰东印度公司的缩写字母标识"VOC",
标识中的"V"字画倒了

荒木氏的"牡丹"家纹。这个图案是称霸南洋的荷兰东印度公司的缩写字母标识"VOC",朱印船冒用这个旗帜,一是防止船只被外国扣押,二是减少海盗的袭击。有趣的是,日本人不识"VOC"的正确用法,把标识的"V"字画倒了。这一错就是几百年,现在长崎市本石灰町"奉纳踊"游行用"御朱印荒木船"上面的"VOC"旗帜,仍是"V"字颠倒,也算是一种"历史真实"吧。

荒木船的船主荒木宗太郎本姓藤原,名一清,是肥后国熊本的一名武士,后来移居到长崎，从这里开始，他从武士转变为商人。1592年末，荒木宗太郎与末次平藏等人取得丰臣秀吉的"异国渡海朱印状"，前往暹罗、安南进行朱印船贸易，一做就是30多年。

德川家康的朱印状贸易，不仅是经济活动，还想通过贸易活动改变丰臣秀吉武力恫吓周边国家的外交形象。德川家康一直保持与越南、柬埔寨、马六甲、暹罗、爪哇等多个国家互通书信，互赠礼品。据统计，保留至今的外交文书尚有101件，其中与柬埔寨有关的最多，达19件，其次是越南，13件。德川家康送给东南亚国家的礼品是日本名刀，得到的回赠几乎都是各国的珍贵土特产。

据统计，朱印状贸易大繁荣的30多年间，大约有1万名日本人移居吕宋、安南、柬埔寨、暹罗、马来亚、爪哇及其他地区。他们在菲律宾的马尼拉、越南的会安和沱漾、柬埔寨的金边、暹罗的阿瑜陀耶等地建造"日本町"，其繁荣程度不亚于当地的唐人街。

荒木宗太郎自然也是积极推进德川亲善政策的一分子，他的朱印船生意主要在安南，由于生意越做越大，不论在日本还是在安南，他都是令人仰视的巨富，连安南王也给他三分面子。后来，安南王赐荒木宗太郎安南王室之姓阮氏，并将一位王族的女儿许配给他为妻。这段姻缘也成为朱印状贸易的一个传奇。

伊达丸

——支仓访欧使节团与朱印船落幕

德川幕府的朱印船贸易集中于西太平洋，但不止于西太平洋，甚至想把生意做到大西洋，并且选定当时的海上强国西班牙为贸易伙伴。

德川幕府与西班牙的交往始于1609年，这一年西班牙大帆船圣弗朗西斯科号在菲律宾马尼拉至新西班牙（今墨西哥）阿卡普尔科港的途中，遭遇恶劣天气，在江户（今日本东京）附近的千叶失事。西班牙船员们被救起，并受到热情款待，船长罗德里格·德比维罗（Rodrigo de Vivero）与德川家康会面，双方不仅有了初步的贸易约定，还决定派遣幕府使者到西班牙王室进行访问。

既然要访问欧洲，就要准备有远洋能力的大帆船。德川幕府把造船与访问的双重任务交给了东北陆奥国仙台藩主伊达政宗。此人曾受丰臣秀吉之命派三千兵出征朝鲜，丰臣秀吉死后，他加入德川家康阵营，其领地得以保留，并成为德川幕府的近臣。

1613年，持有朱印状的日本海商或在暹罗订制中国改良帆船，或自行打造中、西、日融合的帆船。伊达政宗约请西班牙人塞巴斯蒂安·比斯卡伊诺（Sebastian Vizcaino）建造一艘纯正的西班牙盖伦大帆船。需要说明的是，这不是日本人第一次建造盖伦大帆船。

1598年英格兰探险家威廉·亚当斯（后定居日本，日文名为三浦按针，他和中国人李旦后来成为少数几个拿到朱印船牌照的外国商人）在太平洋遇险，一路漂流，于1600年4月来到日本九州丰后县。德川家康得知他的航海经历后，任用他为日本建造了第一艘西洋大船。

亚当斯1607年为日本建造了一艘小型盖伦船，排水量仅为120吨，命名为圣布宜纳文图拉号（The Santa Brenaventura）。德川家康把此船借给西班牙商人罗德里格，赴新西班牙进行贸易，并派了一批日本人随同去美洲访问。新西班牙总督热情款待了日本人，却找个罪名没收了圣布宜纳文图拉号。日本生产的第一艘盖伦船就这样消失了。

伊达政宗督造的这艘船是日本建造的第二艘盖伦大帆船。

《伊达治家记录》（伊达氏正史，全书529卷578册）一书载：伊达政宗召集了800名造船工、700名铁匠以及3000名工匠，花了45天建造出这艘盖伦大帆船。此船全长55.35米，船体外壳长47.10米，船内部长34.28米，主桅杆长32.43米长，前桅杆长28.05米，后桅杆长18.19米，龙骨长26.06米，船宽11.09米，船深4.55米，吃水深3.80米，龙骨底部到主桅杆高48.80米。此船分为船舱、主甲板、上甲板和船尾楼甲板四部分。船舱用来放置预备用的帆布、缆绳、木桶装的食品与水以及各种压仓物。上甲板的船头部分是船员吃饭的地方；船尾两边是用来放航海用具的

地方。此船排水量达到508吨，是一艘小型盖伦船，但比起之前亚当斯督造的盖伦船大了许多。虽然这并不是一艘战舰，但在主甲板上仍装有8门火炮用以自卫。1613年9月15日，这艘船正式完工，依藩主伊达氏之名被命名为"伊达丸"。

为了一睹这艘日本造的盖伦船"真容"，我特意赶到仙台石卷市牡鹿半岛的月浦湾。因为这里有一艘按1:1比例复建的伊达丸，岸边还建了一个"宫城县庆长使节船博物馆"，详细介绍了伊达丸的前世今生。

1993年宫城县费时3年终于复建成伊达丸，这一年恰是伊达丸首航欧洲380周年。1613年，即日本的庆长十八年，伊达丸从月浦湾出发，远赴欧洲去执行比其他朱印船更为远大的任务。因这一事件发生在日本庆长年间，伊达丸也被称为"庆长使节船"，但当年西班牙人将此船命名为圣胡安·包蒂斯塔号（San Juan Bautista）。

伊达政宗选派的特使是家臣、藩士支仓六右卫门常长（通称支仓常长）。为何要选他做特使呢？因为支仓一族是平家的后代，先祖曾从属于陆奥伊达家之祖伊达朝宗，和伊达家的渊源很长。此外，出使之前，支仓常长曾加入1597年侵略朝鲜的部队，担任足轻及铁炮组头

为纪念伊达丸首航欧洲 380 周年,
宫城县费时 3 年按 1∶1 比例复建成的伊达丸

（步兵及火枪队长），拥有海上航行、异国作战和领导能力。

支仓常长带领的使节团有武士10人，仙台藩士12人，日本商人、水手、仆役120人，西班牙、葡萄牙外国水手40名，共180人。这是继1582年"天正遣欧少年使节"到罗马晋见教皇之后，日本第二次派出使团访问西洋。

日本造的西洋船伊达丸，由熟悉盖伦船和西洋航路的西班牙传教士路易斯·索提洛（Luis Sotelo）担任船长；经过90多天的航行，伊达丸成功横渡太平洋，登陆美洲新西班牙阿卡普尔科港。随后，支仓常长又带访欧使节团转乘欧洲帆船，横渡大西洋到达西班牙，于1615年1月30日在马德里谒见了西班牙国王菲利普三世，并转交了藩主伊达政宗请求通商的信；2月17日，支仓常长由菲利普三世的私人神父授予洗礼，教名为菲利普·弗朗西斯科·支仓。

其后，支仓常长又带使节团乘三艘西班牙的三帆快速战船驶向意大利，由于天气不佳，在法国圣特罗佩停留。日本使节团到访法国被记录在当地的编年史中，其条目为"菲利普·弗朗西斯科·支仓，出使教宗的使者，陆奥国王伊达政宗家臣"。许多奇特的细节也记录在案：比如"他们从不用手指触及食物，而是用三根手指夹住两根小棍子来夹食物"，"他们用手掌大小的柔软的丝绸似的软纸擤鼻涕，并且一张纸绝不使用两次，所以用过后就扔弃在地。他们很欣喜地看到我们的人围过去把纸捡起来"，"他们的剑锋利无比，吹纸得过"。这是日本与法国最早的外交记载。

1615年11月，支仓常长访欧使节团终于到达罗马，拜见了教皇保禄五世，并呈递了伊达政宗的信，其中含有日本和新西班牙通商的请求，以及要求教皇派遣传教士去日本。教皇同意派遣传教士，但却把要求通商的决定转给西班牙国王。随后，支仓常长又返回西班牙，再次觐见了国王，但菲利普三世拒绝签署通商文件，因为支仓常长只是仙台藩主伊达政宗的特使，并不是代表日本政府的德川家康的使者。

支仓常长访欧使节团到访，是一件东西方交流的大事件，当时没有摄影术，画师自然要做历史性的记录。于是，有了这幅至今保存在罗马博盖斯美术馆的《支仓常长肖像》。此画作者是意大利画家阿奇蒂·里奇（Architi Ricci），他一直在罗马为热心资助艺术事业的红衣主教博盖斯（Borghese）服务。此画是阿奇蒂·里奇1615—1616年间为教廷而作，画纵196厘米，横146厘米，真人一样大，可见教廷对东方客人的重视。

在仙台市博物馆"庆长遣欧洲使

《支仓常长肖像》,画中可见伊达丸最后的身影、支仓氏的"右旋卐字和双箭"家纹和伊达氏的"九曜纹"家纹

节"厅，我看到了日本画家高田力藏复制的《支仓常长肖像》，得以贴近观看画中细节。显然，红衣主教御用画家是以赞美而不是丑化与猎奇的笔调描绘了这位日本特使。画中的支仓常长身着华丽的武士服装，脚蹬日本特有的木屐，右手扶案，左手叉腰，腰间佩戴一大一小武士双刀，十分威武。背景中的那扇窗户，也值得细读：天上部分，描绘了日本访欧使节团跨越大洋的航行得到了圣母的护佑，十字架闪着耀眼的灵光；海上部分，描绘了日本伊达丸的背影。或许是受欧洲纹章文化影响，作者在画中多处描绘了日本客人的家纹，一是桅顶飘飞的支仓氏"右旋卐字和双箭"家纹旗，二是船尾的伊达氏"九日纹"家纹，还有长刀护手上的"九日纹"家纹。从突出显示日本家纹的角度看，这幅画更像一幅"外交画"。

支仓常长访欧使节团于1617年6月从塞维利亚启程，返回美洲的新西班牙。1618年4月在新西班牙换乘日本的伊达丸，跨越太平洋到达马尼拉。在这里伊达丸被西班牙政府强征为抵抗荷兰的战船。支仓常长访欧使节团只好换乘其他船返抵日本。

让支仓常长始料不及的是，1620年9月22日，当他率访欧使节团回到仙台藩时，德川幕府的对外政策已发生了巨大变化。由于在日本的西方传教士和一些大名关系紧张，直接影响了德川家光对西洋人的看法，1633年、1635年、1639年、1641年德川幕府接连颁布"锁国令"。其实"锁国"之名是日本兰学（荷兰学，即西学）家志筑忠雄1801年才提出的，当时德川家光实行的是"海禁"，先是禁止"朱印船""奉书船"以外的船只渡航；其后，禁止明朝、荷兰以外的船只进入长崎，并禁止所有在外国的日本人回国。国门关上了，支仓常长访欧使节团多年的努力化为泡影，朱印状贸易也终止了。国门是开是关的历史追问，最终留给了末代德川幕府。

13

西船东侵

　　大航海先天地糅合着扩张的欲望，人类借助航船认识了周边世界，在船来船往中确立了各自的利益关系，进而明确了各自的势力范围。中世纪之前，这种交往方向是由东向西，而大航海之后，则变成了由西向东。貌似公平交易的"西船东进"，最终是在血与火的洗礼中铺排出新的殖民地格局。

中国皇后号

——向大清皇室致敬的美国商船

大家知道，1776年7月4日是美国建国的日子，但美国真正独立却经过了漫长的"独立战争"。从1775年至1783年，美国和英国打了10年仗，英国政府才不得不承认美国独立。为走出10年战争造成的经济危机和英国贸易禁运的困境，美国银行家、商人罗伯特·莫里斯建议政府派船到中国寻求新的商机，帮助美国渡过难关。

这是一个发展中国家对一个发达国家的期盼。

莫里斯联合纽约商界著名人士投资12万美元，共同购置了一艘排水量约360吨的木制小军舰，配上各种新式航海设备，为讨好中国，特将这艘改装商船命名为"中国皇后号"（The Empress of China）。虽然这是一艘商船，但为防海上意外，仍配有10门9磅火炮和4门6磅加农炮。莫里斯将从海军中挑选出来的格林聘为船长，并邀请山茂召作为他的商务代理人。

1784年1月30日，美国政府给该船颁发加盖了美利坚合众国印章的航海证书，因为无法估计到当时中国的国体政情，美国人在证书上写了多个头衔：君主、皇帝、国王、亲王、公爵、伯爵、男爵、勋爵、市长、议员。为隆重起见，甚至连启航日期也精挑细选，最后选定一个当时公认的"黄道吉日"——1784年2月22日，首任总统华盛顿的生日。此时是大清乾隆四十九年正月，乾隆也在乘船，他从京师出发第六次南巡，和

雷蒙德·马塞20世纪60年代绘制的《中国皇后号到达广州》

前五次一样,仍乘坐安福舻,沿运河南下。闰三月,乾隆帝到达江宁(今南京),在这里接见了安南国(今越南)使臣黄仲政等人。

今天的中国人了解中国皇后号,多是通过美国人的一部专著——1984年美国费城海事博物馆在纪念中国皇后号首航广州200周年的时候,出版了菲利普·查德威克·福斯特·史密斯的《中国皇后号》一书。此书引起了早就忘了中国皇后号这件事的中国人的兴趣,2007年广州出版社出版了《中国皇后号》的中文译本,公众才知道"海上丝绸之路"还有一段中美贸易传奇。

那么,大清国与美国当时相互都有什么贸易需求呢?

1876年中国皇后号停泊在南澳大利亚州皮里港哈特码头的身影

据记载，1784年8月，中国皇后号载着473担西洋参、2600张毛皮、1270匹羽纱、26担胡椒、476担铅、300多担棉花及其他商品，先停靠到澳门，在取得了一张盖有清廷官印的"通行证"后，在大清领航员的带领下，又经过一天的航行，抵达广州黄埔港。中国皇后号鸣礼炮十三响（代表当时美国的十三个州），向这个口岸致敬。据格林船长的手记记载："中国皇后号荣幸地升起了在这海域从未有人升起或看见过的第一面美国国旗，这一天是1784年8月28日。"

曾有一位西洋画家创作了一幅《中国皇后号到达广州》，再现了这一中美海上贸易的重要场景。很多时候，大家都把它当作18世纪的纪实画，并反复引用。我也曾在文章中引用过这幅画。后来，在海外资料中发现此画的作者叫雷蒙德·马塞（Raymond Massey），1938年生于美国，这是他20世纪60年代的作品，也很珍贵，美国凯尔顿基金会收藏有此画的石版彩印本。

那么，真实的中国皇后号是什么样子呢？又过了很长时间，我在西方史料中见到了它的"真容"——"1876年，在南澳大利亚州皮里港哈特码头停泊的中国皇后号"的照片，也就是说，它首航中国90年后，又去了澳大利亚，还拍照留念了。

1785年5月11日，中国皇后号回到纽约，往返历时15个月。

中国皇后号在广州采办了一大批中国货：红茶2460担、绿茶562担、瓷器962担，还有大量丝织品、象牙扇、梳妆盒、手工艺品等，船长格林本人还购买了男士缎裤300余条、女士长袖无指手套600副、象牙扇100把。中国皇后号回到纽约后，立刻刊登出售中国商品的广告。结果，12万美元购得的中国货立即销售一空。华盛顿本人也购买了302件瓷器及绘有图案的茶壶、精美象牙扇等中国货。这些物品仍有部分保留在美国宾夕法尼亚州博物馆和华盛顿故居内。

这次航行的美国商人获利只有3万多美元，但它开启了新的贸易窗口，挣脱了英国的经济封锁，对于当时的美国实在是太重要了，相关人士纷纷被提拔：莫里斯一跃成为美国联邦政府第一任财政部长；船长格林则成为后来与中国通商的著名顾问；商务代理人山茂召被任命为美国驻广州领事。

山茂召任美国驻广州领事期间，美国不仅有大商船不断前往中国，连一些小商船也载着有限的货物驶向广州。在通往中国的航线上，美国商船绵延不断，成为一大奇观。1794年3月，山茂召乘坐华盛顿号返回美国时，因肝病恶化，客死途中，时年39岁，从而结束了他10年间往返中美的辉煌贸易生涯。此时，中美海上贸易已经迅速超过荷兰、丹麦、法国，仅次于英国，排在世界第二位。

因当时中国仅允许广州"一口通商"，广州几乎成了发财与繁荣的代名词，令没能来中国的美国人艳羡不已，很多美国城镇就以"坎顿"（Canton，英语里的广州旧称）命名，以显其时尚。不过，与美国的"广州热"相反的是，大清最有学问的"一代硕学"、两广总督阮元，在嘉庆二十二年（1817）编著的《广州通志》中竟然把美国说成是"在非洲境内"。

英使"朝贡船"

——从马戛尔尼到阿美士德使节团

大航海打开了东西方的海上通道，新兴殖民国家设立东方贸易机构，在17世纪达到高潮：1600年，不列颠东印度公司成立；1602年，荷兰东印度公司成立；1616年，丹麦东印度公司成立；1628年，葡萄牙东印度公司成立；1664年，法国东印度公司成立；1731年，瑞典东印度公司成立。

英语和法语里随之出现了"远东"（far east / estrem-orient）这个词，西方人开始用它代指中国；明朝末年，徐光启、李之藻等人发明了"泰西"一词，中国人开始用它代指欧洲。

这时的"远东"被"泰西"人看作财富的代表，是他们向往的国度。

这时的"泰西"被"远东"人看作野蛮之"夷"，是不受欢迎的国家。

1793年，法国正处在"大革命"之中，英国工业革命也在火热进行中，为了扩大贸易，英国希望打开中国市场的大门。这年8月，英国正式派出第一个访问中国的国家使团，以贺乾隆皇帝寿诞为名出使中国。使团以马戛尔尼为正使，老斯当东为副使，船队最大的船是由英国海军提供的排水量1378吨的军舰狮子号（Lion）。

这艘军舰由朴次茅斯造船厂建造，1777年服役，舰上三层列炮甲板共装有64门火炮（其中26门24磅炮，26门18磅炮，10门4磅炮，2门9磅炮），属于三级战列舰。1779年此舰曾赴美洲与支持美国独立的法国海军交战。

《1794年7月航行中的英国皇家海军狮子号》，1794年

1793年7月下旬，狮子号载着英国大使马戛尔尼勋爵前往中国。英国画家制作了这幅蚀刻版画《1794年7月航行中的英国皇家海军狮子号》，从时间上看，作者画的应是从中国返航时的狮子号。画中狮子号迎风航行，背景中的帆船可能是同行的印度斯坦号、豺狼号和途经巴达维亚（今雅加达）时买的小帆船克拉伦斯号。

据记载，装载于印度斯坦号上的访

269

《1816年阿尔塞提号攻打虎门炮台》，1816年

华礼品共有19宗590余件，有天文仪器、君主号战船模型、纺织品和西洋画等，英国人还将他们最新的发明介绍给中国，如蒸汽机、棉纺机等。他们猜想中国人看到后一定会感到惊奇和高兴。可惜，清朝官员认为英国"朝贡"的这些东西都是奇技淫巧的小玩意儿，没什么了不起，大清国不缺这些东西，所以，乾隆皇帝拒绝了英国在中国驻泊、经商的请求。

马戛尔尼使团也不想就此无功而返，事实上，除了贸易，他们也想借此搜集中国情报。马戛尔尼注意到了清朝军队还在使用刀、矛、弓、箭等冷兵器，军事落后显露无疑。1794年1月，当马戛尔尼的狮子号通过虎门要塞时，特别记录了这里的海防：只要涨潮和顺风，任何一艘军舰"可以毫无困难地从相距约一英里的两个要塞中通过"，随团画家画下了"马戛尔尼船队驶离虎门"的情景。画中可以看清两岸的要塞，还有中国水师落后的帆船。此画绘于1796年，原画框上曾记有"这是珠江河口虎门的景色,马戛尔尼特使正乘坐狮子号往澳门,岸上的清国炮台鸣炮致敬",说明此图右侧虎门炮台是放礼炮,而非开战。

1815年,以英国为首的反法同盟在滑铁卢彻底击败了拿破仑统治的法国,急切想恢复经济并确立世界霸主地位的英国,决定再派一个使团与大清商谈租借一块地驻泊经商之事。1816年,阿美士德勋爵率领英国使团,经大沽口进入北京。这一次,嘉庆皇帝干脆拒见英国使团,对他们提出的要求更是一概回绝,退还其呈送的礼品,并派人将英国使团送到广州,令其回国。

广州地方官员听说阿美士德一行是朝廷逐出的外国使团,拒绝英国使团的阿尔塞提号、赫威特号舰船进入广州。英国人也不甘心就这样离开清国,强行驾船逆珠江而上。此时,经嘉庆一朝重修海防,虎门炮台已由虎门南山炮台与横当岛上的永安炮台、横当炮台组成了封锁江口的火力网。英国两艘战舰想要进入广州,将面对这样的海防火力网。

英国人也不想硬闯,于是在1816年11月16日夜里偷偷溜进虎门江口,但被虎门炮台上的大清守军发现,守军对准英舰连续发炮。这幅飞尘蚀刻版画《1816年阿尔塞提号攻打虎门炮台》,画的就是当时夜战场景。画面上,两军在黑夜中交战,火光冲天,炮火映照江面。处在画面正中即两岸炮火中心的是英舰阿尔塞提号。这幅画上留有绘制时间"1816年",也就是说这是一幅当时绘制的海战纪实作品。画家为英国使团的军医约翰·麦克劳德,也是一位业余画家。

虽然英国两次派国家使团赴中国"朝贡"都没能与大清谈成通商协议,但是两国民间贸易一直在进行。当时的广州外贸基本掌握在两大贸易垄断组织手中:外方是英国东印度公司,中方则是广州十三行。双方执行"公行"贸易制度,共同议价,禁止私贩私卖。这种局面一直保持到1834年。这一年,英国决定取消东印度公司对华贸易专营权,英国委派威廉·约翰·律劳卑为首任驻华商务总监,来华洽谈清英贸易由民间转入政府层面的"通商"事宜。接下来,开往中国的英国船队和官员换成了另外一副面孔。

复仇女神号与广东米艇
—— 两个世界、两种文明的生死对决

据《旧唐书·李皋传》载，唐代李皋设计的桨轮船"挟二轮蹈之，翔风鼓浪，疾若挂帆席"。最早设计出明轮船（也叫桨轮船）的中国，在近代却遭遇了尴尬与悲凉的一幕：发明了蒸汽机的英国人将蒸汽明轮船开进了珠江口，炮轰大清战船，攻克穿鼻要塞，侵占香港。此间，一个并不重要的角色——复仇女神号（HMS NEMESIS）在历史舞台上频频亮相。

复仇女神的希腊语原意是"愤怒的人"，任务是追捕并惩罚那些犯下严重罪行的人，无论罪人在哪里，她们总会跟着他，使他的良心受到痛悔的煎熬。在古希腊与古罗马神庙中可以看到其长有翅膀、一手持剑的形象。不过，大清与英国在鸦片战争前并无仇恨，大清皇帝甚至弄不明白英国在哪里，一切皆来自英国殖民者贪妄的扩张之心。

1840年秋，道光皇帝将林则徐革职，任琦善署两广总督兼海关监督。此时，英国在华代表懿律已因病辞职，堂弟义律（Charles Elliot）接任其职与清廷交涉通商。1841年1月6日，道光皇帝收到琦善第三份奏折后，下令："逆夷要求过甚……即当大军挞伐……逆夷再或投字帖，亦不准收受。"龙颜不悦，逆夷也不悦。1月7日上午，未及圣旨到广州，义律利用琦善裁撤海防和谈之利，悍然派出7艘军舰、4艘轮船和10余只舢板，载英军与印度兵1500余人，突袭虎门外的穿鼻洋。

珠江的入海口，东岸有香港，西岸

《东印度公司复仇女神号汽船在广州河（珠江）摧毁中国战船》

有澳门，再向内是两个海角守护的穿鼻洋，东岸为东莞的沙角，西岸为顺德的大角；两角相距30里左右，为虎门外的第一道锁钥。早些时候，琦善怕与英军生是非，在海口处撤下守军，大角、沙角两炮台仅有数十兵力驻防。虎门形势紧张后，才由副将陈连升率兵600余名，临时加强两个炮台的防御。

从当年英军海战地图上所标注的舰名来看，参加穿鼻洋海战的都是载炮20—40门的护卫舰、巡航舰级别的小型战舰。战斗由印度马德拉斯土著步兵第37团陆军少校伯拉特统一指挥，他将舰队分为两个支队：东边，英军出动三艘军舰攻打沙角炮台（亦称穿鼻炮台），三舰为装备26门火炮的加略普号、装备20门火炮的海席新号和装备20门火炮的拉呢号；西边，英军派出四舰攻击大角炮台，分别为装备26门火炮的萨子兰号、装备44门火炮的都鲁壹号、装备20门火炮的摩底士底号和装备20门火炮的哥伦拜恩号。

此战，复仇女神号只是东路进攻沙角炮台助战的小角色，因其是第一艘绕

273

过好望角并抵达中国的蒸汽明轮,也是蒸汽明轮船首次在海战中亮相,所以,许多当年的海战画中都有它独特的身影。最早见于报端的是英国随军画家的战场速写《东印度公司复仇女神号汽船在广州河(珠江)摧毁中国战船》,刊于1842年11月12日出版的《伦敦新闻画报》上,后来它还被制成油画,广为流传。

需要指出的是,这幅画经常被误认是表现1839年11月3日关天培击退英国舰队的"穿鼻之战"。实际上,此画右侧的复仇女神号在1839年11月23日才下水服役,1840年6月刚刚从其服役的东印度公司调来参战,它不可能参加1839年的"穿鼻之战"。

画面右侧冒着巨大蒸汽的复仇女神号,此时参加的正是1841年1月7日的穿鼻海战。此战,复仇女神号由威廉·霍尔中尉指挥,由于船两边装有巨大的桨轮,船舷已没有更多空间装炮,仅装有7门炮。虽然如此,作为辅助战船参战的复仇女神号凭借动力上的优点,灵活机动地炮击大清战船。英军文献称,复仇女神号在战斗中接连发炮击中清军战船,引起船上威力巨大的爆炸。它从一个侧面证明,画中央巨大的爆炸场面并非艺术夸张。

那艘被炸断双桅的大清战船原为广东运米船,也称"米艇"。广东水师发现该船型吃水浅、速度快,清初就已采用其作为战船。这些战船上配有火炮,但多为实心弹,破坏力不强,无法对抗英军舰炮和蒸汽明轮船的爆炸弹轰击。这是东西方两个世界、两种文明的生死对决。

胜负很快见了分晓,海面上的清军战船不久就被英国军舰打败,随后,复仇女神号等几艘蒸汽战船载着海军陆战队,由汉奸引领从沙角炮台侧后登陆。由于清兵大多守在炮台周围,侧后要隘和山顶兵力薄弱,炮台又受到英舰火力压制,敌军得以绕到山后抢占了制高点,然后居高临下俯击炮台。守兵两面受敌,伤亡甚众。英军冲进炮台,陈连升父子领兵拼杀,先后壮烈牺牲。沙角炮台失守。

同时,大角炮台也受到英军舰炮猛烈轰击,清军千总黎志安虽负伤多处,仍指挥士卒将未损的14门大炮推翻,落入海中,然后突围而出。大角炮台失守,泊于三门口的10艘清军战船也被敌舰炮火击毁。

1841年1月20日,义律单方面公布与琦善谈判的议和草约,即所谓《穿鼻草约》,1月26日义律私自派英舰硫黄号在香港水坑口登陆,强行占领了香港。事后,道光皇帝以琦善擅自割让香港,令锁拿解京问罪。

甘米力治号

——中国第一艘引进的现代战舰被击毁

林则徐到达广州后,一方面禁烟,一方面积极推进海防。为对抗英军的坚船利炮,1840年(道光二十年),林则徐从广州的美国旗昌洋行购买了一艘武装商船,中国文献音译为甘米力治号(Cambridge),意译为剑桥号。

这艘船原本是英国东印度公司1799年在加尔各答建造的一艘商船,船名为波彻号(Porcher),1802年法国私掠船将其劫获,新主人给它取名为波尔多号。1804年英国人又夺回了它,用作贸易船。1810年它再次易主,新船主将它命名为剑桥号。1818年它再次被卖掉,新船主叫道格拉斯。

1840年剑桥号从孟买贩运鸦片和棉花到广东,在新加坡停留时,道格拉斯购买了28门6磅炮和4门12磅炮,以补充此船原来携带的6门大口径短炮的火力装备,使它成为一艘拥有34门火炮的武装商船。随后,船长道格拉斯说服了英国在华贸易总监查理·义律,租用剑桥号作为在华贸易的护卫舰。后来,东印度公司派来大量战舰进入中国海域,义律不再租用此船。无力经营此船的道格拉斯将它卖给了广州的美国旗昌洋行。卖船时义律要求把剑桥号的大炮全部撤下来,运回印度。所以,林则徐买下这艘战船时,船上已没有武器。

英国方面的资料显示,此船是一艘三桅大帆船,三层甲板,长度为43米,横梁10.8米,吃水深度4.3米。大清水师为它重新配置了多少大炮,没有相关

记载,但重新装饰的战舰,其风格完全中国化了,船头涂上了两只船眼,主桅上悬挂着一面水师提督的红旗子,其他桅杆挂各色各样的中式旗帜,有"勇"字旗、"八卦"旗。这种"外中内洋"的战舰风格引起了西方人的好奇,英国人宾汉(J. E. Bingham)的《英军在华作战记》中有关于它的描述。

剑桥号是中国引进的第一艘现代军舰,重新改装后,更名为截杀号。不过,截杀号并没有出海"截杀"英军战船,最初用来做训练舰,战事吃紧后,它被安排在乌涌炮台前的江面上,作为江面"炮台",拦截逆流而上的英军舰队。

1841年(道光二十一年)2月27日,英军组织加略普号、先锋号、阿里耶打号、硫黄号、摩底士底号及明轮蒸汽船复仇女神号、马达加斯号,共7艘战舰,溯珠江而上,中午到达乌涌炮台前面的头道滩。

为阻挡英国舰队逆流而上,清军在乌涌炮台临江一侧架设了47门大炮,同

插画《在攻打广州炮台战役中剑桥号被炸毁》，最初刊于爱德华·卑路乍1843年在伦敦出版的《环球航行》

时，在江面用排木筏和沉船构筑了一条横贯江面的封锁线，包括架设一条横江铁链。在这条封锁线的上游，还泊有40多艘战船，形成一道水上的火力网。其中最大的战船就是英国人熟悉的剑桥号。

剑桥号没有留下什么历史图像，现存文献中，只有这幅插画《在攻打广州炮台战役中剑桥号被炸毁》记录了剑桥号最后的身影。此画刊于英国皇家海军军官爱德华·卑路乍（Edward Belcher）1843年在伦敦出版的《环球航行》一书中。这个爱德华·卑路乍是皇家海军的水道测量官，1840年英军专门调他来参加鸦片战争。当年，就是他率硫黄号率先登陆香港，并在香港升起第一面米字旗，同时绘制了第一幅香港水道专图。1842年爱德华·卑路乍返回英国，并受封爵士。

此画没有留下作者的名字，但看得出是一幅战地纪实画，画中剑桥号中弹，引爆船上火药，发生巨大爆炸。据英国通讯社报道，"肯定在广州都能听得到"。画面中央是清军精心排布的拦江防线，前景为英国海军陆战队的几艘小船。冲破清军拦江防线后，英军乘小船登上剑桥号，发现船体已严重毁坏，便纵火烧了它。

中国引进的第一艘现代战船就这样一战而亡了。

康华丽号

——中国人最熟悉的英国殖民者战舰

有两艘英国船的名字在中国知名度最高，一艘是古代战舰康华丽号，一艘是现代邮轮泰坦尼克号。后者除了作为好莱坞大片与中国票房发生关系外，邮轮本身与中国没有任何关系；但前者就不一样了，它是近代中国耻辱的印证，历史教科书长久保留着这一页。

"Cornwallis"有许多汉译名称，旧译皋华丽号、康沃利斯号，现在多用康华丽号。它是第一次鸦片战争后期进入中国的三级战列舰，是后来英国侵华部队总司令兼海军舰队司令威廉·巴尔克海军少将的旗舰。

中国人比较熟的是康华丽号的中厅：中国近代史上第一个丧权辱国的条约——《南京条约》即在这里签订，并留下了一幅著名纪实画《清英签署南京条约》。虽然是纪实画，但不是当时创作的，而是画家约翰·伯内特（John Platt）于1846年，也就是清英签署《南京条约》四年后完成。

此画再现了1842年8月29日清英签署《南京条约》的历史场景，签约地点为康华丽号中厅。清政府签约代表是钦差大臣耆英、两江总督牛鉴和四品顶戴的乍浦副都统伊里布。此画右边坐在英国人中间的老者应是伊里布。据史料记载，71岁的伊里布当时生病，一直坐在旁边的椅子上，坐在中央桌子前的是耆英和牛鉴。他俩中间的年轻人不是几次参加议约的伊里布仆人张喜（清廷认为家丁出面与夷人谈判，"国体不失"），

《清英签署南京条约》,约翰·伯内特,1846年

他没参加签约仪式。他应是另一位重要议约人,并参加了签约仪式的江苏按察使、代理南京政务的黄恩彤。桌子另一边的是英国全权代表璞鼎查。

值得关注的是画左侧那排坐着的英国军人身后那个着便装的英国小男孩。他就是第二次鸦片战争中带领一队水兵抓住两广总督叶名琛的英国广州代理领事巴夏礼。5岁成为孤儿的巴夏礼,13岁随表姐玛丽·郭士立一家来到中国,先是为英国驻华商务监督处中文秘书兼翻译官马儒翰(著名传教士马礼逊博士的长子)当秘书,学习汉语,充当翻译。长江战役时,作为璞鼎查的随从,一直在康华丽号上工作。当人们反对这个小孩子出入外交场合时,璞鼎查对外人说:"他是我儿子,必须跟着我。"巴夏礼在《南京条约》签约现场"露脸"时,只有14岁。1885年,巴夏礼病死在北京,算是一位长在中国、死在中国的"知名殖民者"。

画中央圆桌上是双方签署的条约文本,当时准备了四份,每份均为汉文、英文合璧,并用丝带绑在一起。前景中的那个黄锦盒子应是装清廷玛瑙大印章的,那个大印盖上后,耆英、伊里布和牛鉴分别在条约上签字,他们对英国的条件没有提出任何异议,觉得总算办完了差,英国人可以撤走了。他们当然不会意识到,这是近代中国第一个丧权辱国的不平等条约,标志着封闭了2000年的中国大门就此打开。

纪实画《清英签署南京条约》让康华丽号出了大名,但那幅画表现的是船

《康华丽号和英国舰队在南京城墙下向和平条约致敬》,朗德尔·伯吉斯·沃森,1844年

中厅,很少有人知道康华丽号外观是什么样。知名度不高的油画《康华丽号和英国舰队在南京城墙下向和平条约致敬》算是补上了这个缺憾。它表现了康华丽号横在南京下关城外的霸气形象。这幅画是英国海军军官、画家朗德尔·伯吉斯·沃森(Rundle Burges Watson)1844年的作品。

1809年3月,康华丽号在印度巴纳德·德特福造船厂动工建造,排水量为1751吨,双层甲板,装有72门炮,航速8节左右,舰员600余人。此舰建成后编入英国海军驻印度舰队,并以当时英国海军著名将领威廉·康沃利斯(William Cornwallis)的名字命名。1813年5月,康华丽号下水。

1842年8月4日,英国军舰驶抵南京江面,随后英军从燕子矶登陆,迫使清政府在静海寺坐下来与英国人议约。《康华丽号和英国舰队在南京城墙下向和平条约致敬》表现的是在清英签署《南京条约》后,英国皇家海军旗舰康华丽号和其他舰船上的海军都站在桅杆横桁上,致"升桅礼",也称"站桅礼"。它是古代海上两国军舰相遇时的礼节,双方海员都站到桁上,喻示该舰战斗人员都不在战斗位置,显示和平之意,而后一起单臂脱帽挥舞三次,同时三呼致意。这里主要是表现英军的欢庆,军舰上与城墙上同时鸣炮庆贺。

康华丽号在鸦片战争后于1855年将动力改为螺旋推进,舰炮减少为60门,随后投入克里米亚战争,由未来的海军上将和第一海务大臣乔治·韦尔斯利指挥。

"黑船"

——打开日本"锁国"之门的美国舰队

日本近代史是从"黑船来航"开始的。1853年7月8日，横须贺云淡风轻的久里滨海面上，伴随着一股股黑云般的浓烟，4艘漆成黑色的美国军舰抵达久里滨浦贺海面。渔民迅速向浦贺奉行报告："黑船"来了。日本近代史上一系列重要的事变，从这一刻拉开了序幕。

神奈川县的横须贺紧邻江户，也就是后来的东京。我从东京乘新干线列车只用40分钟就到了横须贺。在这个城市，到处都能见到"黑船"，候车大厅里摆有"黑船"模型，街上随处可见以黑船命名的商店，如"黑船渔具店"，还有四处张贴的关于"黑船"的海报，"黑船"已然是横须贺的文化图腾了。

先转到佩里舰队当年登陆的海湾。这里建有一座佩里纪念公园，公园中央耸立着一座高大的佩里纪念碑，上面刻有"北米合众国水师提督佩里上陆纪念碑"，题字是日本第一位首相伊藤博文。1901年建立纪念碑时，明治天皇曾赐金。公园里还有一座佩里纪念馆，诉说着160多年前的历史。

1842年英国人签订了《南京条约》，再度激起西方列强的东方冒险欲望。在英国人忙于打开中国市场时，美国人则看上了日本。早在1846年，美国准将詹姆斯·比德尔就曾率领三艘美国军舰来到江户，要求开国，但被德川幕府拒绝了。1852年美国总统菲尔莫尔写信给德川幕府，再次要求开国通商，幕府方面犹豫不决。一年之后，美国政府决定再

日本画家仔细描绘的第二次黑船来航的所有战舰

派美国军舰前往日本、琉球等地商谈开国问题。

1853 年，美国东印度舰队的几艘战舰在上海完成编队，司令官马修·佩里（Matthew C. Perry）奉命率领 4 艘战舰开至扼守江户湾要冲的浦贺近海。由于美国军舰皆漆成黑色，日本人称其为"黑船"。日本人似乎被载有大炮的"黑船"吓住了，没有贸然开炮。于是，佩里率 300 名全副武装的美国士兵轻松登陆。美国人带来了美国总统富兰克林·皮尔斯的国书，正式要求通商。

此时江户的德川幕府最高首长为征夷大将军德川家庆。从德川家康时代起，幕府已闭关锁国 200 多年了，德川家庆也不敢贸然"开门"，只能客客气气地让佩里先回去，容幕府商议后再作答复。

佩里离开日本后不久，德川家庆一病而亡，继任将军德川家定是一个病秧子。因此，年仅 26 岁的阿部正弘就成为幕府的掌权者，他自然不敢承担"变更祖制"的责任，幕府在开国与御敌之间模棱两可，莫衷一是。

美国人并没有等到第二年的 7 月，而是在第二年元旦过后就开着"黑船"直奔日本而来，这一次，他们一定要拿到打开日本国门的钥匙。

前些年，英国发现了反映第二次"黑船来航"的日本绘卷，此卷长 15 米，宽 29 厘米，用 14 个画幅详细描绘了美国海军准将马休·佩里 1854 年第二次率舰队来到日本签订通商条约的重要历史事件。我是通过苏格兰的朋友从大英博物馆购得此卷的高精电子版和使用权。这个绘卷形象地记录了 1854 年的日美谈判。

绘卷最抢眼的就是长卷中的"黑船"部分。1854 年，佩里集结了刚从美国驶来加入美国东印度舰队作战序列的 3 艘战舰和 2 艘补给舰，于 2 月 13 日来到东京湾，再叩日本大门。这一次，日本人

见到的是7艘战舰和2艘补给舰组成的更为强大的"黑船"舰队：

波瓦坦号（Powhatan），风帆蒸汽混合动力木壳巡洋舰，旗舰，排水量2415吨。

马其顿人号（Macedonian），风帆木壳护卫舰，排水量1726吨。

温达里亚号（Vandalia），风帆木壳护卫舰，排水量770吨。

列克星顿号（Lexington），风帆补给舰，排水量691吨。

南安普敦号（Southampton），风帆补给舰，排水量567吨。

加上第一次赴日的4艘战舰：

萨斯喀那号（Susquehanna），风帆明轮木壳护卫舰，排水量2450吨。

密西西比号（Mississippi），风帆明轮木壳护卫舰，排水量1692吨。

普利茅斯号（Plymouth），风帆木壳护卫舰，排水量989吨。

萨拉托加号（Saratoga），风帆木壳护卫舰，排水量882吨。

在"接应场"上，美舰先是在海上放礼炮，而后派插着美国旗的28艘驳船满载美国官兵陆续在横滨海边登陆，登陆美军在岸边整齐列队，四周有日本武士维持秩序，也有渔民在围观，气氛祥和。

美军再度兵临城下，德川幕府不得不坐下与美国人谈判。双方选在神奈川的横滨村谈判。从图画上看，宴席是分餐式，每人一个小桌。考虑到美国人不会跪坐，座席特意设计成高台式，让美国人可以坐下，仆人从高高的坐台下，弯腰上菜，设计周详。当然，吃饭不是目的，谈判才是正事。所以，双方负责谈判的人员都在席间。日方负责谈判的有五个人：儒学大师林复斋，幕府谈判员兼大学寮长官井户觉宏，江户城奉行官伊泽正义，浦贺奉行官鹈殿鸠翁，旗本监察员松崎（旗本是江户时代的一种

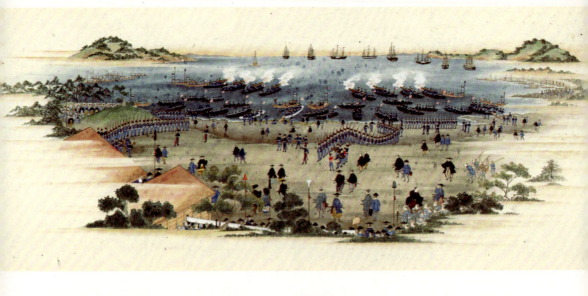

1854年美国舰队再次来到东京湾，日本地方官在岸上准备迎接

直属于将军的武士）。美国方面为海军准将马修·佩里，指挥官亨利·亚当、萨缪尔·威尔斯·威廉姆，佩里的儿子乔尔·阿伯特（作为佩里的秘书），翻译安东·普特曼，荷兰语翻译奥利弗·海瑟德·佩里二世。

协议从开始到终了大约进行了一个月之久，3月31日双方终于在神奈川签订了《日美修好条约》（即《神奈川条约》），内容包括漂流民的救助、引渡。随后，又在5月25日对条约进行了最后的删改，修正为13条的《下田条约》。条约中规定，日本开放下田港（静冈县内）和函馆港（北海道内）给美国，用于做生意、船只停靠补给等事务，并且在两地建立领事馆和美国人居住区。条约中还规定美国享受和日本单方面的贸易最惠国待遇等事项。条约是日美两国综合国力对比悬殊的产物。尤其是下田、函馆两口岸的开放，一举突破了以长崎为唯一对外联系港口的锁国体制。西洋各国听闻日本开国后，接踵而至，短短几个月的时间里，日本又先后同俄、英、荷等国签订了类似的"和亲条约"。

日本帝国思想的集大成者福泽谕吉写道："美国人跨海而来，仿佛在我国人民的心头上燃起了一把烈火，这把烈火一经燃烧起来便不会熄灭。"此后，日本改弦更张，开始了明治维新，用30年的时间走完了西方二三百年才走完的道路。

从窝尔达号到巴雅号

——马江海战大出风头的法军旗舰

窝尔达号（La Volta）不是什么了不起的军舰，只是一艘木壳轻巡洋舰，排水量为1323吨，比福建水师旗舰扬武号要小一些。正因为小巧灵活，适合进入内河作战，法国远征军司令孤拔才将吃水较深的排水量5915吨的旗舰巴雅号（Bayard）放在闽江口外断后，而选择窝尔达号作为马江海战的旗舰，令其出尽风头。

1884年法国《画刊》登出的《1884年8月24日法军炮击福建水师》插画中，突出表现的就是向福建水师开炮的窝尔达号。

在这些历史图像中，窝尔达号都是气势汹汹地行进在马江水面上，船上的帆都已收起，船尾冒着巨大的黑烟，此时它靠着两台锅炉单轴推进。窝尔达号航速最高可达12.5节。不过，在马尾港里不需要开得太快，它的主要任务是炮击福建水师旗舰扬武号。

1884年7月中旬，法国海军中将孤拔率舰队以"游历"为名，驶进马江，停泊在著名的罗星塔下方，伺机攻击福建水师军舰。8月23日上午，闽浙总督何璟接到法方送来的战书。下午1点45分，法军率先发炮——马江海战爆发。

窝尔达号作为此战的法军旗舰，舰上装备有M1864式或M1866式163毫米炮1门，M1864式或M1867式140毫米炮4门。按照孤拔的命令，窝尔达号升起白色黑点的进攻信号旗，两艘法国鱼雷艇立即出动攻击大清战舰。不久，

刊于1884年法国《画刊》的插画《1884年8月24日法军炮击福建水师》

在鱼雷艇的帮助下,窝尔达号终于击沉了福建水师唯一的轻巡洋舰、旗舰扬武号。

随后,孤拔指挥3艘军舰围攻福建水师福星舰,此舰被法舰鱼雷击中火药库,很快爆炸下沉。紧随福星舰的福胜、建胜两舰,仅在舰首装备一尊不能转动的前膛阿姆斯特朗16吨大炮,无法靠近援救,只能远距离射击。法舰以重炮还击,建胜、福胜两舰先后被击沉。随后,福建水师的永保、琛航两艘运输舰相继被法舰击沉。

罗星塔下游方向,福建水师3艘炮舰振威、飞云和济安与3艘法国军舰对峙。海战开始后,振威舰最快做出反应,立即发炮轰击附近的法舰德斯丹号。同泊的飞云、济安两舰还没有来得及起锚就中炮起火,很快沉没。法军集中3艘军舰的火力攻击顽强抵抗的振威舰，振威舰锅炉中炮爆炸下沉。

这场战斗一共打了不到30分钟，福建水师11艘战舰中，扬武、济安、飞云、福星、福胜、建胜、振威、永保、琛航9舰被击毁，另有伏波、艺新两舰自沉。中国第一支近代舰队福建水师几乎全军覆没。有备而来的法国舰队仅有3艘战舰受伤，5人死亡。

这场实力悬殊的对决，其实背后有着实力悬殊的数字。

1859年法国建造出世界上第一艘全蒸汽动力、排水量5630吨的铁甲战列舰光荣号，第二年英国建造出全蒸汽动力、排水量9137吨的铁甲战列舰勇士号，世界由此进入了全蒸汽动力钢铁战舰时代。此时，大清的工业化刚刚起步，钢产量直至1910年才有5000吨，不及法国1884年的百分之一。

不过，与八面威风的窝尔达号不同，法国远东舰队中最大的铁甲舰、孤拔攻打台湾的旗舰巴雅号给后世留下的则是一个悲凉的身影。

巴雅号有着全套风帆索具和汽轮机，配备8座锅炉，双轴推进，输出马力4400匹，航速可达14.5节，排水量5900吨。巴雅号是法国巴雅级铁甲舰的首舰，为木壳铁甲舰，侧舷装甲152—254毫米；甲板装甲203毫米，主甲板两舷配有6门140毫米炮，上甲板首尾各配一门193毫米炮，中前部（上层建筑四角）各有一门240毫米炮（前方一左一右各有两个耳台），同时，还配有2具356毫米鱼雷发射管。

这艘武装到牙齿的法国重型战舰，在中国战场上并没有太多骄人的战绩，几次攻打台湾都不成功。1885年3月31日，法军好不容易全面占领了澎湖，刚刚登陆，就接到了准备撤退的命令。原来，法军在越南镇南关战败的消息传到法国，引起国内政坛震荡，总理茹费理被迫下台，内阁否决了向中国战场追加军费的议题。4月14日，法国政府单方面宣布停战，命令孤拔解除对台湾的封锁。

不过，孤拔本人已无法撤退了。4月至6月，澎湖岛上流行瘟疫，法军3个月内因病死亡997人。《中法新约》签订的第三天，即1885年6月11日，孤拔也因热病死在停泊于澎湖妈宫港的巴雅号上。

这幅《法旗舰巴雅号载着孤拔将军遗体离开澎湖妈宫港》插画，刊于1885年6月27日的法国《世界报》。画面上的巴雅号等法军战舰都没有升帆，而是靠蒸汽动力缓缓驶离澎湖妈宫港，远处小山上的妈祖庙清晰可见。要特别说明的是，此时列队出港的法国战舰都将

Le Bayard, A BORD DUQUEL EST MORT L'AMIRAL COURBET. — (Dessin de M. BRUN.)

刊于 1885 年法国《世界报》的插画《法旗舰巴雅号载着孤拔将军遗体离开澎湖妈宫港》

帆桁斜置成交叉状，这是西方海军的习俗，用以表示报丧和致哀。1885 年 8 月 29 日法国《画刊》刊发的插画《法旗舰巴雅号载着孤拔将军遗体穿过苏伊士运河》，画面中穿过苏伊士运河的巴雅号也保持着交叉帆桁的姿态进出苏伊士港口。

288

从伯兰汉号到添马舰

——香港街道中的英国战舰影子

伦敦有一条因有上百家新闻机构驻扎而闻名世界的舰队街。其实，这条街与舰队没有一点关系，这里原来有一条小河叫"fleet"，其名源自古英语，意为"漂浮"或"潮汐河口"。因与英语"舰队"（fleet）是同音词，早年被错误地译为"舰队街"，而英国只是称它为"弗利特街"，后这条街因众多媒体汇集而成为英国媒体的代名词。

现在，人们到香港旅游方便了许多，不知大家注意到没有，香港倒是有真正的"舰队街"，只是那些街名有怪怪的"洋泾浜"味，让人一时与舰队对不上号。比如，从香港地铁金钟站出来就会遇到的德立街、乐礼街，还有诗意盎然的白兰轩道。我粗略地考察，至少有六条街以侵华英舰之名命名。

先来说白兰轩道，它是以侵华英舰伯兰汉号（Blenheim）之名命名。此舰参加了鸦片战争中英国人最"露脸"的一仗，即虎门海战。

1814年拿破仑战争结束后，英国海军扩张，由于一、二级战列舰体量过大，投入太高，并没有成为主要建造方向，突击建造的是三等战列舰和护卫舰。所以，鸦片战争之初，来华参战的最高级别战列舰皆为三等战列舰。这种三桅风帆战舰的排水量多在1700—3000吨之间，装有三层到四层武装甲板，载员300—500人之间。

1841年2月26日的清英虎门海战，英军出动了两艘三级战列舰——伯兰汉

《战舰伯兰汉》，绘于 1825 年，作者佚名，香港渣打爵士家族收藏

号和麦尔威里号（Melville）。二舰在威远炮台 500 米外下锚，从两侧向威远、靖远炮台开炮。是日下午 2 点，戴罪立功的水师提督关天培同左营游击麦廷章均伤重殉职，虎门沦陷。有人说关天培就死于伯兰汉号的炮击，并说关天培死后伯兰汉号曾鸣炮向这位英武不屈的提督致意。

伯兰汉号后来还参加了对中国沿海城市厦门等地的多次攻击。1847 年它由帆动力加装了蒸汽动力。第二次鸦片战争时，英国海军军舰升级，此舰于 1858 年改为杂役船，退出战斗序列，1865 年解体。《战舰伯兰汉》绘于 1825 年，作者佚名，现为香港渣打爵士家族收藏，也算"香港名画"了。

以伯兰汉号命名的小街白兰轩道，在香港尖沙咀海边星光大道的北侧，与赫德（英国政治家，曾担任晚清海关总税务司达半个世纪之久）道相连。从赫德道一路走到白兰轩道，这条道极短，大约只有 100 多米，前边就是讯号山，到山前没了路。这里是个热闹的商业区，一楼全是商店和饭店，楼上有油尖区片警常去盘查的酒吧和小旅店。

接着说德立街和乐礼街。

香港繁忙的地铁交会站金钟站原是一个海湾，后来填海成了著名的商业区，但它作为港口的影子还存留在地名之中。走出金钟站地铁口，就会见到德立街、乐礼街和添马街。这三个相距不远的街，其名字分别来自三艘英国军舰。

德立街和乐礼街的街名来自英国战舰德立号（Drake）和乐礼号（Rodney）。19世纪以来，英国建了许多同名的战舰，它们身世纷乱，很难对上号。

德立号应当是1856年初为了克里米亚战争建造的一批战舰中的一员。这批战舰建造完不久，克里米亚战争结束，部分战舰被用于远东战争，参加了鸦片战争后期的战斗。德立号大约是这一时期来华并驻香港的，1869年它在香港被出售。

乐礼号建成于1833年，是有双甲板90门炮的皇家海军二级战列舰。它最初服务于地中海，后来参加了克里米亚战争。1860年，它和许多船一样转换为蒸汽和螺旋推动船，在香港服务，于1884年被废弃。

现在还能看到一点遗留物的是英舰添马号（Tamar），它建造于1863年，并没参加过鸦片战争。这艘排水量3650吨的皇家海军三桅帆战舰，1878年首次进入香港，最初负责往中国运兵。1897年添马舰三度来香港后，便留守于维多利亚港，至1941年一直作为驻港英军的主力舰，停泊于港岛皇家船坞。这个皇家海军的船坞就在今天高楼林立的金钟。

添马号战舰没打过仗，主要是维护英国在华殖民统治的利益。1941年12月7日早晨，日军袭击珍珠港，太平洋战争由此爆发。次日早晨，日军袭击香港。日军袭击珍珠港的代号为"虎、虎、虎"，袭击香港的代号为"花开、花开"。日军陆空联手攻击香港，香港英军抵抗至12月25日，于圣诞节这天派代表到半岛酒店向日军投降，"十八日保卫战"结束。

在"十八日保卫战"中，原来停在香港的英舰有的提前跑到新加坡，留在香港的也没发挥什么作用。12月12日，日军自北面陆地入侵香港，驻港英军退守至港岛，为防止日军由九龙跨海在香港岛登陆，英军自沉了很多船只（也防止战败被日军利用）。这是添马号战舰参加的唯一一场战争，它的任务是自沉塞港，阻挡日舰。

1945年香港光复后，添马舰残存的船板和船锚被捞起，有一部分船板用作建造离金钟不远的圣约翰座堂的大门。这扇高大的木门现在成了香港著名的婚礼"背景墙"，船锚现今则存放在香港海防博物馆。

第二次世界大战后，金钟进行填海

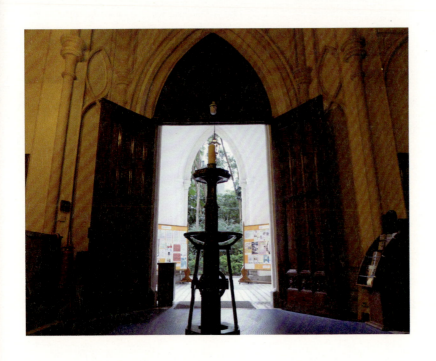

香港圣约翰座堂用添马舰残木做的大门

工程,海军船坞向北迁移,为纪念曾保卫香港的添马舰,港英政府把这个地方命名为"添马舰"。1997年6月30日,英国在把香港正式交还给中国前,在添马舰露天场地举行告别仪式,主礼嘉宾包括王储查尔斯王子、英国首相布莱尔、外交大臣罗伯特·库克、前首相撒切尔夫人及卸任的港督彭定康。仪式举行时,天降大雨,历史的悲喜大戏,尽在"天若有情"之中。

在旺角,还有以英国战舰地士道号(Thisthe)命名的地士道街,以及英国商船亚皆老号(Argyle)命名的亚皆老街。不过,我一直没弄清这两条船与香港的关系,问了几个朋友,也不知道,只能等待以后的机会破解其缘由。

数着这些以英国战舰命名的香港街道,让人联想起鸦片战争时期大清战舰的命名,大多是没个好名字。一直到1866年福建船政建立,大清海军才有了专业战船制造厂,此时战船进入到蒸汽螺旋推进时代,清廷在洋务运动中开始自行制造蒸汽螺旋推进战船,与国际战舰制造接轨,战舰的名字也讲究起来,比如扬武号。

不过,说来也奇怪,在广州竟找不到一条用大清战船命名的街道,不知道是因为大清战船等级太差、名字太土,还是吃了败仗,抑或根本就没有以战船命名街道的海洋文化传统。这让人在香港看着、念着、数着那几条以英国战舰命名的街道,心里很是不爽。

中国四大海船

中国"四大古船"的说法很晚才出现，其实，准确的说法应是中国古代"四大海船"。最早以沿海地区来划分海船的是宋人吕颐浩，在《忠穆集·论舟楫之利》中他说"南方木性与水相宜，故海舟以福建船为上，广东、西船次之，温、明州船又次之"。这之中的"温"即温州，"明"即明州，后来的宁波，算起来皆属浙江。大约在明代中后期，人们把长江口的沙船也算进来，有了沙船、浙船、福船、广船四大海船的分类。

清雍正年间要求各省海船以船头涂色识别，"四大海船"也随之有了另外的名称：江南青头船、浙江白头船、福建绿头船和广东红头船。

唐宋海船

——海上丝绸之路的历史链条

中国的海上丝绸之路，早在《汉书》中就有了明确记载，但是古代历史文献中却很难找到海上丝绸之路的汉至唐代海船图像，沉船中也没有完整的汉至唐代的沉船存世。

唐代文献中有唐代海船的记载：喀什僧侣慧琳的佛学著作《一切经音义》中曾记有一种叫"苍舶"的海船，其船"长达二十丈，可载六七百人"。这个说法显然夸张。二十丈相当于66米长，至少到明代才有可能造这样的大船。西域文献也有大唐海船的记载：9世纪阿拉伯商人写的《中国印度见闻录》（亦称《苏来曼东游记》）中，记录唐朝商船很大，无法通过阿曼暗礁群，唐朝商船交税也比其他船交得多。

这些历史信息虽然都来自唐代，但不是信息夸张，就是不够具体，让人无法推测出唐代海船的基本轮廓。唐代的海船历史图像，唯有敦煌石窟第45窟南壁观音经变中的"观音救海难图"（它的上方就是著名的反映丝路艰险的"胡商遇盗图"），它是敦煌石窟所有舟船图像中绝无仅有的海船。此船一桅一帆，彩色条纹风帆，表明此船用的不是席帆，而是唐代的锦帆。这种帆在唐代很常见，李商隐有诗云："玉玺不缘归日角，锦帆应是到天涯。"画上还绘有船夫们的操作台——廊，船夫正在舷板上操作。在船的尾部，有一船夫把橹，掌握航向，此橹有舵的作用，但只能在江河湖泊中使用，无法在大海中控制转向。画上的救

辽宁省博物馆所藏金朝海舶青铜镜，上方铸有祈福铭文"煌丕昌天"

难叙事主要是一群撑篙、摇橹的船夫在与海上妖魔搏斗，这种船"渡"的只能是佛经中的"苦海"，真正的大海是无法渡过的。

这幅画是目前唯一存世的唐代"准海船画"，也就是说，海上丝绸之路的唐代海船历史图像几乎为零。

宋代的海船历史图像存世的极少，并且也仅存于宗教画中。如山西高平开化寺的佛经故事壁画《入海求珠图》，此图像或许接近宋代的中国海船。此外，宋代青铜镜背面图案中也有祈福的海船图案。我在辽宁省博物馆看到一面金朝的海舶青铜镜，刻画了一艘桅杆高耸的船在惊涛骇浪中前行，钮上方铸有铭文"煌丕昌天"，意为上苍保佑，天下兴盛。

这种图案和铭文的青铜镜，不仅是海船上的生活用具，更是带有宗教色彩的祈祷用具。但作为古船的历史图像，还是过于粗糙。

中南半岛是中国帆船海上西行的必经之路，在柬埔寨吴哥通王城巴戎寺的浮雕中，可以看到海上丝绸之路的宋代海船留下的一点影子。巴戎寺有大量极具历史与艺术价值的浮雕，其中描绘高棉人日常生活的浮雕中就有表现帆船的清晰画面。根据浮雕上的船头起锚绞车、船尾巨大的轴舵，以及两个主桅上的席帆等中国帆船的主要特征来判断，它是一艘中国海船，而不是东南亚的"昆仑船"。

唐宋船在海上丝绸之路留下的海外身影，还有当时与中国有着密切往来的

上图：日本 13 世纪制作的《华严宗祖师绘卷》中的唐代海船
下图：日本僧人 1298 年绘制的《鉴真和尚东征传绘卷》（局部）

东邻日本。日本有两幅著名绘卷描绘了中国唐代的海船。

一是《华严宗祖师绘卷》。此卷由日本京都高山寺开山祖师明惠上人（1173—1232），根据新罗元晓（617—686）和义湘（625—702）两位僧人赴大唐长安学习华严宗的经历，撰写绘词，由僧人画师创作绘画，卷中描绘了新罗僧乘唐船去大唐学习佛教的场景。

二是《鉴真和尚东征传绘卷》。此卷

长达83米，由六郎兵卫和入道莲行等画僧于1298年绘制。现残留五卷，是日本重要文化遗产。卷中有部分画面展示了制造"唐船"和"唐船"东渡的情节。

两件绘卷成书时间已是中国元朝，画中表现的是唐代故事，其中描绘的唐船应当借用的是宋船。两件绘卷中的船十分相近，都是两桅、席帆、方头、方尾，船头开角，船尾高高，图中还明确描绘了唐宋船采用斜穿铁钉的平接技术。这种船多制造于江浙沿海，是唐宋时期黄海海上交往的重要船型，也是海上丝绸之路的重要史料。

不过，人们现在可以见到的较完整的宋晚期沉船，一艘在泉州，另一艘在阳江。

据泉州海上交通博物馆的朋友介绍，1973年，泉州后渚港的渔民在附近海滩上捡了很多烂在泥沙中的木板，就拿回家中当柴烧。刚好厦门大学历史系教授庄为玑在泉州考察海上交通史迹，听到此消息后，感到这或是一种考古发现，立即赶到现场，发现这里确实是一个古沉船遗址。1974年8月，中国首次大型海湾考古发掘工程在后渚港展开，当沉船上面2米多厚的堆积层被清除后，一艘（实际上是半艘）古船出现在人们面前。经测算，沉船残长24米，残宽9米，船下部有12道隔板隔出的13个水密隔仓，排水量近400吨，载重200吨。它应当是一艘首部尖、尾部宽、高尾尖底的福船型海船。沉船年代大约在南宋德祐二年（1276），即宋室南逃至泉州之际。

人们从船舱中发掘出4700余斤香料木及贵重药物，还有500多枚唐宋铜铁钱、50多件宋代陶瓷器、90多件木牌木签、2000多个暖海种贝壳，此外还有许多桃、李、橄榄、荔枝等果核，及船上水手娱乐用的象棋子共14种器物出土。这艘商船应是载着南洋等地的货物从海上归来的船，不幸沉在了家门口。

据古船专家介绍，这艘泉州古船的龙骨由两根松木接合而成，采用体外龙骨的设计和直角榫合的工艺，增大了船的纵向强度。海船的船壳、船底用二重板叠合，舷侧则用三重板叠成。自龙骨至舷侧板14行，1—10行由两层板叠合而成，11—13行由三层板叠合而成，采用搭接和拼接两种结构工艺，以钉榫为主要构件。里层船壳板的上下板之间都用子母衔榫合。尖底造型使船壳弯曲弧度大，多重板工艺使取材、建造和维修较为容易，二重或三重板加固的侧板与船壳板使全船的强度大为提高，更耐波浪的冲击，利于远航。古船还使用了铁钉，舢板采用榫联和铁钉加固，并用桐油、麻丝、石灰等嵌缝，以防渗漏和钉头锈蚀。此船形特点是底尖、船身扁阔，长宽比小，平面近于圆形，应是宋代泉州海船。

以泉州这艘船为例，它可装载200吨货物，相当于丝路上700头骆驼的承载量。海船借助季风，即使是去东非，160天也够了。东西贸易无论是速度上还是运量上，海上运输都是陆路运输所无法比拟的，这也是后来泉州等港口在宋元之后迅速发展起来的重要原因。

2007年12月，随着巨大的海上吊臂将20年前在广东阳江海面发现的"南海一号"古沉船整体移入阳江海边专门为它建造的广东海上丝绸之路博物馆，阳江这个寂寂无名的粤西小城转眼之间天下闻名了。

从已打捞出的几千件文物中，人们发现最能证明它沉没时间的是船上的古钱。这艘古船也很古怪，好似一个古钱博物馆，最早的有汉代五铢钱，最晚的是南宋高宗时的"绍兴元宝"。2018年，又发掘出刻有"丙子年"年款的大瓷罐。宋朝有三个"丙子年"，最后一个为宋德祐二年，即1276年。如果取此下线，那么它就是一艘宋末古船。以此而论，"绍兴元宝"古钱和"丙子年"年款的大瓷罐就近乎是"南海一号"的身份证。

2019年，我再次到"南海一号"考察，经过特许，下到发掘面：船舱发掘已近尾声，可看到整个船体基本清空的13个隔舱，船底板也露了出来。未来几年，将要清除船壳外的海泥，届时会显现出完整的船壳。新近公开的信息是，此船长30.4米、宽9.8米，船身（不算桅杆）高约4米，排水量估计可达600吨，属于"短肥"船型，更符合"福船"型海船特征。从目前显露的船体看，船形近于泉州古船。

中国现已发现的两艘最古老的沉船都是南宋古船。前有"泉州古船"，今有"南海一号"。从所载货物看，"泉州古船"是载着国外的香料等货物从南洋归来；而"南海一号"则是载着中国南方的陶瓷等货物远赴南洋。一前一后，一来一去，为人们勾画出一个南宋海上交往的实证链条。

从目前"南海一号"打捞出来的瓷器看，多产自南方名窑，如江西景德镇窑、浙江龙泉窑、福建德化窑、晋江磁灶窑，产品多是精细瓷器。这些精美的产品显示，作为瓷器大国的大宋，既可出口原创产品，也可来样加工，如棱角分明的酒壶和有着喇叭口的大瓷碗，都带有浓郁的阿拉伯风格。

它们很有可能是南宋商人接受海外"来样加工"的外销瓷器，而福建德化窑、晋江磁灶窑等沿海名窑都有给阿拉伯地区加工瓷器的历史，"南海一号"终到码头，很可能是阿拉伯某个港口。

沙 船

——行走在西太平洋的江海两用船

目前能查到的文献表明,最早以沿海地区来划分海船的说法出自宋人吕颐浩《忠穆集·论舟楫之利》(宋代徐梦莘所编《三朝北盟会编》曾有刊载)。吕颐浩,齐州(今山东济南)人,北宋哲宗绍圣元年(1094)进士,南宋初年为宰相,著有文集十五卷,仅有两册《忠穆集》传世。南宋绍兴九年(1139),吕颐浩以69岁高龄去世,谥号"忠穆"。以此号为集名,显然是吕颐浩去世后由后人为他编辑而成,现存最早版本为清乾隆版。《忠穆集》里收录的《论舟楫之利》一文,为后人留下了宋代以沿海地区来划分海船种类的宝贵史料。

作为一国之相的吕颐浩,为什么会对中国海船有专门研究呢?一、南船北马,南宋立国江南,赖以抗拒金朝的正是舟楫之利;二、绍兴二年(1132),吕颐浩曾受命都督江、淮、荆、浙诸军事,对海陆军事颇为熟悉;三、他两次罢相,第一次罢相时"徙家临海";第二次罢相后选择浙江临海的巾子山东麓筑"退老堂"以居。多年的海边生活使他有机会了解沿海造船业,所以才有了《论舟楫之利》的专论,有了著名的中国海船评说:"南方木性与水相宜,故海舟以福建船为上,广东、西船次之,温、明州船又次之。"中国古代"四大海船"中,吕颐浩点评了福、广、浙(温、明)三种海船,唯一没有提到的是北方的沙船。

沙船是一种平底、方头、方尾的古老船型,宽、大、扁、浅是其特点,其

元代王振鹏的《江山胜览图卷》（局部）中的沙船

平底能坐滩，不怕搁浅，适于在多沙滩的近海航道上航行，因而被称作"防沙平底船"，是北方海区航行的主要船型，早在唐宋时，沙船就已成形。

宋代留下的海船历史图像极少，北宋郭忠恕曾画过一幅《雪霁江行图》，画中船是江船。北宋燕文贵的《舶船渡海图》十分难得，但描绘地点并非纪实。还有就是宋绍圣年间（1094—1097）山西高平开化寺壁画中的《入海求珠图》，为佛本生画，也不是纪实画。此船以界画手法描绘了一艘方头、高尾、单桅、布帆、首低尾高的海船。但船上还保留了篙、橹一类通江达海的行船工具。想来制作壁画的北方画家应借鉴了北方海船形象来表现"入海求珠"的故事。画中的船

正击鼓离港，扬帆出海，在船的尾部有船工在操作横舵柄。此船也只能说近于沙船，与北宋郭忠恕《雪霁江行图》中的船相近。

元代沙船又有许多改进，使其适应更远的航行。元朝宫廷画师王振鹏的《江山胜览图卷》是元代唯一的港口画，画中比较清楚地表现了元代的沙船形象。

王振鹏，永嘉（今浙江温州）人，生卒年不详，大约生活在1280—1350年，曾任漕运千户，元延祐年（1314—1320）在宫内秘书监供职，元仁宗时曾任秘书监典簿，得以遍览古图书。工墨笔界画，笔法工致细密，自成一体，被誉为元代界画第一人。此画卷尾有隶书名款："至治癸亥春莫廪给令王振鹏画"，

《唐船之图》中的南京船，即清代的沙船，日本平户松浦史料博物馆收藏

即元英宗至治三年（1323）农历四月初八前后。

元至元二十一年（1284）在温州设立市舶转运司后，温州成为元朝对外开放的七大港口之一，日本、高丽、真腊、吕宋等国之番人不断来贩卖永嘉货。瓯江下游南岸，距东海约20千米，是船舶停靠的重要口岸与码头。

《江山胜览图卷》中描绘了港口中的大小舟楫68艘，当然这些船不都是海船，但其中有二桅、三桅海船，并隐约可见四桅大海船。画中有高高船尾的、四人控制大橹的即是沙船，元代称其为"平底船"。

明代"沙船"名称被广泛使用，与广船、福船、浙船并称四大海船。晚明茅元仪的《武备志·军资乘·沙船》云：

"沙船能调戗使斗风，然惟便于北洋，而不便于南洋，盖北洋浅，南洋深也。沙船底平，不能破深水之大浪也。北洋有滚涂浪，福船、苍山船底尖，最畏此浪，沙船却不畏此。"

日本平户松浦史料博物馆收藏的大约绘制于18世纪20年代的《唐船之图》，共有12幅船图，分别以其出发母港或建造地命名为南京船、宁波船、福州船、台湾船、广东船、厦门船、暹罗船等，其中的南京船即清代的沙船，它是目前能见到的古代船画中画得最为精细的沙船图，图上标注了详细的尺寸，比例精确，甚至对一般在吃水线以下看不见的部位，也作了描绘和尺寸标注，具有造船工学的意义。

浙船

——沉睡在慈溪江底的元代鸟船

参观河姆渡遗址，在河边会看到一座以"双鸟昇日"牙雕图案为主题的迎宾门。这个图案反映了东海先民的鸟文化崇拜。东海先民认为是鸟衔来稻谷种子，才造就了浙江的鱼米之乡。东海先民也期盼自己驾驶的舟船能像飞鸟一样，自由搏击于大海之上。大概就是怀着这样的崇敬之心，东海先民在造海船时，特意将船头做成鸟嘴状。这类船因而被称为"鸟船"，又因鸟船船眼上方还涂了绿色眉毛，所以也称"绿眉毛"。

鸟船船形大约在宋代形成，但至今也没发现元代之前的鸟船历史图像。

不过，对于中国古船研究者来说，还有值得期待的事情发生。那是2014年6月，宁波慈溪在潮塘江排涝工程中发现一艘元代古沉船，经考古专家考证，残船长19.5米，推测船长界于23—28米之间，船宽5米，深约2米，船体有14个舱位，除了首尾已经残缺之外，其他保存比较完好，比如有双层甲板、隔仓壁板、龙骨、尾座等。古船专家推测：这是一艘海船，使用两桅风帆，是中国目前发掘的保存最完好的木船之一，残船有尖首方尾的浙船特征，属于近海运输鸟船。

这艘沉船发现的遗物并不多，比如第4、第8、第11号仓中分别有石球和不规则的石块等出土，在第8、第11、第12、第13号仓中有龙泉窑青瓷碗和高足杯，以及一些酱釉瓷瓶罐和陶缸残件出土，考古专家推测应该是船员的生

《唐船之图》中的《扬帆行驶的宁波船》，日本平户松浦史料博物馆收藏

活用品。在第13号仓中出土了一枚北宋徽宗崇明年间铸造的崇明重宝铜钱，这枚铜钱与油灰一起粘在船板上，应是船家用于辟邪之物。

宁波地处中国海岸线中端，北行多沙滩，南行多礁石。鸟船的尖船头可破浪前行，而尖船底也可避免触礁；船尾部呈U形底，即便是向北方航行也可搁浅沙滩而不至于侧翻，所以这种船特别适合东海运输与渔业捕捞。

大约在明代，人们将鸟船归类于"浙船"，成为中国古代四大海船的重要组成部分。这艘沉船出土后得到了完整的保护，它已被原样搬入了慈溪市博物馆，此馆由此成为一个研究鸟船考古实证的重要基地。

现在人们常常引用的"浙船"历史图像，是日本长崎平户松浦史料博物馆所收藏的18世纪20年代日本人绘制《扬帆行驶的宁波船》和《落帆停泊的宁波船》。为何中华古船的历史图像会藏于日本？因为明清之际历经多次海禁，清顺治十二年（1655）朝廷规定不许打造双桅大船。康熙四十二年（1703）虽然允许打造双桅船，又限定其梁头（船宽）不得超过一丈八尺，水人等不得超过28名。这不仅使海上贸易受到严重影响，也打击了中国的造船业，使中国海船与大航海时代飞速发展的西方帆船，迅速拉开距离。但是比上不足、比下有余的中华传统帆船在亚洲仍占有一定优势。日本仍在学习中国海船，这才在扶桑之国留下了一笔中华古船的文化遗产。

福船

——大明"宝船"与大清"封舟"

福建沿海造船业起步很早，东吴的建衡元年（269）曾在建安郡侯官县（今福州）设立了中国最早的造船官员"典船校尉"，督造海船，并建立了温麻船屯（今福建宁德），利用谪徙（罪人）和征集当地工匠、劳工建造海船。

福建海船在明中期正式被称为"福船"，船型也相对固定。

这种海船以尖底、小方头、阔尾营、多水密隔舱为主要特点；规模大、结构坚固、容量多、稳定性好、抗风力强、吃水深，适于远洋。福船也因此成为中国古代远航船的首选，不仅适合做深海捕捞的渔船，还适合做远洋运输的货船，同时还是中国使臣出使海外的重要交通工具。宋代徐兢出使高丽、明代郑和下西洋，以及清代册封琉球，用的都是福船。

明永乐十八年（1420）僧人胜慧刊刻的《太上说天妃救苦灵验经》卷首插图，是关于郑和下西洋的珍贵文献，但很少有人提及。

清宫的《册封琉球图》册页，对封舟有详细描绘。册页共计10开，每开纵55.5厘米，横49.3厘米，左右对开，"蝴蝶式"装裱，右侧是绘于绢上的设色画面，左侧是书于纸上的墨题。当时的琉球（今冲绳）为清朝属国，其国王嗣位先要向清政府奏请朝命，经过清皇室的册封才可以正式继位称王。《册封琉球图》描绘的是康熙五十六年（1717）清廷派遣以海宝为正使、徐葆光为副使的册封

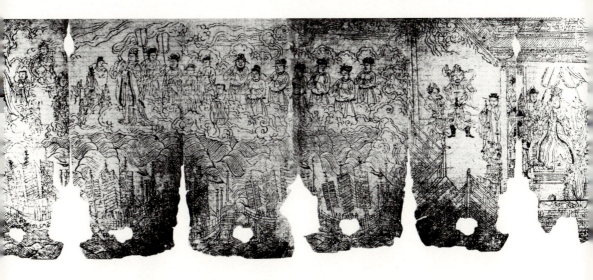

《太上说天妃救苦灵验经》(简称《天妃经》)卷首的郑和下西洋插图,是迄今发现的最早的描绘郑和下西洋船队的图像

团,持诏敕文书前往琉球册封20岁的世子尚敬为王的史实。

《册封琉球图》之《福州往琉球针路图》表现的是封舟从福州出发往琉球的航行图。《册封琉球图》之《封舟图》则以整幅画面描绘了大清封舟的样貌,也是清代福船难得的图像记录。巨大的封舟上装饰具有鲜明皇家特色的团形龙纹,显示出皇家气派。

晚明茅元仪所编撰的《武备志》对福船的战斗功能做了分类:"按福建船有六号:一号二号俱名福船;三号哨船;四号冬船;五号鸟船;六号快船。势力雄大,便于冲犁,哨船便于攻城追击,鸟船、快船能狎风涛,便于哨探获捞首级。大小兼用俱不可废。船制福建备也。"

中国古船对于世界船舶有两大贡献:一是船尾舵领先于西方千余年,二是水密隔舱是中国船舶的一大发明,而福船水密隔舱先进技术则是这种技术的集大成者。2010年11月,漳湾水密隔舱福船制造技艺被联合国教科文组织列入《急需保护的非物质文化遗产名录》;2015年,宁德的漳湾镇被中国民协授予"中国水密隔舱制造技艺福船文化之乡",漳湾造船厂被设为"水密隔舱福船制造基地"。我专程去参观了这里新建的"中国水密隔舱福船展览馆",里面有各类水密隔舱福船模型。

用"水密隔舱"技艺制作的福船,具有两大特点:一是被分隔成若干舱的船舶在航行中万一破损一两处,不至于

《册封琉球图》之《封舟图》以整幅画面描绘了大清封舟的样貌,是清代福船难得的图像记录

导致全船进水而沉没;只要对破损进水的舱进行修复就可使船只继续航行;二是由于船舶被隔板层层隔断,厚实的隔舱板与船壳板紧密钉合,隔舱板实际上起着肋骨的作用,简化了造船工艺,并使船体结构更加坚固,船的整体抗沉能力也因此得到提高。漳湾的福船更是把这一点发挥到了极致,将船舱设计在船尾的正中位置,固定在支撑点上,便于操纵,又保证了适航性。

福船有如此多的优点,也难怪宋人吕颐浩说:"南方木性与水相宜,故海舟以福建船为上。"

运木福船

——"活了"185岁的宁波号

在中国沿海考察中式木帆船,我请教过许多造船工匠:中国木帆船寿命有多长?回答五花八门,有说三五十年,有说百八十年,没个定数。后来在厦门拜访老船模师傅杨育锥,他推介了一份材料:中国木帆船宁波号。它建造于1753年,意外烧毁于1938年,也就是说,这艘中国木帆船寿命长达185年,如果不是意外,它"活"到200岁也未可知。这是关于中国木帆船寿命的一个小考,以后找到更"高龄"的再补充。

不过,关于宁波号,比其寿命更久远的是它的海上传奇。不奇怪的是,和耆英号的故事一样,这艘中国古帆船的传奇故事也是外国人记录的。简单梳理一下,它就是一部电影的故事大纲。

先用"倒叙"的手法讲:1938年,美国卡特琳娜港,一部好莱坞海战电影正在拍摄,火攻船借着风势向敌船漂去,但风向突变,它没有漂向该烧的或该死的道具船,而是漂向泊在港湾另一边供游客参观的中国古帆船宁波号。大火烧掉了宁波号水线之上的船体,还有船上的各种老物件。火烧中国古船的新闻引起了专家关注,"浴火"的宁波号由此"重生"。

加利福尼亚州海运部和海事博物馆的几位专家根据沉在水下几英尺的船体残骸进行考证,做了如下记录:船体结构:木;船桅:3桅;长度:138英尺;船宽:未知;排水量:290吨;建造时间:1753年;烧毁时间:1938年;烧毁地点：加利福尼亚州卡特琳娜港。此前的记录称它是"在中国水域里最快、装备最好的帆船"。

美国船史专家进一步考证，这艘船最初是一艘商船，后来成为走私船、贩奴船、监狱船、展览船……其身份复杂得足以写一本书。果真，美国人为它写了一本叫《宁波号》的小书。可惜时间久远，也没再版，我几番努力也没能找到它。

现在只能依据相关英文资料来简单"复原"宁波号传奇的一生。

宁波号原本不叫宁波号，和宁波也没什么关系。清乾隆十八年（1753），它在福州下水时被命名为金泰丰号。从洛杉矶海事博物馆保存的宁波号黑白照片和着色照片看，它是一艘大赶缯船，有着精美的花屁股，上面绘有鹢鸟图案和八仙形象，是经典的运木福船。

下面用"正叙"的手法讲：当年金泰丰号在福州下水时，还是康乾盛世，它在中国海面上做了差不多半个世纪的太平生意。清嘉庆元年（1796）白莲教起义，各地造反，金泰丰号也参加了反清活动。此后，金泰丰号变为一艘走私船。1806年、1814年和1823年，它因海上走私丝绸和鸦片，还有抢劫，多次被清政府查获。

1834年，金泰丰号到广州走私和贩卖女奴，被首位英国驻华商务总监威廉·约翰·律劳卑（1841年占领香港的查理·义律当时是他的贸易秘书）征用。此后，它在英国海军"服役"7年，但没听说它直接参与鸦片战争，其主要任务是走私和贩卖人口。

1841年金泰丰号又落入清政府手中，此时海上走私达到高潮，清政府抓的海盗与走私贩子没有地方关押，遂将金泰丰号改造成一座海上监狱船。后来，清政府官员发现养囚犯太费钱，杀了囚犯还能吃点"空头"，于是悄悄地把船上的158个囚犯全部斩首。

这艘没了犯人的监狱船在海上漂泊不定，1861年在一场台风中走失，后被太平军捕获，又一次投入到抗清斗争中。没多久，金泰丰号又被帮助清政府镇压太平军的英军少校查理·乔治·戈登（Charles George Gordon）缴获，正是在戈登这里，金泰丰号改名为"宁波号"，加入侵华舰队行列，溯长江而上，参加了南京战役。

1884年之后，宁波号似乎又一次换了船主，常驻香港，成为接待西方客人在香港游玩的游览船。没有多久，本性难移的宁波号借载外国游客在香港及周边游览之机，不仅偷了客人的私人物品，还将客人抛在荒岛上。英国军舰卡利奥普号后来捕获了宁波号，在香港把它卖

照片《宁波号在圣佩德罗市海岸边》突出展示了福船的"花屁股"

给了一个中国买家。

参加过太平军起义,又参加过围剿太平军的宁波号,后来又阴差阳错地介入了1911年清廷围剿辛亥革命的汉口战役,被革命军捕获,后被革命军以5万美元的价格卖给了美国商人。此时的宁波号主桅前面还安装着两门长度为3英尺的古老旋转炮。

1912年,美国商人准备把宁波号开到美国去,不过,它在6月和9月两场台风中连遭破坏,帆和舵都坏了。此时,中国船员不想再驾驶这艘破船了,闹罢工,四名男子划着小船上了岸。同年12月22日,一批新招的船员驾驶修复的宁波号再次向美国进发,他们航行了7000英里,在55天后终于平安到达美国西海岸,开始了它作为展览船的生涯。

不知什么原因,宁波号后来在美国

西海岸的"航行"都是拖曳。

1913年初，宁波号被拖曳到洛杉矶三大知名海滩之一威尼斯海滩进行展示；几个月后，又被拖曳到加利福尼亚州第二大城圣地亚哥进行观光展示；而后又被拖曳到洛杉矶港和长滩港旁边的圣佩德罗市进行展示。在长滩入坞修理时，人们在"船眼"后面发现一块小银板，上铭刻"龙眼明亮而多彩"。这块银板后来也在长滩展示了（通常人们在船眼见到的是一块镶嵌的红布，这位置发现银板，十分特别）。1915年，维修好的宁波又被拖曳到圣地亚哥展示。1917年，宁波号被拖曳到加利福尼亚州卡特琳娜岛的港口进行展示。从保留下来的1918年拍摄的老照片看，宁波号当时搁浅在一个小海湾里，起初是有渔民小船将游客送到船上参观，后来专门修了一个小码头，从那里可以直接登上宁波号参观，中国水手有时也参加一些表演活动，供游客消遣。

那么，宁波号在加利福尼亚州沿海城市展示的是什么呢？作为一座来自东方的漂浮博物馆，人们首先是看古船本身，船首奇特的开角像张开的嘴巴；翘得很高的船尾有精美的"花屁股"涂装；船尾两侧还有两条绿色的大海蛇；船上用的竹缆比钢索还结实；红木制成的中国发明的绞盘用以提升大铁力木锚和升降船帆；当然，它还有一个出售门票最多的舱室——"恐怖屋"：有关犯人的木笼，有"鬼头刀"，还有用来从甲板拾取头颅的长矛。不过，这些"文物"也有着"可疑的真实性"，例如斩首犯人的"砧板"。

宁波号的生命终点是1938年卡特琳娜港的那场意外之火。

1952年，加利福尼亚州探海童子军打捞了宁波号桅杆残骸，为参观者提供了解此船的最后机会——准许他们从桅杆上挖一小块木头作为纪念品，但是他们的小刀甚至连一点桅杆的表皮都切不下来。最后，只好把桅杆锯成几段分发给第二年参加探海少年大会的童子军。

当年建造宁波号确实用了西方少见的东方木材，桅杆是铁力木制成的，估计完整的桅杆重约20吨；甲板全部是柚木；隔舱壁木板间都加了樟木肋骨；部分船壳板也是铁力木，船上的锚也是铁力木。这些坚硬致密的船材不怕生虫，得以漂浮近两个世纪。

随后，宁波号被彻底拆解。人们今天能看到的宁波号的历史照片，都出自那本美国人写的《宁波号》，照片不太清楚，但已是宁波号仅存的历史图像了。

广船

——红头船金万利号的种种猜想

在考察大英海事博物馆时,看到一幅《中国商船》的油画,船号为三个汉字,左起读是"利万金",右起读为"金万利"。此画英文说明译成汉语是:"佚名中国画家绘制于19世纪。这艘中国帆船尾部汉字'利万金'的意思是利润将有1万金。这类商船是中国海运时代的主力船,装载从牲畜、瓷器到丝绸、茶叶等货物,通常去东南亚诸岛进行诸如胡椒及其他香料等贸易。凯尔德私人收藏,1934年赠送本馆。"

此画描绘的是一艘晚清广船,除船尾上写有船号外,帆上还写有"佛山联和店造"。清代以前,中国帆船少有船号,多依地域称之,如福船、广船等,或以用途称之,如漕船、封舟等。从船帆题字右起读为"佛山"来推断船尾字,应为传统的右起读"金万利"。20世纪20年代,上海一家海运公司的30艘船全为"金"字打头。此画的英文说明"利万金"应是误译。

更有意思的是,我从伦敦回国后,又到福州考察古代帆船,在建于清光绪三十一年(1905)的林文忠公祠(林则徐纪念馆)展厅里,再次见到了这幅《中国商船》的复制品,其中文说明是:"伶仃洋上中国平底船与英国鸦片船进行交易。"此画的远景中确实有一艘西洋帆船。

同一幅古画,中、英两国都有展示,画的说明却大不相同,我试做一点小考证。

在海洋文献中查找,未见"利万金"

上图：佚名中国画家绘制于19世纪的油画《中国商船》
下图：晚清绘画《广州城珠江滩景图》中的广东红头船与福建绿头船

的记载,而"金万利"确有其船。据当代日本研究中国海洋史的领军人物松浦章教授2004年出版的《清代上海沙船航运业史的研究》一书载,沙船"金万利"先是出现在天津港1858年的记载中。1899—1904年,沙船"金万利"又多次出现在渤海至上海的航运登记中。松浦章教授在"清末英商佣船金万利沙船的航运活动"专论中,还提到"金万利"于1904年12月被日本军舰在烟台以疑似给蛰伏于旅顺港的俄国军舰补给之名拘押,此时"金万利"正受雇于英商丰茂行贩运白砂糖和牛奶,遂引发了第二年《申报》《时报》等争相报道的国际官司。不知1858年天津港记载的与最后被日军扣押的是不是同一条"金万利"商船。

那么,史料中所载沙船"金万利"会不会是画中的这条广船"金万利"呢?如从英国人有以绘画给船"立档"的传统看,它有可能是英商佣船"金万利"的订制画。若依此推断,"伶仃洋上中国平底船与英国鸦片船进行交易"则成了一个误判。

但是,从传统造船地域和海运方向看,沙船主要产自长江口,主要活动于长江以北的海域,但这条船帆上书"佛山联和店造",它不是沙船,而是尖底船,应是福船型的广东汕头"红头船"。这些信息与松浦章教授研究的沙船"金万利"相去甚远,与"伶仃洋上中国平底船与英国鸦片船进行交易"的图说有一定关联。

这里说说清代船头识别色。据史料载,清雍正年间要求各省船头涂色识别:福建船用绿油漆饰,红色钩字;浙江船用白油漆饰,绿色钩字;广东船用红油漆饰,青色钩字;江南船用青油漆饰,白色钩字。于是民间有了江南青头船、浙江白头船、福建绿头船和广东红头船的称呼。在晚清绘画《广州城珠江滩景图》中,可以看到广东红头船与福建绿头船同在珠江口的有趣"镜头"。

说回晚清帆船题字,它有多种意思,有的写在船尾,有的写在帆上,有的刻在船舷。1972年,在潮州樟林港遗址附近出土的双桅红头船,船舷旁刻有"广东省潮州府领口双桅一百四十五号蔡万利商船"。船上的字,有的是船名号,船可以随时租给各种东家做运输,但名号不变,比如当年英国雇用的"金万利"也曾被多家中国北方商号雇用过;还有的是东家的字号;有的则是吉祥话,如"海不扬波"。这个"金万利",字意吉祥,至今仍有许多公司以此为字号。

遗憾的是至今得不到这幅古画与古船本身的真实信息,中、英图说多货不对版。

广式兵船

——创造远航大西洋纪录的耆英号

中国古代"海上丝绸之路"和西方人的"大航海"落幕之时,中国却有了一次被后人引以为傲的旷古未有的远航。那是晚清的一次"意外",一艘广式兵船被英国人偷偷买下,而后冲出太平洋,进入印度洋,绕过好望角,跨过大西洋,登陆美国,再登陆英国。这艘已不属于中国的中国木帆船,远航也非中国人指挥。但它让中国人骄傲的是,帆船是中国制造,还有一个中国名字叫"耆英",船上还有几十个中国人。这是一串尴尬的骄傲。

靠风帆船打天下的西方列强,对中国帆船特别感兴趣。比如大清海关总税务司赫德的外甥、中国海关第四任总税务司梅乐和,就搜集了一百多件中国船模,最后都带回了英国。但是,大清规定禁止中国人卖大船给外国人。所以,1846年8月,英国人在广州看上一艘在南洋贩运茶叶的广船后,即以秘密方式与船主进行交易,随后把它开到英国占领的香港停泊、整修,并以两广总督的名字命名为"耆英号"。在英国人眼里,与他们签了一系列卖国条约的耆英是个"通情达理"的清国外交官,是个吉祥的名号。

英国人为什么要偷偷购买一艘中国帆船开回英国呢?一说是考察、研究中国木帆船的结构和性能。另一说是要弄清中国水师的新式兵船,特意购买了与中国大型兵船同一类型的商船。但从后来发生的故事看,购买此船就是回英国

1849年5月洛克兄弟在伦敦出版飞尘蚀刻版画《中国木帆船耆英号》

展示独特的中国文化,借此让英国政府与民间支持在华贸易。当然,选择它还有个理由,因为它是当时最大的中国木帆船,是中国风帆船的代表,船帆面积在3000平方米上下。

中国方面没有耆英号的任何记录,所有此船数字记录皆来自它在欧美展出时的宣传册:长近50米,宽约10米,深5米;柚木制造,15个水密隔舱;设三桅,主帆重达9吨,满载排水量达800吨。此船的形象也来自国外绘画,即1849年5月洛克兄弟在伦敦出版的飞尘蚀刻版画《中国木帆船耆英号》,画下方特别注明:"第一艘绕过好望角,并出现在英国水域的中国木帆船。这艘船在离开广东477天后,于1848年3月28日出现在格雷夫森德港。"此画现存香港艺术博物馆,是香港渣打银行的收藏品之一。当年收藏此画的应是一位广东人，他在画下方的英文"the Chinese junk Keying, Captain Kellett"旁边标注了一行字"其衣喊挨炯知"，应该是"耆英号"加船长名字"凯勒特"的广州话音译。

《中国木帆船耆英号》版画有许多细节读来别有意味：三桅帆船，帆为竹编篷，主桅顶部有藤条编的鱼形风向标和旗帜，艉桅上升英国旗，表明它已是大英的"领地"。船尾有五面旗，代表着《南京条约》所规定的广州、宁波、上海、厦门和福州五个自由港。这旗是英国人买了此船后特意立在船尾的，以显示他们在中国所取得的通商成就。船首舷部装饰有两个传统的大龙目，象征着保持正确方向。船首有一个带高游廊的艏楼，有人在此眺望，船舷还站着几个中国人。据史料载，当时船上有30名中国人及12名英国水手，由英国船长查尔斯·阿尔佛雷德·奥克兰·凯勒特指挥航行。

此船是广船，但船舵上方绘有鹚鸟，有福船"花屁股"风格；艉楼上留有广船式观察小窗，悬吊式穿孔艉舵也是广船特色。这是一艘融合了福船风格的广船。它也是一艘准兵船，其船舷上各有九个方形的窗口，应是该船配置18门火炮的炮眼。

1846年12月6日，英国人经过两个月的全面修整，装载了许多中国工艺品，耆英号正式驶出香港。1847年3月，耆英号在毛里求斯遇大风，直到3月30日才成功绕过好望角，进入大西洋，并于4月17日登陆著名的圣赫勒拿岛。耆英号原本想在圣赫勒拿岛休整后北上伦敦，却遇上了逆风和顶流，船越走越偏西，船长凯勒特只好随它顺风顺流漂到纽约。

中国木帆船"意外"访问美国曼哈顿，受到当地人的热烈追捧，每天有几千人登船参观。英国船长顺势做起了旅游生意，每人交25美分才可登船参观。这个盛况被美国画家塞缪尔·沃以帆布水彩画《纽约港湾》记录下来。1847年11月18日，耆英号又访问了波士顿，据《波士顿晚报》报道，仅感恩节当天就有4000—5000人登船参观。英国船长在两个美国城市收到2万美元门票后，高高兴兴地启程前往伦敦。

1848年4月，伦敦最大的新闻就是泰晤士河口的格雷夫森德港来了中国木帆船。据《泰晤士报》报道："在伦敦附近的展览中，没有比中国木帆船更有趣的了：只要跨进入口一步，你就进入了中国，仅此一步，你就从泰晤士河跨越到广州了。"

《伦敦画报》连续几次配有插画的报道，还原了耆英号许多重要的细节。报

1848年春天《伦敦画报》连续报道耆英号,配有多幅插画。此船可能是被英国媒体报道次数最多、描绘得最细腻的中国帆船

道称耆英号为平底木帆船,是用最好的楠木建造的,三根桅杆是铁力木,三只巨锚也是铁力木制成,主帆重达9吨,船员要花两个小时才能把它升起,甚至记录了"船上还放有一口棺材"。通过多幅耆英号插画,人们可以看到船尾的"花屁股"涂装,船正厅供有一尊千手观音佛像,艉楼供有广东本土的南海观音,佛像脖子上围着围巾,祭坛上供有圣土与大米。耆英号的英国船长凯勒特自然有备而来,船内大厅布置得富丽堂皇,吊着五彩灯笼,红木家具上展示各种东方奇异之物,如东方乐器等,主甲板上还安排了中国戏曲、武术表演。凯勒特甚至制作了可出售的宣传册和中国工艺品,连维多利亚女王都忍不住要登船参观。

这种热闹一直持续到1855年耆英号被卖掉,送去解体。三年后,耆英被咸丰皇帝赐死。从此,世上没了耆英号,也没了耆英。